태양왕 루이 14세

사사키 마코토 지음 | 김효진 옮김

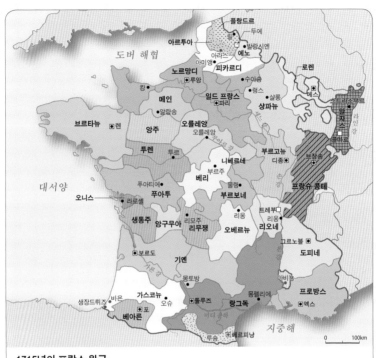

플랑드르
두에
아르투아
발랑시엔
아미앵
아라스 에노
노르망디 피카르디 로렌
루앙 수아송
킹 랭스 메스
메인 일드 프랑스 스트라스부르
알랑송 파리 샬롱 알
브르타뉴 상파뉴 자
렌 앙주 오를레앙 스
오를레앙 콜마르
투렌 부르고뉴
투르 니베르네 디종 브장송
부르주
베리 프랑슈 콩테
푸아티에
오니스 푸아투 부르보네
리로셸 몰랭
트레부아
생통주 리옹 리옹
앙구무아 리무쟁 리오네
리모주 오베르뉴
보르도 그르노블
기옌 도피네
몽토방 아비뇽
몽펠리에 프로방스
생장드뤼즈 가스코뉴 엑스
바욘 오슈 툴루즈 랑그독
포
베아른 루숑 페르피냥
지중해

도버 해협

대서양

비

0   100km

1715년의 프랑스 왕국

━━ 왕국 경계
── 총징세구(지방장관구) 경계
●   지방장관부 설치 도시
•   그 밖의 도시
▢   고등 법원·최고 평정원 소재지
── 현재의 프랑스 국경

▦ 베스트팔렌 조약으로 획득한 지역
▨ 피레네 조약으로 획득한 지역
▨ 플랑드르 전쟁으로 획득한 지역
▨ 네덜란드 전쟁으로 획득한 지역

머리말

　프랑스에서는 987년 카페 왕조가 성립한 이래 혁명기까지 33명의 왕이 즉위했다. 루이 14세는 그중에서도 가장 유명한 국왕일 것이다. 프랑스 역사상 유례를 찾을 수 없는 72년이라는 재위 기간 동안의 다양한 업적이 전해지고 있다. 화려한 베르사유 궁전과 궁정 문화 그리고 수많은 전쟁 등의 역사적 사실부터 '짐이 곧 국가다'라는 발언과 철가면 전설에 이르기까지 왕에 얽힌 이야기는 국내에도 널리 알려져 있으며 관련 서적도 다수 출판되어 있다.

　이런 상황에서 새로운 평전을 세상에 내놓게 된 것은, 루이 14세를 역사적 관점에서 새롭게 평가하고자 한 것이다. 이런 시도의 바탕에는 역사학의 본질과 오늘날 역사학의 연구 상황을 반영한 몇 가지 착목점이 있다.

　첫 번째는 역사 안에서 개인의 역할 문제이다. 개인의 의사나 행동이 역사의 흐름에 어떤 영향을 미치는지에 대해서는 역사학에서도 의견이 엇갈린다. 위인의 영향을 강조하는 사람이 있는가 하면 그것을 크게 평가하지 않는 사람도 있다. 다시 말해, 루이 14세가 등장하지 않아도 프랑스에서는 절대 왕정과 궁정 문화가 성립했을 것이라는 주장이다. 이 책에서는 그런 생각을 따르지 않지만 루이 14세라는 개인의 행동이 시대와 사회의 영향을 받은 것도 분명하다. 루이 14세의 의도와 성과에 유의하며 당시의 정치 및 사회와 같은 역사적 상황 속에서 그를 평가해보자.

두 번째는 절대 왕정에 대한 평가 변화에 주목했다. '맺음말'에서도 언급했지만 현대의 연구에서는 '관료제와 상비군으로 지지해온 강력한 왕권'이라는 해석은 더는 성립하지 않는다. 절대 왕정은 '절대'적이지 않고 왕은 다양한 제약을 받았다. 관료제나 군대 등 절대 왕정을 지지한 것으로 알려진 기구에 대해서도 주목하며 절대 왕정의 새로운 이미지를 그려보고 그 안에서 루이 14세의 역할에 대해 생각해보자.

세 번째는 사실과 신화의 구별이다. 절대 왕정과 루이 14세의 역할에 대한 논쟁 속에서 루이 14세에 대한 다양한 신화가 형성되었다. 루이 14세만큼 이미지와 실상의 괴리가 큰 왕도 드물 것이다. 신화적 요소를 최대한 배제한 그의 모습을 그리고자 노력했다.

하지만 역사적 사실이 아니라고 해서 신화나 허구를 무시해도 좋다는 것은 아니다. 왕권의 제한성을 전제로 하면서도 16세기부터 17세기에 걸쳐 왕권의 '절대성'이 커졌으며 실태가 어찌 됐든 당시 지식인과 민중들은 '강한 왕권', '다양한 권력의 원천인 국왕'이라는 이미지를 가지고 있었기 때문이다. 어떻게 그런 이미지가 만들어진 것일까.

이런 의문을 통해 최근의 역사학에서는 실태적 권력과는 별개로 왕의 권위가 문제화되었다. 권위란 피치자로 하여금 왕권의 정통성을 수용하고 그 지배를 받아들이게 하는 것으로, 권위의 생성 및 전달 시스템으로서의 각종 의례와 왕권의 표상에 관한 연구가 왕성히 이루어지고 있다. 루이 14세는 동시대의 다른 어떤 군주보다

도 이러한 권위 즉, 왕권의 이미지 형성에 힘썼다.

이 책에서는 루이 14세의 예술 정책과 그 정수인 베르사유 궁전에 대해 다루며 루이 14세의 이미지가 어떻게 형성되었는지에 대해 생각했다. 특히, 베르사유 궁전을 중심으로 성립한 궁정 사회에서는 루이 14세를 중심으로 하나의 소우주가 형성되었으며 그것이 그의 권위를 생성하는 데 큰 역할을 했다.

현대에도 루이 14세의 이미지는 계속되고 있다. 베르사유 궁전을 방문하면, 그 호화로움에 놀라고 그곳에서 펼쳐졌을 의례를 상상하며 화려한 궁정 문화를 떠올리게 된다.

루이 14세는 여전히 우리의 마음을 사로잡고 있는 것이다.

CONTENTS

제1장
어린 왕 루이 14세

1. 루이 14세의 탄생

1638년 9월 4일 토요일 밤 11시경, 생 제르맹 앙 레 궁전 왕의 침실에서 왕비 안 도트리슈의 진통이 시작되었다. 왕실 의사들과 모 주교이자 주석 궁정 사제인 세기에가 대기하고 있는 가운데 다음 날인 5일에도 진통이 이어졌다. 프랑스 왕실에 전해져 내려오는 관습에 따라 왕비의 출산 시에는 국왕과 왕족 그리고 궁내부의 고위 관직자가 참석하게 되어 있었다. 진통 리듬에 맞춰 궁정 안의 흥분 상태도 점점 높아졌다.

국왕 루이 13세는 오찬을 들기 위해 방을 나섰다가 오전 11시경 탁자에 앉자마자 이번에는 최대한 빨리 왕비의 곁으로 돌아오라는 전갈을 받았다. 그때 왕비를 모시던 세네시 부인이 '왕태자입니다! 왕태자입니다!'라고 아들의 탄생을 알렸다. 왕은 사람들의 축복을 받으며 왕비에게로 갔다.

후의 루이 14세가 탄생한 것이다. 궁정인들은 이 소식에 열광했으며 사신은 파리로 향했다. 이 소식은 파리 전역에 빠르게 퍼졌다. 교회의 종이 울리고 파리와 생 제르맹은 사흘간 축제 분위기가 계속되었다. 거리에서는 햇불을 밝히고 춤을 추거나 공짜로 제공된 술을 마시고 노트르담 대성당과 주요 교회에서는 '테 데움(감사를 표하는 찬가)'을 불렀으며 성유물(聖遺物)의 행렬이 거행되었다.

✤ 루벤스 '안 도트리슈의 초상'
안은 합스부르크 왕가의 여성 중에
서도 미모가 뛰어났으며 재기 발랄
한 성격이었다. 뒤마의 소설 『삼총
사』를 통해 유명해진 잉글랜드 버킹
엄 공작과의 염문도 속설이다.

✤ 필리프 드 샹파뉴
'루이 13세의 초상'
루이 13세는 궁정의 다툼을 싫어하
고, 사냥을 무척 즐겼다. 군대를 방문
하는 것도 좋아해 군장을 한 초상화
가 많다.

  루이의 양친은 둘 다 1601년 출생으로, 당시 나이는 36세였다. 결
혼 후에도 오랫동안 자녀를 갖지 못했기 때문에 프랑스 왕가로서
는 고대하던 왕태자의 탄생이었다. 루이라는 이름이 붙여진 그는
'신이 주신 루이'로 불리었다.
  루이의 탄생은 그야말로 기적이었다. 루이 13세와 안 도트리슈
는 프랑스와 스페인 융화 정책의 일환으로 1612년에 약혼, 1615년
10월 18일 14세의 나이로 결혼했다. 이후 루이 14세가 태어나기까
지 수차례 유산을 겪었으며 부부 생활도 순탄치 않았다. 루이 13세

✤ **현존하는 생 제르맹 앙 레 신궁전**
구궁전은 그대로 남아 있지만, 신궁전
은 일부만 남아 있다. 돔 부분에, 루이
14세가 태어났을 때 가세례를 받은
예배당이 있었다.

✤ **생 제르맹 앙 레 궁전 복원 모형**
안쪽에 있는 것이 16세기에 정비된
구궁전, 앞쪽이 루이 14세가 태어난
신궁전이다. 성은 센 강 기슭의 언덕
위에 위치하며, 계단을 통해 강으로
내려갈 수 있었다.

는 조울증이 있는 침울한 성격에 고독을 즐기고 사냥이나 긴 기마
여행 또는 군대를 방문하는 것을 좋아했으며 여성을 대할 때는 소
심하다 못해 여성을 싫어하는 것처럼 보일 정도였다. 동성애 경향
도 있어 남성 측근들과 시간을 보내는 것이 일과였다.

　안은 어린 나이에 결혼으로 모국을 떠나 프랑스로 오게 된 것에
충격을 받아 불임이 계속되자 궁정에서의 입장도 불안정해졌다.
게다가 30년 전쟁으로 프랑스가 청교도 측에 참전해 스페인과 대
적하게 되면서 입장은 더욱 악화되었다.

　당시 프랑스 국정을 좌지우지하던 리슐리외에게는 두 사람의 불

✤ **가브리엘 블랑샤르 '왕태자, 장래의 루이 14세 탄생의 우의화'**
트로피 위에 앉은 프랑스 의인상(擬人像)에게 날개 달린 여성이 장래의 루이 14세를 상징하는 아기를 안고 데려오고 있다. 그는 화면 왼쪽 상단의 주피터가 내린 아이이며 프랑스는 '현명', '풍요' 그리고 '정의'의 의인상에 둘러싸여 있다.

화야말로 국가의 위기였다. 당시 제1왕위 계승자는 루이 13세의 동생인 오를레앙 공작 가스통이었다. 그는 경박하고 방만한 성격의 몽상가로, 우유부단하면서도 음모에 쉽게 가담하는 말썽꾼이었다. 만약 그가 왕위에 오른다면 프랑스는 스페인에 패해 붕괴하고 말 것이라고 생각했다. 리슐리외는 이 심각하고 민감한 문제를 국왕에게 털어놓고, 왕은 국가의 이익을 위해 왕비와 화해를 시도했다. 왕비도 회임이 왕비의 자리를 확고히 하는 길이라고 생각했다. 그리고 루이가 탄생했다.

✤ 클로드 드뤼에 '왕태자 루이의 초상'
1641~42년 무렵의 초상. 왼쪽 허리에 성령 기사단의 문장이 달려 있다.

✤ 샤를 보브룅 '안 도트리슈와 장래의 루이 14세'
1641년경의 초상화. 루이는 당시 풍습에 따라 여아의 복장을 하고 있다. 이 시기에 모자상이 다수 그려졌다.

　왕태자 루이는 그가 태어난 생 제르맹 앙 레 궁전에서 순조롭게 성장했다. 2년 후인 1640년 9월 21일에는 동생 필리프가 태어났다. 루이 13세는 왕비 안에게 경계심을 품고 차갑게 대했으며 리슐리외도 그녀를 적대시했다. 1642년 12월 4일, 리슐리외가 사망하자 루이 13세는 재상을 두지 않고 통치를 이어갔지만 얼마 안 가 결핵과 장 질환으로 죽음을 예감했다. 1643년 4월 20일 왕은 생 제르맹 궁전에 동생인 가스통과 콩데 친왕 앙리 2세 그리고 대신들과 궁정의 고위 관직을 소집해 왕위 계승을 논의했다. 이 회의의 결론은 왕

✤ 필립 드 샹페뉴 '리슐리외 추기경'
루이 13세와 함께 중앙 집권화 정책
을 추진한 그는 절대 왕정의 토대를
쌓았다고 할 수 있다. 하지만 그의
유산은 프롱드의 반발을 낳은 부정
적인 면도 있으며, 소년 시절의 루이
14세에 깊은 영향을 미쳤다.

✤ 콩데 친왕 앙리 2세
콩데 가문은 앙리 4세의 친부, 부르봉
공작 샤를 4세의 아들 루이가 시조인
친왕 가문이다. 앙리 2세는 루이 13세
와 동세대이다. 1646년 그가 세상을
떠나자 아들인 앙기앵 공작이 친왕
작위를 계승했다.

비의 섭정, 왕제 가스통을 왕국 총대리관으로 임명하고 콩데 친왕,
마자랭 추기경, 대법관 세기에 등 6명으로 구성된 최고 섭정회의를
설치하는 것이었다. 섭정회의의 설치 목적은 마자랭 등의 주류파
가 리슐리외의 정책을 계승하고 가스통과 왕비의 권한을 제한하는
것이었다.

2. 즉위

    다음 날인 4월 21일, 파리 고등 법원은 국왕의 유언을 수리했으며 약식 세례만 받은 왕태자는 생 제르맹 궁전 예배당에서 정식으로 세례를 받았다. 콩데 친왕 부인 샬롯이 대모가 되고, 마자랭이 교회를 대표해 대부가 되었다. 그로부터 23일 후인 5월 14일, 루이 13세가 세상을 떠나고 '프랑스와 나바르의 왕' 루이 14세가 탄생했다.

    이때 모후 안 도트리슈는 아무도 예측하지 못했던 행동에 나섰다. 4세 8개월에 즉위한 아들에 대한 애정 때문이었는지 이전까지 부친인 스페인 왕 펠리페 4세와 서신을 주고받으며 스페인에 대한

⚜ 반 다이크
'가스통 도를레앙의 초상'
콩데 친왕과 함께 소년 시절의 루이에게 혼란을 초래한 인물 중 한 명이다. 줏대가 없고 남의 말에 쉽게 현혹되는 성격은 차남 기질이라고도 할 수 있을 듯하다.

✤ 샤를 르브룅 '대법관 세기에'
1630년대 세기에는 대귀족과 농민의 반란으로 골머리를 썩었다. 하지만 그는
문제 지역에 지방 장관을 파견해 리슐리외 밑에서 중앙 집권화에 공헌했다. 이
작품은 르브룅의 대표작으로 루브르 미술관에 소장되어 있다.

미련을 품고 있던 안이 일변해 프랑스 왕의 권위 확립과 프랑스의
국익을 우선한 행동에 나선 것이다. 루이 13세가 붕어한 다음날인
15일, 모후 안과 루이 14세는 생 제르맹을 떠나 파리로 향했다. 호
위에는 앙리 4세의 서계 손자인 방돔 가문의 보포르 공작을 선택해
시동생인 가스통과 콩데 친왕을 견제했다. 근위병들이 호위하는
이 장려한 행렬은 가는 곳마다 박수갈채를 받았으며 파리에서는
시민들이 입을 모아 '국왕 만세!'를 외치며 왕을 맞이했다.
　안은 가스통과 콩데 친왕과도 교섭에 나섰다. 가스통에게는 왕국

총대리관의 지위를 보장하고 지방 총독 취임을 약속했다. 콩데 친왕에게는 그의 부르고뉴 지방 총독 지위를 보장하고 아들 앙기앵 공작(후의 콩데 친왕 루이 2세)을 플랑드르 방면군 사령관으로 임명했다. 가장 위협적인 두 사람을 회유한 안은 5월 18일 파리 고등 법원에서 옥좌에 나섰다. 고등 법원은 종종 왕권에 반항했기 때문에 중앙 집권화에 방해가 된다고 생각한 리슐리외부터 압박을 받고 있었다. 파리 고등 법원은 이번 기회에 박탈당한 건백권을 되찾을 생각으로 안의 계획에 동의했다. 리슐리외와 대립했던 대법관 세기에가 국왕의 유언을 뒤집어야 한다는 연설을 하고 '왕국의 모든 사안에 대한 자유롭고 절대적이며 완전한 통치'를 섭정인 안에게 일임한다는 결정이 내려졌다. 안의 완전한 승리였다.

✤ 로랑 드 라 이르
'안 도트리슈 섭정 시
대의 우의화'
중앙의 여성상은 프
랑스의 번영을 상징
하며 왼쪽의 의인화
된 '덕(德)'이 월계관
을 씌워주고 있다. 오
른쪽의 무기를 밟고
있는 소년은 평화를
상징한다.

이렇게 섭정 정치가 시작되었다. 그런데 안은 또다시 사람들을
깜짝 놀라게 하는 결정을 했다. 그녀와 대립했던 리슐리외의 총신
마자랭을 사실상의 재상으로 대우한 것이다.

1602년 나폴리 왕국의 페시나에서 태어난 마자랭은 로마에서 교
육을 받고 로마 교황 친위대 사관으로 경력을 시작했으나 이내 외
교의 길로 들어서면서 리슐리외를 만났다. 마자랭의 재능에 감탄한
리슐리외는 대로마 정책 협력자로서 그를 중용했다. 마자랭은 1638
년 프랑스로 귀화하고 3년 후인 1641년에는 프랑스 국왕의 추천으

로 추기경에 취임해 리슐리외의 수하에서 그의 정책에 협력했다.

안이 마자랭을 중용한 이유는 명확치 않다. 마자랭이 프랑스에서 활동하며 안의 측근인 독신가(篤信家)들에게 영향력을 미친 것이나 그가 가스통이나 콩데 친왕 어느 쪽 파벌에도 속하지 않았던 점이 이유로 여겨진다.

고등 법원에서의 옥좌가 시작된 다음날인 19일 로크루아 전투에서 젊은 앙기엥 공작이 승리를 거두면서 안과 마자랭의 2인 3각 체

루이 14세의 출생에 관한 일화

column

일찍이 루이 14세가 태어난 상황부터 그 탄생의 '진상'에 대한 속설이 유포되었다. 1692년 쾰른에서 『루이 13세의 아내, 안 도트리슈와 C. D. R. 프랑스 왕 루이 14세의 친부에 관한 사정』이라는 제목의 익명의 반루이파 프로파간다 서적이 간행되었다. C. D. R.은 리슐리외 추기경을 가리키며 이때부터 리슐리외 친부설이 퍼졌다. 마찬가지로 마자랭이 친부라는 설도 있다. 리슐리외와 안의 관계가 매우 나빴던 것이나 안이 임신했을 때 마자랭이 이탈리아에 있었던 점으로 볼 때 이런 설은 근거가 없다고 봐도 좋을 듯하다.

또 한 가지, 루이 14세 치세하에 가면을 쓴 의문의 죄수가 있었다는 사실에서 그가 실은 루이 14세의 형제라는 설도 있다. 이것은 1700년경에 등장한 근거 없는 설로, 볼테르가 『루이 14세의 시대』에서 가면을 쓴 죄수의 이야기를 다루면서 이 의문의 남자에 관한 이야기가 널리 유포되었다. 또 1789년 도라 큐비에르라는 무명의 작가가 쌍둥이 동생이라고 주장하는 서적을 출판하고, 그 설을 알렉상드르 뒤마가 『삼총사』의 제3부 『브라질론 자작』의 소재로 삼으면서 널리 알려졌다. 하지만 당시에는 많은 사람들이 지켜보는 가운데 출산이 이루어졌다는 것을 생각하면 형제설도 근거가 없다고 할 수 있다.

『안 도트리슈의 사정』

제는 순조롭게 시작되는 듯 보였다. 하지만 리슐리외에 의해 권력을 잃은 보포르 공작을 중심으로 한 대귀족들이 마자랭 중용에 실망해, 스페인과의 즉시 휴전과 정부에 대한 참가를 요구하며 마자랭의 암살을 획책하는 움직임이 일어났다. 하지만 9월 2일 보포르 공작이 체포되어 뱅센 성에 투옥된 이후 관계자들에 대한 처벌이 내려지면서 이런 움직임은 종결되었다. 이로써 마자랭을 중심으로 대법관 세기에, 육군 장관 르 텔리에, 외무 장관 브리엔, 궁내 장관 게네고, 종무 장관 루이 펠리포, 재무 장관 니콜라 베룰레를 중심으로 한 정부가 형성되었다.

3. 유년기의 교육

루이와 모후 안은 파리의 루브르 궁전에서 지내다 10월 7일 과거 리슐리외의 저택이었던 팔레 카르디날로 거처를 옮겼다. 그 후, 1651년까지 이곳이 실질적인 왕궁이 되었다. 그리하여 이 저택은 팔레 루아얄이라고 불리게 되었다.

루이는 이곳에서 5세부터 13세까지 감수성이 풍부한 유년기를 보내며 특유의 성격을 형성해나갔다. 루이는 왕으로서 늘 주변의 존경을 받았지만 한편으로는 고독한 존재였다. 또 사람들 앞에서는 미소 띤 얼굴로 틀에 박힌 말만 늘어놓는 의례적인 생활을 강요당했으며, 대사나 각종 단체의 알현, 열병, 전선 방문, 미사, 테 데움 등의 길고 지루한 의식에도 출석해야 했다. 한시도 왕 노릇을 그만 둘 수 없었던 루이는 소년인 동시에 사생활이 없는 국왕이었다.

또 부친의 부재가 그의 성격 형성에 큰 영향을 미친 것도 분명하다. 루이 스스로도 부친에 대한 기억이 희미한 데다 전왕에 대해 이야기해주는 측근도 없었다. 그런 탓에 정상적인 부자 관계를 구축하지 못하고 그것은 유사적 부자 관계인 국왕과 신민의 관계성에도 영향을 미치게 되었다.

그에 반해 모친의 영향력은 크고 오랫동안 계속되었다. 안은 루

고등 법원

column

고등 법원은 국왕의 사법 체계의 정점에 위치한 재판소이다. 이 시기의 국왕 재판 체계는 초심 법원으로서의 바일리 재판소 또는 세네샬 재판소가 있고 다음으로 상급 재판소가 있으며 고등 법원은 그 위의 최종심을 맡는다. 루이 14세 치세하의 고등 법원은 전국에 13곳이 있었으며 관할 구역이 전국의 3분의 1을 점하는 파리 고등 법원이 가장 권위가 있었다. 다만, 재결은 국무 회의나 국왕이 임석하는 특별 법정인 옥좌에 의해 뒤집히기도 했다.

사법상의 기능과 함께 고등 법원은 판례를 통한 입법 기능을 겸했다. 또 왕령의 등기권을 가지고 있었으며 고등 법원의 동의가 없으면 국왕의 명령은 유효하지 않았다. 건백권은 왕령의 등기에 앞서 국왕에게 건백을 거듭해 국왕의 정책에 압력을 가할 수 있는 권한이었다. 그런 이유로 건백권은 왕권을 저해하는 존재로 여겨지며, 건백권의 폐지를 둘러싸고 양자 간에 다툼이 계속되었다. 17세기에 전국 삼부회가 열리지 않게 되자 고등 법원은 스스로를 민의를 대표하는 유일한 기관이라고 여기게 되면서 프롱드에서 볼 수 있듯 왕권과의 관계나 통치에 중요한 역할을 한 것이다.

✦ 필리프 드
샹파뉴 '루이 14세'
1645~1650년 무렵
의 초상.

이에게 깊은 애정을 쏟는 동시에 교육에도 공을 들였다. 그녀는 도
덕심 함양에 마음을 쏟는 한편 도의를 중시하고 굴욕과 거짓과 악
행에 대한 경멸심을 주입해 군주로서의 자존심을 양성했다.

　이것은 신앙의 중시로도 이어졌다. 루이의 첫 외출은 1643년 7
월 2일 모친과 함께 발 드 그라스 수도원을 방문한 것으로 이곳에
서는 성모 마리아에 기도를 올렸다. 이듬해인 1644년 3월 23일 성
목요일에는 팔레 루아얄에서 왕이 빈자의 발을 씻기고 그들과 함
께 식사를 하는 '왕의 최후의 만찬'이라고 불리는 의식을 행했다. 4
월 4일 수태고지의 날에는 노트르담 교회를 방문했다. 종교는 왕관

✤ **팔레 루아얄**
여전히 중세적인 분위기가 남아 있는 루브르 궁전에 비해 리슐리외가 건설한
팔레 루아얄은 정원도 넓고 소년 왕 루이의 교육에는 최적의 장소였다.

을 쓸 어린 군주의 교육 중에서도 가장 중요한 부분이라는 생각에
서였다.

이렇게 자란 루이는 진지하고 엄숙한 성격에 종종 침울한 분위
기를 풍겼다. 왕태자의 놀이 친구들도 루이가 좀처럼 웃지 않았다
고 이야기한 것만 봐도 어딘가 그늘이 있는 아이였다는 것은 분명
하다. 하지만 관대함과 참을성 그리고 자제심도 갖추었으며 동생
필리프와 다투기도 하는 등 전체적으로 협조적이고 붙임성이 좋은
착한 아이였다.

루이 13세가 세상을 떠났을 때, 어린 왕의 교육에 관해서 정해진

✢ 발 드 그라스

안 도트리슈는 자신이 1624년부터 건설을 시작한 이 수도원에 루이의 탄생에
감사하며 성모 마리아에게 바치는 교회당을 건설했다. 1645년 4월 1일 안과
루이가 직접 초석을 놓은 공사가 시작되어 1665년에 완성되었다. 현재는 육군
병원으로 쓰이며, 의료 부대의 박물관이 부속되어 있다.

것은 아무것도 없었다. 1644년에는 리슐리외의 중신이자 훗날 파
리 대주교가 된 아르두앵이 루이의 가정교사로 임명되었지만 건강
상의 문제로 직무를 다하지 못했다. 1646년 안은 마자랭을 루이와
필리프의 교육 담당으로 임명하고, 그에게 왕실 자녀들의 교육을
감독하게 했다.

아르두앵 드 페레픽스가 루이에게 라틴어와 역사를 가르쳤다. 라
틴어에 대한 재능은 지극히 평범한 수준이었다. 역사는 조부의 전
기인『앙리 대왕의 생애』를 통해 군주의 의무와 국가 경영에 대해
공부했다. 그 밖에도 수학, 이탈리아어, 푸생을 중심으로 한 미술을

✤ 필리프 드 샹파뉴 '기도하는 안 도트리슈 모자'
기도하는 안과 루이 그리고 그의 동생인 앙주 공작 필리프에 대해 성 베네딕토와 그의 여동생 성 스콜라스티카가 삼위일체에 의한 자애 넘치는 보호를 구하고 있다.

배웠는데 학구열이 뛰어난 편이 아니었던 탓에 학업에 대해서는 평범한 수준의 재능을 보였다. 그에 비해 체육 활동을 좋아하고 승마와 구기를 배웠다. 부르봉 가문의 가장 중요한 스포츠인 사냥은 루이의 기분 전환에 큰 도움이 되었다. 루이는 부친이 그를 위해 만든 철포로 참새를 쏘거나 말을 타고 불로뉴나 뱅센느 숲을 달리기도 했다.

군사적인 덕목은 군주권과 불가분의 관계였던 만큼 군주 교육에서도 전쟁이 중시되었다. 즉위 직후인 1643년 5월 27일에는 로크루아 전투에서 노획한 적기 70장을 루브르궁에 걸고 이듬해에는

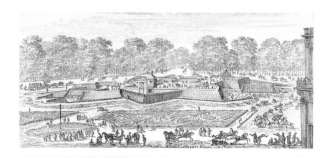

✛ **팔레 루아얄 정원의 모형 요새**
15세기 유럽에 도입된 이탈리아식 축성술로 지어진 모형 요새.
군사적 능력은 당시 군주에게 있어 필수적인 자질로, 전쟁놀이
도 훌륭한 교육이었다.

불로뉴 숲에서 이루어진 프랑스와 스위스 근위연대의 열병 및 연
습에 참가했다. 7세가 되자 검술, 창술을 비롯해 실제 무기를 다루
는 법도 배웠다. 9세가 되었을 때 마자랭은 루이를 위해 팔레 루아
얄 정원에 모형 요새를 건설했다. 루이는 그곳에서 왕족과 궁정인
자녀들로 편성된 부대를 이끌고 모의 전투를 했다.

그 밖에 대단한 미술 수집가였던 마자랭의 영향인지 루이는 회
화, 건축, 음악, 무용에도 흥미를 보였다. 특히, 당시 귀족의 중요한
소양이었던 무용은 7세부터 27세까지 매일 2시간씩 연습했다고 전
해진다.

소년기에도 왕족이나 대사의 알현, 고위 관직자들의 선서 입회,
대귀족의 혼약식 참석, 추기경의 모자 수여, 궁정에서의 대무도회
등의 많은 행사에 출석하며 이론보다는 실전을 통해 왕의 직무를
익혀나갔다.

4. 왕을 둘러싼 사회

파리에서 순탄한 유년기를 보내던 루이가 10세가 되었을 때, 프랑스를 뒤흔든 사건이 일어났다. 프롱드의 난(La Fronde, 1648년부터 1653년까지 귀족들이 국왕의 중앙 집권 정책에 반항하여 일으킨 내란-역주)이다. 프롱드의 원인과 전개는 매우 복잡해서 이해가 쉽지 않다. 조금 번거롭지만 이해를 돕기 위해 당시 왕국의 통치와 사회상을 먼저 살펴보자.

당시 프랑스는 제1신분(성직자), 제2신분(귀족), 제3신분(평민)의 세 개의 신분층으로 이루어진 신분제 사회였다. 통치 신분의 최상위에 위치한 것이 봉건 시대 영방 군주의 혈통을 계승한 대귀족과 왕족이었다. 그들은 소령, 연금, 지대, 금전 투자 등으로 막대한 자산을 소유했으며 지방 총독과 왕국의 고위 관직 또는 궁내성에서의 직무 등을 맡았다.

그중에서도 15세기에 창설된 지방 총독은 과세, 병사 소집, 군사행정 임무 등을 통해 16세기에 그 권한을 강화했다. 이 관직은 사실상 세습제에 가까운 것이었다. 지방 총독은 단순한 관직이 아니라 가계까지 사회적 지위와 부와 평판을 가져오는 그야말로 관할 구역에서의 부왕(副王)에 가까운 권력을 형성했다. 루이 13세가 세상을 떠났을 때 부르고뉴 총독 콩데 친왕, 노르망디 총독 롱그빌 공작,

기엔 총독 에페르농 공작 등의 대귀족이 왕국의 행정을 담당했다.

이런 대귀족들은 인척이나 학연 또는 군대의 동료 관계 등의 다양한 관계를 통해 수평적으로 결합되었다. 또한 그들은 자신들의 권력을 지지하기 위해 후견-피후견인 관계를 통해 하위 귀족을 수하로 거느리고 수직적인 관계도 구축했다.

대귀족과 하위 귀족은 보호와 충성이라는 호혜적 관계로 연결되어 있으며 이렇게 영향을 주고받는 관계의 사슬이 농촌의 영주 계층까지 이어져 전체적인 귀족 신분층을 형성했다. 귀족들은 제도가 아닌 인적 관계로 결합되어 있었던 것이다. 하급 귀족으로서는 후견인에 종속되어 그의 비호를 받는 것이 중요했으며 그런 풍조는 왕권에 대한 경시로 이어졌다. 이처럼 지방 통치의 안정성은 총독 등 대귀족의 의향에 의해 좌우되었다. 하지만 이들 귀족이 왕국의 모든 행정을 좌지우지했던 것은 아니다. '대검 귀족'이라고 불린 이 오래된 귀족층은 상대적 빈궁화 경향에 있었기 때문이다.

이런 오래된 귀족층 대신 왕국 행정의 중심이 된 것이 '관직 보유자(officier)'라고 불리는 사회층이었다. 15세기 중반 백년 전쟁이 종료되면서 전 영토에 왕국 통치 기구의 개혁이 확대되어 왕정의 '기구화'라고 불리는 현상이 일어났다. 즉, 새롭게 정복한 지역에 고등 법원이나 회계 검사원과 같은 사법 조직을 배치하고 고등 법원의 하위 기구인 바일리, 세네샬 재판소와 같은 국왕 재판소도 각지에 정비되었다. 또 샤를 5세의 치세하에 형성된 직접세인 '타이유(taille)'도 15세기에 그 대상 지역이 확대되면서 할당 및 징수 기구가 정비되었다.

HENRICVS D'ORLEANS DVX DE LONGEVILLE et
d Estouteville Par Francie Supremus Prine in Newchastel et Valengin Comes
le Dunoy Ienit Paul Claumont Tancerville Gournay etc DRI de Chastenmeer
Bare de Montbevrelchay Vivant Marcant Montlimon Brigouches Tee Estre
pagni etc Prorn Normandie eiusdem Provincie Dux matrilium Suen
Serene Regii Christianus et Bartelon Princeps plene prelelate Leges Laciam

이런 관료 기구를 담당한 것이 관직 보유자들로, 그 수는 1515년부터 1665년에 걸쳐 약 12배나 증가했다. 왕국은 재원 확보를 목적으로 15세기 말 가장 먼저 재무 관직을 매각했으며 16세기에는 모든 영역으로 확대되었다. 고등 법원 평정관(재판관)과 같은 고위 관직은 세대를 이어 보유하게 되면 귀족 작위를 받을 수 있었기 때문에 상업 등으로 부를 축적한 제3신분층이 앞 다투어 관직을 구입했다. 관직 보유를 통해 귀족이 된 사람들은 '법복 귀족'이라고 불리며 서서히 왕국 행정의 중요한 지위를 점하게 되었다. 오래된 대검 귀족들은 법복 귀족을 '미천한 벼락부자 출신'이라며 업신여겼지만 법적으로는 종래의 귀족과 동일한 특권을 가진 법복 귀족층은 점차 귀족 신분층의 주류를 형성하게 되었다. 귀족 신분층에서는 대검 귀족과 법복 귀족의 대립이 문제화되었다.

1604년에는 관직의 세습 보유를 인정한 '폴레트 법'이 제정되어 이후 프랑스 국세에 큰 영향을 미쳤다. 폴레트 법은 관직 가격의 60분의 1의 연세(年稅) 지불을 조건으로 관직의 세습 보유를 공인했기 때문에 관직은 부유한 평민층의 투자 대상으로 인기가 높아졌다. 리슐리외는 이런 법복 귀족 중심의 관료층을 중용했다. 이들 신흥 귀족을 우대함으로써 대귀족층을 견제하고 법복 귀족층의 법률 지식이 통치에 유리하다는 이유에서였다.

하지만 폴레트 법에 의한 관직 보유자의 증가는 관직의 가산화를 진전시켰으며 부적격자의 관직 구입이나 왕권에 의한 관직 보유자 파면이 불가능한 문제도 발생했다. 그리하여 왕권은 '친임 관료(Commissaire)'라고 불리는 관료를 이용했다. 친임 관료는 임무와 임기가 특정되어 있어 임명 및 해임 시에 왕권으로 통제하기가 쉬웠다. 이 친임 관료의 전형이 1635년 리슐리외에 의해 창설된 '지방 장관(intendant)'이다.

이것은 징세의 감시와 지방의 치안 유지 등을 목적으로 이전부터 지방에 파견되었던 감찰관 제도를 확충한 것으로, 왕권은 지방 장관에게 국왕 유보 재판권이라는 강력한 권한을 주고 각지로 파견했다. 1642~43년의 개혁으로 지방 장관은 '사법·재무·치안 감찰관'이라는 이름으로 각 징세 관할 구역에 배속되어 이내 단순한 재정상의 권한뿐 아니라 해당 관할 구역의 모든 사법·행정·치안 사안을 총괄하게 되었다. 하지만 오래된 관직 보유자들은 친임 관료의 중

⚜ 앙리 테스틀랭
'대관식 망토를 걸친 루이 14세'
1648년경의 작품. 1616년에 태어난 테스틀랭
은 루이 14세의 유년기부터 청년기까지의 초상
화를 다수 그렸다.

용을 자신들의 특권을 침해하는 행위라 여겨 반대했다. 왕권을 지지하는 관료 세계에서도 분열과 대립이 발생한 것이다.

또한 전비(戰費) 조달을 위한 리슐리외의 과세 강화가 민중의 불만을 초래해 민중 봉기까지 발생했다. 루이 14세의 즉위로 평화와 세금 경감에 대한 기대를 품었던 민중들의 실망은 각지에서 더 많은 농민 반란으로 이어졌다. 단순히 농민뿐 아니라 영주, 상인, 대토지를 보유한 이들까지도 반란에 참가하는 경우가 있었는데 이들의 반란은 지방에 대한 왕권의 침입에 저항하는 성격을 가지고 있었다는 것을 보여준다.

이처럼 리슐리외가 추진한 중앙 집권화 정책과 전쟁 수행으로 인해 불거진 사회 각층의 불만이 섭정 체제하에서 폭발한 것이었다.

Mariage de Louis XIV avec Marie-Thérèse d'Autriche en l'Eglise de St-Jean-de-Luz, le 9 juin 1660
(by Jacques Laumosnier)_wikipedia.org

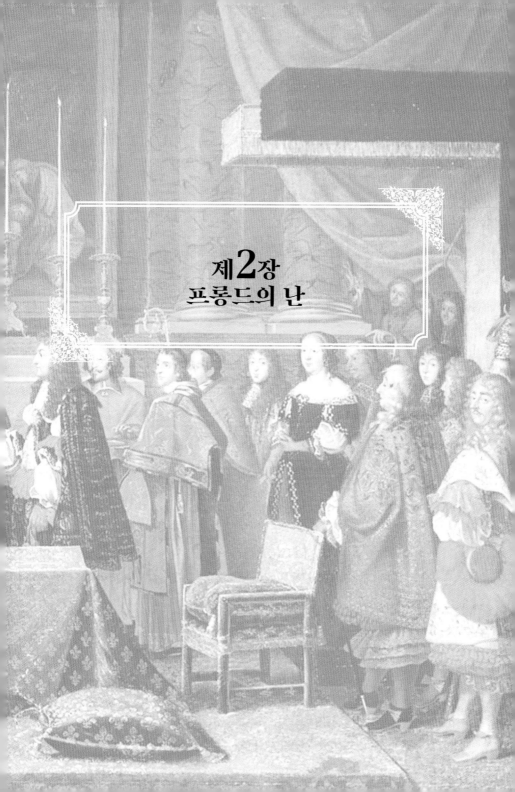

제2장
프롱드의 난

1. 고등 법원의 프롱드

제1장에서 살펴본 바와 같이 프롱드의 배경에는 각종 사회 계층의 불만이 있었지만 그 방아쇠 역할을 한 것은 재정 문제였다. 1648년 1월, 30년 전쟁이 최종 국면을 맞이하는 동시에 심각한 재정 위기가 닥쳤다. 위기를 타개하기 위해 정부가 취한 정책 중 하나가 파리에서의 새로운 호별 과세의 제안이었다. 이 과세에 크게 저

재무 장관 데메리

리옹의 은행가의 아들로 태어난 데메리는 리슐리외의 비호하에 토리노 대사 등을 지냈으며 1643년에는 마자랭에 의해 재무 장관에 임명되었다.

'루이 14세의 초상'

1646~48년 무렵의 작품으로 알려진다. 망토 아래 갑옷을 걸쳤다. 프랑스파에 의한 초상.

항한 파리 민중의 봉기를 고등 법원이 지지하면서 프롱드의 제1막이 올랐다. 고등 법원의 프롱드이다.

같은 1월, 재무 장관 데메리는 재정 위기 타개에 관한 포고를 통해 일곱 가지 새로운 왕령을 반포했다. 여기에는 24개 소원 심사 관직의 추가 판매가 포함되어 있어 관직 수 증가에 따른 관직 가격 저하를 우려한 관직 보유자들을 동요시켰다. 이 왕령은 1월 15일 루이가 임석한 옥좌에서 가결되었으나 고등 법원은 이에 반대하며 저항에 나섰다. 정부와의 교섭이 결렬되면서 5월 13일 파리 고등 법원은 파리에 설치된 다른 3곳의 최고 위원(회계원, 조세원, 대평정원)의 일원을 초청해 연합재정을 발표했다. 이로써 파리 고등 법원 '성 루이의 방'에 마련된 합동 법정에서 국세 개혁 회의가 열리고 정부에 대한 요구안이 결정되었다.

5월부터 7월에 걸쳐 연일 회의가 열리고 7월 2일 27개조로 이루어진 '성 루이의 방의 선언'이 발표되었다. 여기에는 지방 장관제 폐지, 재무 관료의 권한 부활, 고등 법원의 입법 및 행정상의 활동을 강화해 국정의 중심에 둘 것, 지방 세무 기

✤ **고등 법원 평정관 피에르 브루셀**
프롱드가 한창인 1651년 프롱드파는 그를 파리 시장에 임명했다. 질서가 회복된 후, 대사(大赦)를 받았으나 망명지에서 세상을 떠났다.

✜ **프롱드기의 식량 공급**
콩데 친왕에 의해 포위되었을 때 파리는 콩데 군이 점령한 파리 북부의 도시 고네스 시민들의 식량 공급에 의존했다.

관을 고등 법원의 관리하에 둘 것, 타이유의 4분의 1 감액, 부당 과세를 비롯한 부당 체포 및 구금 거부 등이 포함되어 있었다. 정부는 7월 9일 데메리를 파면해 사태를 타개하고자 했지만 실패로 끝나자 고등 법원의 요구를 받아들여 지방 장관제 폐지와 타이유의 8분의 1 감액을 포고했다.

하지만 8월이 되자 정부는 반격으로 돌아섰다. 반왕권 세력의 중심은 징세 청부 제도를 격렬히 비난해 민중의 지지를 얻은 고등 법원 평정관 브루셀이었다. 8월 20일 콩데 친왕 루이 2세가 랑스 전투에서 스페인 군에 크게 승리하자 마자랭은 이 전승 축하 미사 때 은밀히 브루셀 일파를 체포해 고등 법원에서 반마자랭파를 몰아내려고 계획했다. 8월 26일 노트르담 대성당에서 미사가 열리고 정부는 브루셀을 체포했다.

이 행위에 파리 민중의 분노가 폭발했다. 그들은 브루셀을 태운 사륜마차를 따라 달리며 '죽여라, 죽여라'고 고함을 지르다 급기야 퐁 뇌프 다리 위에서 친위대와 스위스 용병 부대와 충돌해 선두에

있던 한 사람이 사살 당했다. 민
중의 분노는 더욱 격화되고 곳곳
에서 쇠사슬과 돌로 쌓은 바리케
이드가 세워졌다. 다음날에도 소
요는 계속되고 고등 법원이 소집
되어 섭정 안과 마자랭의 교섭이
이루어졌지만 민중은 왕궁과 고
등 법원을 둘러싸고 계속해서 '국
왕 만세, 브루셀 만세, 고등 법원
만세'를 외쳤다. 민중의 압력으로
고등 법원은 28일 브루셀을 석방
했다. 민중과 고등 법원의 승리였
다. 기세가 오른 고등 법원은 10
월 22일 '생 제르맹 포고'를 발표
하고 5월 연합 재정에서 이끌어낸
제안을 정식 법령으로 포고하도
록 압박했다. 정부도 이를 받아들
여 24일 특권의 보장 등 고등 법
원의 요구를 인정했다.

✤ 저스터스 반 에그몬트 '콩
데 친왕 루이 2세'
콩데 친왕은 군인으로서 수많
은 공적을 세웠지만 정치적으
로는 순탄치 못해 파란만장한
반생을 보냈다. 1675년 군을
떠나 샹티이 성에 은거한 후로
는 문인과도 교류하며 조용한
여생을 보냈다.

  그리고 이날 베스트팔렌 조약이 체결되면서 30년 전쟁이 종결되
었다. 전쟁에 대한 부담이 줄어든 마자랭은 여기서 다시 한 번 반격
을 시도한다. 전쟁 승리에 크게 공헌한 콩데 친왕의 군대와 결탁해
고등 법원을 굴복시키려고 한 것이다.

✤ 앙리 테스틀랭 '대관식 망토를 걸친 루이 14세'
1648년경의 작품.

이듬해인 1649년 1월 5일 공현축일 밤에 모후 안과 루이 그리고 마자랭은 은밀히 파리를 탈출해 생 제르맹 앙 레로 향했다. 이를 신호로 콩데 친왕의 군대가 파리를 포위했다. 고등 법원 측은 반마자랭 귀족들의 힘을 빌려 대항하려고 했지만 전선을 확대하지 못하고 교착 상태에 빠지고 말았다. 정부는 파리 시청사와 연락을 취해 반마자랭 민중 봉기를 일으키려고 했지만 실패했으며 파리 시내에서는 반란파와 국왕파가 맞붙으면서 도시 포위로 인한 식량 위기까지 발생했다. 하지만 고등 법원의 전의 상실로, 3월 11일 뤼에유 화약(和約)이 성립했다. 합동 법정은 폐지되었으나 그 밖의 정부의 타협은 대부분 유지되었다. 왕궁은 3월 18일 파리로 돌아왔다. 파리 민중은 '국왕 만세!'를 외치며 루이를 맞았으며 고등 법원의 프롱드는 막을 내렸다.

30년 전쟁과 프랑스

1618년, 보헤미아의 청교도 귀족들이 합스부르크 왕가의 보헤미아 왕 페르디난트의 탄압에 반항하며 30년 전쟁이 발발했다. 처음에는 신성 로마 황제와 제국 내 청교도 제후들과의 전쟁이었으나 황제의 계승 문제와 얽히며 황제 측의 스페인과 청교도 측의 덴마크, 스웨덴이 개입하면서 유럽 전체가 휘말린 전쟁으로 발전했다. 양 진영의 대립 구도에서부터 이 전쟁은 애초에 종교 전쟁이었다.

프랑스는 당초 전쟁에 참가하지 않았으나 국내의 가톨릭 세력을 중심으로 황제와 손을 잡고 가톨릭 측에 가담해 청교도에 대한 성전에 나서야 한다는 의견이 높아졌다. 하지만 정권의 실세였던 리슐리외는 '국가 이성(Raison d'État)'을 정책 기조로 내걸었다. 국가 이성이란, 국가의 유지와 국익이라는 최우선 목표를 위해 종교나 윤리와 같은 가치를 어느 정도 희생하는 것은 불가피하다는 사고방식이었다. 그런 이유로 리슐리외는 합스부르크 왕가에 대항하기 위해 청교도 세력과 제휴한 것이다. 그는 1631년부터 스웨덴에 재정 지원을 했다. 그리고 청교도 측의 형세가 불리해진 1635년에는 네덜란드 및 스웨덴과의 동맹을 갱신해 스페인과 황제에 대해 선전포고를 한 것이다.

이 정책의 효과로 30년 전쟁을 통해 프랑스 최대의 경쟁국이었던 스페인에 타격을 입히는 데 성공했다. 마자랭도 이 정책을 계승해 루이 14세도 많은 청교도 제국과 동맹을 맺었다. 또 유럽 규모로 보면, 이 정책은 17세기 후반부터 현저해진 '세력 균형'이라는 생각의 선구적 개념이기도 했다.

자크 칼로 '전쟁의 참화'

2. 귀족의 프롱드

파리를 중심으로 전개된 최초의 반란은 이렇게 종결되었지만, 반란 자체는 지방으로 파급되었다. 지방에서 일어난 반란의 양상은 다양했다. 예를 들어, 노르망디 지방에서는 명문 대귀족인 지방 총독 롱그빌 공작이 고등 법원과 결탁해 중앙 정부에 반기를 들었으며 프로방스와 기엔에서는 지방 총독이 지방 귀족들을 모아 각지의 고등 법원과 대립했다. 고등 법원의 프롱드로 리슐리외의 집권 체제가 동요하면서 각지에서 발생한 혼란으로 볼 수 있을 것이다. 중앙과 지방, 대검 귀족과 법복 귀족, 신구 관료의 대립과 같이 각자의 이해를 둘러싼 갈등이 복잡하게 얽히며 산발적인 반란이 발생한 것이다.

그 무렵, 파리에서는 논공에 따른 처우에 불만을 품은 콩데 친왕이 동생 콩티 친왕과 매형인 롱그빌 공작과 결탁해 정권을 탈환하고자 시도했다. 이를 눈치 챈 마자랭은 1650년 1월 18일 루브르 궁전에서 세 사람을 체포해 뱅센 성에 투옥한 이후 르아브르의 성으로 옮겼다. 그런데 이 일이 오히려 각지의 귀족들을 반마자랭파로 돌아서게 만들면서 프롱드의 제2막인 귀족의 프롱드가 시작되었다. 고등 법원의 프롱드는 파리를 중심으로 전개되었으나 귀족의 프롱드는 전국 규모로 번졌다. 대귀족들은 후견-피후견인 관계를 통해 지방의 중소 귀족과 연결되어 있었기 때문에 이런 영향력이 귀족의 프롱드의 원동력이 된 것이다. 반마자랭파 귀족들은 콩데 친왕을 기수로 명예 회복과 각자의 이해 확대를 위해 각지에서 반란을 일으켰다.

하지만 각종 이해관계가 뒤얽혀 있다 보니 반란은 한 방향으로 수렴되지 못하고 이합집산을 거듭했다. 예컨대, 체포된 롱그빌 공작의 부인은 남편이 지방 총독을 지낸 노르망디에서 반란을 일으켰지만 루앙 고등 법원이 마자랭 측에 서면서 반란이 실패하고 공작부인은 디에프에서 네덜란드로 망명했다.

이런 상황에서 국왕 일가는 반란 진화를 위해 지방으로 향했다. 2월 1일 파리를 출발해 5일 루앙에 입성, 사법 관료와 주변 도시들의 대표를 만나고 20일에 떠나 22일 파리로 돌아왔다. 또 3월 5일에는 콩데 친왕의 근거지였던 부르고뉴를 방문하기 위해 파리를

✤ 콩티 친왕
아르망 드 부르봉
1629년에 태어난 아르망은 리슐리외와 몽모랑시 공작부인을 대부모로 세례를 받고 콩티 공작의 칭호를 받았다. 프롱드 이후, 1654년 국왕의 신뢰를 회복한 후 스페인과의 전쟁에서 활약했다.

출발해 16일 디종에 입성, 고등 법원과 회계원의 대표를 만나고 부르고뉴 지방 세 도시의 대표를 알현했으며 주변 도시를 방문한 후 4월 25일 디종을 떠나 트루아를 거쳐 5월 2일 파리로 돌아왔다.

콩데 친왕 부인은 아들인 앙기앵 공작과 함께 보르도로 도망쳤다. 그곳은 부이용 공작, 라 로슈푸코 공작 등 프롱드파 귀족들이 집결해 반란의 근거지가 되어 있었다. 하지만 8월 30일 근교 도시로 이동한 루이 14세가 이곳에 대역죄를 선언하면서 9월 5일 정부군이 이 도시를 공격했다. 한 달이 넘는 공성전 이후 정전이 선포되면서 10월 5일 루이 14세가 보르도로 입성했다. 12월 15일에는 정부 측의 튀렌 장군이 레텔 근교에서 세자르 원수가 이끄는 군대를 물리치면서 프롱드 측의 군사력은 소멸된 것처럼 보였다.

하지만 이번에는 파리 고등 법원이 움직였다. 12월 30일 콩데 친왕의 요청으로 고등 법원이 옥중의 세 사람을 석방하기로 하면서 또다시 정세가 요동치기 시작했다. 이듬해인 51년 1월 20일 고등 법원은 안과 국왕에게 세 사람의 석방을 요구하는 건백서를 제출했다. 이때 안과 루이 측에서 함께 행동했던 가스통 도를레앙이 프롱드 측으로 돌아섰다. 고립된 안은 2월 2일 세 사람의 석방을 허락했다. 그러자 고등 법원은 6일 마자랭의 추방을 명하는 재정을 요청했다. 이미 생 제르맹 앙 레로 도망친 마자랭은 르아브르에서 직접 세 사람을 석방한 후, 쾰른 선제후령의 브릴로 망명했다. 9일 밤에는 안과 루이도 파리에서 탈출을 시도했지만 가스통의 측근들에 의해 저지되어 약 한 달에 걸쳐 팔레 루아얄에 고립되는 상황이 계속되었다.

이런 상황에서 프롱드파 귀족들이 파리로 집결하기 시작했다. 고등 법원의 프롱드와 귀족의 프롱드가 제휴한 것이다. 2월 16일에는 석방된 콩데 친왕, 콩티 친왕, 롱그빌 공작이 민중의 환호를 받으며 파리로 입성했다. 승리에 고무된 대검 귀족들은 자신들의 오랜 특권을 수호하고 귀족의 힘으로 왕권의 폭주를 억제하는 혼합 정체의 실현을 꾀하며 전국 삼부회 개최를 요구했다. 하지만 고등 법원 관료가 중심인 새로운 법복 귀족으로서는 불리한 요구였기 때문에 고등 법원과 파리 시 당국의 반대에 부딪쳐 세력은 둘로 분열되었다. 그 후에도 콩데는 권력 확대를 위해 더 많은 요구를 했지만 7월이 되자 가스통 도를레앙과 국왕이 화해하는 등 상황은 유동적이었다.

1651년 9월 5일, 루이는 13세 생일을 맞으며 성인이 되었다. 7일 고등 법원에서 열린 왕좌에서 왕의 성년을 선언함과 동시에 성대한 의식이 거행되었다. 이후에도 모후 안의 섭정은 계속되었지만 성년 선언은 안의 무기가 되었다. 앞으로 그녀에게 대립한다는 것은 국왕에 대한 반역과 다름없었기 때문이다.

그 무렵, 콩데는 파리를 떠나 시정(市政)에서 프롱드파 지지를 밝힌 보르도로 향했다. 보르도에서는 1650년경 신심회(信心會)가 모체가 된 '느릅나무파(Ormée)'라고 불리는 조직이 성립했다. 느릅나무파는 콩데를 지지하는 구교도인 스페인파를 중심으로 도시 내의 다양한 계층이 결집해 시정청을 점거하고 시정 개혁을 개시했다.

그러자 왕궁도 파리를 떠나 10월 8일 남부 부르주로 이동, 이 해 동안 프랑스 남부에서 두 파가 대치했다. 51년 12월 23일에는 마자랭이 프랑스 국경을 넘어 국왕에 합류하려고 했는데 이것이 반대로 반마자랭파를 자극했다. 29일 파리 고등 법원이 마자랭의 목에 15만 리브르의 현상금을 걸면서 고등 법원과 궁정은 대립 상태에 빠졌다.

1652년 초두에는 양 진영이 루아르 협곡을 사이에 두고 대치하다 점차 전장은 일드 프랑스로 이동했다. 4월에는 콩데 친왕이 시민들의 반마자랭 감정을 교묘히 부추기며 파리로 입성, 무장한 약 1만 명의 민중들이 그를 따랐으며 파리에 있던 가스통은 또다시 프롱드 측으로 돌아섰다. 국왕군은 파리를 향해 진격해 6월 말에는 파리 근교의 블롱과 생 드니를 차례로 점령했다.

또 7월 2일부터 4일에 걸쳐 파리 공성전이 일어났다. 바스티유 요새 동쪽의 포부르 생 안투앙에서 양 진영의 군대가 충돌했다. 처음에는 국왕군이 우세했으나 가스통의 딸 안 마리 루이즈가 프롱드파를 위해 시문(市門)을 열고 국왕군에게 바스티유 요새의 대포를 쏘면서 형세가 역전해 콩데 친왕이 파리에 머물 수 있었다. 그가 콩데파 귀족 중심의 정부를 만들면서 마자랭은 다시 망명할 수밖에 없었다.

하지만 파리 시내에서는 염전(厭戰) 분위기가 고조되었다. 파리 시청사에서 열린 중진들의 화평 회의 자리에 콩데 군이 난입해 총격을 가하는 사건이 일어나자 파리 시내에는 반콩데 감정이 들끓었다. '왕도 친왕도 필요 없다, 자유 만세'라는 전단이 뿌려지고 성직자와 상인 단체가 국왕의 귀환을 요구하는 선언을 했다. 파리 시민의 지지를 잃은 콩데는 10월 13일 파리를 떠나 스페인 군에 합류

✤ 보브룅 형제 '안 마리 루이즈 도를레앙'

가스통 도를레앙의 딸인 안 마리는 어머니로부터 몽팡시에
와 샤텔로 공작 작위를 계승했다. 독신으로 지내다 40세가
넘어 튀렌의 부하인 앙투안느 드 코망과 비밀 결혼을 했으
나 순탄치 않자 뤽상부르 궁전에서 신앙생활을 하며 방대
한 회상록을 남겼다.

⚜ 포부르 생 앙투안 전투
시의 성벽 밖에서 벌어진 전투의 양상을 그렸다. 안쪽에 보이는 것이 생 안투
안 시문에 부속된 바스티유 요새의 모습이다.

하기 위해 브뤼셀로 향했다.

　10월 21일 약 1년 만에 루이와 모후 안이 파리로 돌아왔다. 체포
위기를 느낀 가스통은 다음날 파리를 탈출했다. 국왕은 대사(大赦)
를 선언하고 이듬해인 53년 2월 3일 귀환한 마자랭을 환대했다. 5
년에 걸쳐 온 나라를 뒤흔든 프롱드가 종료되었다.

3. 후일담

과연 프롱드란 무엇이었을까. 한 마디로 말하면, 리슐리외의 사후 집권 체제가 붕괴하면서 약화된 권리를 회복하고자 한 각계각층의 사람들이 전개한 투쟁의 총체였다.

고위 귀족부터 관직 보유자, 행정관, 소귀족, 금리 생활자 급기야 민중에 이르기까지 집권화가 약화된 섭정 체제에서 이익을 취하고 침해당한 권리를 되찾기 위해 나선 것이다. 중앙 권력을 제한하고자 하는 점에서는 뜻을 함께 했지만 제휴 상대의 권력이 강해지는 것에 대한 회의 때문에 영속적인 동맹 관계를 구축할 수는 없었다. 그런 탓에 비밀 교섭이나 과거 적대 관계에 있던 상대와의 예상 밖의 동맹 혹은 배신이 빈발했다. 그만큼 프롱드에서는 적과 아군이 분명치 않을 정도로 이합집산이 격렬했다.

그로부터 약 140년 후에 발생한 프랑스 혁명이 새로운 원리를 내세워, 새로운 세계를 만들고자 한 것과 비교하면 프롱드의 성질이 완전히 다르다는 것을 알 수 있다.

프롱드로 불거진 각층의 갈등은 각자의 특권과 그와 연관된 관행을 둘러싼 것으로, 반마자랭이나 반섭정을 내세우기는 했지만 왕권이나 체제 자체를 거부한 것은 아니었다. 그렇기 때문에 프랑스 혁명과 같이 철저한 대립은 일어나지 않았다. 이는 1649년 3월 고등 법원과 정부의 화해로도 드러난다. 프롱드 시기에는 영국에서 삼왕국 전쟁(청교도 혁명)이 전개되었으며 1649년 1월 30일에는 국왕 찰스 1세가 처형되었다. 이 소식을 들은 고등 법원은 화평책을 모색했다. 왕정이 사라지면 고등 법원의 존재 자체가 위태로울 수 있었기 때문에 과격한 요구를 피하고 화평을 도모한 것이다.

정부 측도 마찬가지였다. 애초에 리슐리외 이후의 개혁도 신민이 가진 권리(특권)를 전부 박탈해 국왕 독재를 실현하는 것이 목적이 아니라 법복 귀족의 중시와 신임 관료제 도입과 같은 특권 체계의 재편을 시도한 것이었다. 그러다 보니 프롱드로 단죄된 것은 그리 많지 않았다.

하지만 프롱드는 결과적으로 왕권의 강화를 가져왔다. 16세기의 종교 전쟁이나 1630년대의 반란 등 군사력을 가진 귀족이 파벌로 나뉘어 싸우거나 왕권에 반기를 드는 일이 종종 있었지만 프롱드가 마지막이 된 것이다.

이후 귀족들의 대규모 반란은 일어나지 않았으며 왕권에 순응했다. 프롱드로 폐지된 지방 장관 제도도 1653년 부활해 1661년 이후에는 전국적으로 배치되면서 국왕 행정의 중심이 되었다. 그 후, 왕권이 고등 법원과 도시에 대해 더욱 강경한 태도를 취할 수 있었던 것도 프롱드의 과실이었다.

프롱드는 당시 프랑스 사회에 어떤 영향을 미쳤을까. 먼저 지적해야 할 것은 전화(戰火)로 인한 국토의 황폐화이다. 당시의 전쟁에는 반드시 약탈이 뒤따랐다. 군대는 금품과 농산물을 강탈하고 주민들에게 폭력을 가했다. 게다가 1649년과 50년에는 거듭된 흉작

✤ 블루아 성 가스통 도를레앙의 저택
가스통이 칩거 생활을 한 저택. 아름다운 바로크 건축 양식의 저택
이다. 식물 표본 수집가로도 유명한 그의 수집품은 지금의 파리 식
물원의 기초가 되었다.

으로 곡물 가격이 폭등해 사람들에게 고통을 주었다. 프롱드 이전
에는 2,000만 명이었던 인구가 1,800만 명까지 감소했다는 설이 있
다. 막대한 인적 피해에도 불구하고 경제적으로는 큰 타격을 입지
않았던 것이 1653년부터 54년에 걸쳐 풍작과 곡물 가격 하락이 이
어지면서 경제는 빠르게 회복되었다.

　왕족 중, 콩데 친왕은 스페인령 네덜란드로 탈출해 프랑스와 전
쟁을 계속했다. 1652년 루이의 파리 귀환과 동시에 도망친 가스통
도를레앙은 마자랭으로부터 블루아 성 칩거 명령을 받고 1660년
세상을 떠날 때까지 그곳에서 지냈다.

　마지막으로 루이 14세는 사회 각층의 반란과 귀족들의 강한 욕망
과 노골적인 야심, 파괴된 지방 도시에서의 방랑을 통해 반항에 대

한 공포와 절대 권력에 대한 갈망을 품게 되었다. 프롱드의 난 이후 루이는 질서 유지에 특히 고심했다. 프롱드는 루이에게 무엇으로도 대체할 수 없는 값진 수업이었던 것이다.

4. 대관식과 즐거운 나날

프롱드파에 대한 왕권의 승리는 다양한 형태로 선전되었다. 프롱드 이후인 1653년 국왕 일가는 거처를 팔레 루아얄에서 루브르 궁전으로 옮기고 궁전을 개축했는데 천장화와 조각 등의 실내 장식을 통해 왕의 승리를 표현했다. 또 1653년 7월 4일에는 루이가 파리 시청사의 대형 홀에서 연극 〈르 시드〉를 관람한 후, 파리 시가 국왕의 분노를 누그러뜨리기 위해 제작한 대리석상의 제막식이 거행되었다. 질 게랭이 제작한 이 작품은 카이사르로 분한 왕이 반란자를 상징하는 인물을 짓밟고 있는 모습을 표현한 것으로, 라파엘의 작품 '성 미카엘'에서 착상을 얻은 것이었다.

1654년 6월 7일에는 랭스에서 루이의 대관식이 거행되었다. 원래대로라면 즉위 후 성년(13세)이 되었을 때 시행되었어야 하지만 프롱드 때문에 연기된 것이다. 랭스 주교좌가 공석이었기 때문에 수아송 주교 시몽 르 그라스가 식을 집도했다.

루이는 먼저 교회의 특권을 유지하고, 부친으로부터 계승한 가톨

✤ **루이 14세의 대관식**
수아송 주교 뒤쪽에 성령 기사단의 깃발이 걸려 있
고, 비둘기가 그려져 있다. 타피스리 '루이 14세기'
의 일부.

릭 신앙을 지키며, 신민에 대해서는 완전한 정의로 다스릴 것을 신
앞에 맹세했다. 이어서 귀족들이 의자에 앉은 왕의 구두에 금으로
만든 박차를 달아주면 왕은 무릎을 꿇고 샤를마뉴의 검에 입을 맞
추었다. 그 후, 도유식(塗油式)이 행해지며 몸의 아홉 군데에 성유를
바르고 대관식 의상을 갖추게 된다. 대관식 망토를 걸치고 장갑을
낀 후 오른손 약지에 반지를 끼는데 이것은 프랑스와 군주 사이의
파기할 수 없는 결혼을 상징한다. 오른손에는 왕홀, 왼손에는 정의
의 손(main de justice)을 들었으며 대법관 세기에가 국왕의 머리에 샤
를마뉴의 왕관을 씌웠다. 이 대관 의례는 국왕과 그를 보필하는 귀
족들이 하나가 된다는 것을 의미했다.

그 후, 왕은 그들에게 이끌려 교회 내진의 가장 높은 곳에 설치된
왕좌에 앉아 귀족들의 입맞춤을 받았다. 수아송 주교가 '국왕 폐하

✦ 질 게랭 '루이 14세'
루이가 소년의 모습으로 표현되어 있다. 현재는 샹티이의 콩데 미술관에 전시되어 있다.

만세!'를 외치자 다 같이 '국왕 만세!'를 창화했다. 그 환성은 마침내 성당 안에 가득 울려 퍼졌다. '테 데움'을 부른 후 대미사가 거행되면서 대관식이 막을 내렸다. 6월 9일에는 루이가 나력 환자에 대한 치유 의례를 거행했다. '왕이 만지고, 신이 치유한다'는 구호 아래 모여든 3천 명의 환자를 직접 만졌다고 한다.

프롱드 종료 이후부터 1660년 결혼하기까지 다시 말해, 15세부터 22세까지 루이는 사교의 즐거움에 푹 빠졌다. 그는 노래, 춤, 기타를 배우고 매일 밤 춤에 빠져 지냈으며 카니발 때에는 가면을 쓰고 사교계를 드나드는 여성들을 만났다. 13세인 1651년 4월 루이는 처음으로 궁정 발레에서 춤을 추고 5월에는 '바쿠스 축제'에 출연했다. 1652년 파리로 돌아왔을 때에는 세 번째 발레를 선보였으며 1653년 5월 상

연된 '밤의 발레'에서는
여러 장면에서 춤을 추었
으며 최종 막에서는 태양
의 신을 연기했다. 1656
년에는 팔레 루아얄 정원
에서 기마 쇼를 기획했
다.

이 시기 루이 14세에
관한 흥미로운 일화가 있
다. 마자랭은 이탈리아에
서 7명의 조카를 프랑스
로 불러 귀족들과 결혼을
시켰다. 그중에서도 마자
랭의 여동생 만치니 부인
의 다섯 딸은 루이의 연
애 상대가 되기도 했다.
루이는 먼저 차녀인 올랭
프에 집착했다. 하지만
모후 안이 두 사람의 관
계를 달갑게 여기지 않자
마자랭은 그녀를 수아송

✤ **발레를 하는 루이 14세**
가슴에 태양의 표식이 장식되어 있다. 이
무렵부터 루이는 태양왕으로 유명해졌다.

백작과 결혼시켰다. 그러자 이번에는 셋째 딸 마리가 루이의 마음
을 빼앗았다. 루이는 그녀의 문학적 교양과 조신한 성격에 이끌려

✤ '마자랭의 세 조카들의 초상'
왼쪽부터 메르쾨르 공작과 결혼한 로라, 올랭프, 마리. 마
리는 디아나의 형상으로 그려져 있다(작자 미상, 1660년경).

어느덧 진지한 관계가 되었다.

　하지만 마자랭은 이미 루이와 스페인 왕녀의 혼담을 성사시키고
자 애쓰던 차였다. 비록 자신이 왕가의 외척이 된다고 해도 결혼을
허락할 수는 없었다. 루이는 마자랭에게 마리 만치니와의 결혼을
허락해달라고 간원했지만 그의 바람은 이루어지지 못했다. 만치니
자매는 도시에서 멀리 떨어진 곳으로 보내져 루이 14세가 결혼할
때까지 라 로셸 인근 브루아쥬 성에 격리되었다. 그리고 1661년 마
리는 콜로나 가문의 공자 로렌조 오노프리오와의 결혼을 위해 이
탈리아로 떠났다. 이 소동으로 루이 14세는 자신의 감정보다 국왕
으로서의 역할에 충실해야 한다는 것을 배웠다. 루이는 또 다시 국
왕으로서의 역할을 연기하도록 강요당했던 것이다.

대관식

대관식은 프랑스 국왕의 즉위 의례로, 그 중심에는 랭스 대주교의 도유식이 있다. 이 의례의 배경에는 두 가지 고사가 있다. 첫 번째는 496년 메로빙거 왕조의 클로비스 왕이 랭스 주교 성 레미에 의해 가톨릭으로 개종한 것이며 두 번째는 카롤링거 왕조의 시조 피핀 3세가 751년 성직자에 의한 도유식을 실시한 것이다. 피핀 3세의 도유식은 구약 성서에서 유래한 것으로 즉위 시 성직자가 '성유'를 바름으로써 국왕에 대한 신의 가호와 왕권이 지상에서 신의 뜻을 실현하는 수단이라는 것을 표현했다.

이 두 고사가 9세기 랭스 대주교 힌크마르에 의해 하나로 합쳐졌다. 그는 자신의 저서『성 레미전』에서 클로비스의 세례식 때 흰 비둘기 한 마리가 성유가 든 병을 물고 날아와 레미에게 건넸으며 그 일부를 세례기에 넣어 클로비스에게 세례를 한 후 성유로 십자가를 그었다고 기술했다. 비둘기는 성령의 화신이며 클로비스는 신의 축성을 받은 것이다. 또한 클로비스의 세례는 왕에 대한 축성을 의미하는 것이었기 때문에 피핀의 즉위 의례의 기원을 클로비스 대까지 거슬러 올라가게 된 것이다.

카페 왕조 이래, 역대 프랑스 왕들은 랭스에서 대관식을 거행했다. 대관식 때는 생레미 수도원의 성유병(클로비스의 개종 당시 비둘기가 물어다 주었다는 성유가 든 병)을 대성당으로 가져와 거기에 든 성유로 도유식을 행했다. 이 '축성'의식으로 클로비스부터 부르봉 왕조까지 왕통의 계속성이 강조되었다. 또 성유를 바른 국왕은 신의 대리인으로서 범인이 갖지 못한 영적·종교적 힘을 갖게 된다고 여겼다. 국왕의 이런 신비한 능력은 특히 질병을 치유하는 능력으로 표현되었기 때문에 역대 프랑스 왕은 '질병을 치유하는 왕'으로서 종종 치유 의례를 실시해 왕권의 신비성을 선전했다.

대관식이 거행되었던 노트르담 대성당(랭스)

5. 스페인과의 전쟁

왕이 연애와 사교를 즐길 때에도 스페인과의 전쟁은 계속되었다. 프랑스는 리슐리외가 활동하던 1635년 스페인에 선전하고 청교도 측으로 30년 전쟁에 참가했다. 이 시기 프랑스가 가장 민감하게 여기던 상대가 바로 스페인의 합스부르크 왕가였는데 거기에는 지정학적인 이유가 있다. 당시 프랑스는 스페인에 포위되어 있었던 것이다.

프랑스가 피레네 산맥을 사이에 두고 남쪽으로 스페인과 접하고 있는 것은 주지의 사실이지만 북부와 동부에 대해서는 부르고뉴 공국에 대해서부터 이야기할 필요가 있다. 발로아 왕조의 국왕 장 2세가 1361년 아들 필리프에게 부르고뉴 지방을 친왕령으로 하사한 것이 이 나라의 기원으로, 필리프가 플랑드르의 백작 마르그리트와 결혼하면서 네덜란드와 프랑슈 콩테 지방까지 공국령이 되어 광대한 지역을 거느리게 되었다.

1477년 4대 샤를 공작이 서거하자 독신인 딸 마리가 공작이 되었다. 마리는 프랑스 왕 루이 11세로부터 영토를 요구받았으나 같은 해 8월 신성 로마 황제 막시밀리안 1세와 결혼, 프랑스와 합스부르크 왕가 간에 상속 다툼이 벌어졌다. 최종적으로 1493년 5월 상리스 조약을 통해 네덜란드, 아르투아, 프랑슈 콩테 지방을 막시밀리

✤ **플랑드르 백작 마르그리트**
플랑드르, 아르투아, 느베르의 광대한 지역을 지배한 그녀는 필리프와의 결혼으로 부르고뉴부터 북해에 이르는 강대한 국가를 이룩했다. 플랑드르파의 회화 작품.

✤ **부르고뉴 공작 필리프 호담공**
왕족인 친왕령의 당주는 국왕을 신하로서 따르지 않아도 된다는 점 때문에 부르고뉴 공국의 독립성을 강화할 수 있었다. 플랑드르파의 회화 작품.

안의 아들이자 스페인 왕 펠리페 1세가 영유하고 프랑스는 원래대로 부르고뉴 지방만을 영유하게 됨으로써 부르고뉴 공국이 해체되었다. 합스부르크 왕가가 영유한 구부르고뉴 공국령에서 1581년 네덜란드가 독립했으며 남네덜란드(지금의 벨기에와 프랑스 북부)는 스페인령으로 남았다. 그런 이유로 프랑스는 북부와 동부(프랑슈 콩테)에서도 스페인령과 접해 있었던 것이다.

베스트팔렌 조약 이후 주요 전장이 된 플랑드르 지방에서는 튀렌 원수가 지휘를 맡았다. 1653년부터 56년에 걸쳐 페론, 아라스, 랑드르시, 발랑시엔 등에서 양군이 격돌하며 일진일퇴의 상황이 계

속되었다. 이런 상황을 타
개한 것이 마자랭의 외교
수완이었다. 당시 잉글랜
드에서는 호국경 크롬웰
정권이 성립했으며 잉글
랜드도 상업 패권을 두고
카리브해 등지에서 스페
인과 전쟁을 하고 있었다.
이런 상황에서 마자랭의
제안으로 1657년 3월 파
리 조약이 체결되면서 양
국이 동맹을 맺은 것이다.

상대가 청교도 국가인
데다 처형된 찰스 1세의
두 아들(후의 찰스 2세와 제임스 2세)이 프랑스로 망명한 상황이라 귀족
들은 이 동맹에 반대했지만 마자랭은 강행했다. 현실 정치가로서
그의 외교 감각이 빛을 발한 좋은 예였다(두 왕자는 스페인으로 망명). 이
듬해인 58년 조약이 다시 체결되자 크롬웰은 대륙에 6천 명의 군대
를 보내 프랑스와 함께 됭케르크 점령을 꾀했다. 이 도시는 앞선 조
약으로 마자랭이 잉글랜드에 할양을 약속한 땅이자 잉글랜드에 타
격을 준 스페인 사략선의 거점이었던 것이다.

튀렌이 지휘하는 프랑스군 1만 5,000명과 잉글랜드군 6,000명은
5월 15일 됭케르크를 포위하고 동시에 잉글랜드 함대가 항구를 봉

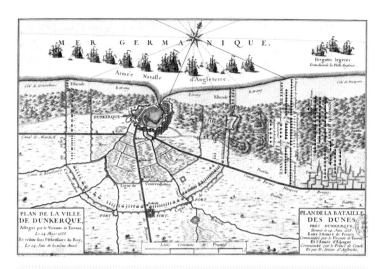

⚜ 된 전투
중심에 위치한 도시가 됭케르크로 육지는 프랑스 군, 바다는 잉글랜드 해군에 포위되어 있는 것을 볼 수 있다. 동쪽에서 온 구원군과 포위군이 대치하고 있다

쇄했다. 레 이데 제후가 지휘하는 수비대는 약 3,000명으로 펠리페 4세의 서자인 후안 호세 데 아우스트리아와 콩데 친왕이 이끄는 1만 5,000의 본대가 구원에 나섰다. 이때 루이 14세는 4월 25일 파리를 출발해 샹티이, 아미앵을 경유해 5월 20일 칼레에 도착한 후 이곳을 근거지로 전선을 시찰했다.

스페인 구원군은 6월 13일 프랑스의 포진 가까이까지 왔다. 척후병으로부터 스페인 군의 접근 소식을 들은 튀렌은 부대에 전진을 명하고 다음날인 14일 전투가 발생했다. 튀렌은 좌익에서 콩데의 공격으로 고전하지만 잉글랜드 군이 포진한 우익에 기병을 집중시켜 전투에 승리했다(된 전투). 6월 25일에는 루이 14세가 점령한 도

시를 방문해 도시를 잉글랜드에 넘겼다. 그리고 7월 1일부터 7일에
걸쳐 튀렌은 베르그, 뵈르너, 딕스마이데를 점령했다.

　루이 14세는 6월 29일 베르그의 공성전을 시찰한 후 7월 1일 됭
케르크에서 칼레로 돌아가는 도중에 고열과 두통에 시달렸다. 사
혈과 관장을 반복했지만 회복되지 않고 일주일쯤 위험한 상태가
계속되었다. 8일 오후, 안 도트리슈의 시의(侍醫) 게노가 구토약을
조합해 왕에게 먹이자 증상이 회복되기 시작해 22일 국왕 일가는
칼레를 떠나 불로뉴, 아미앵을 거쳐 28일 콩피에뉴에 도착했다. 그
후, 8월 11일 파리로 출발해 15일 파리 노트르담 대성당에서 성모
피승천제를 축하한 후 퐁텐블로로 이동해 9월 21일까지 그곳에서
머물렀다.

그 사이에도 전황은 유리하게 진행되었다. 튀렌은 오우데나르데, 이페르 등 플랑드르 여러 도시를 공략하고 10월에는 파리에서 스페인 대표와 평화 교섭이 이루어졌다. 교섭의 일환으로 국왕 일가는 10월 26일 파리를 출발해 상스, 오세르, 디종, 본을 거쳐 11월 24일 리옹에 도착했다. 12월 2일에는 사보이아 공작 카를로 에마누엘레 2세가 리옹에 도착했다. 이 방문은 그와 동행한 딸 마르그리트와 루이 14세의 혼담 때

✚ 보브룅 형제 '마리 테레즈'
결혼식 의상을 입은 모습. 루이 14세는 수수하고 스페인식 억양이 남아 있는 왕비에게 큰 관심을 갖지 않았다고 한다

문이었다. 이는 스페인 왕과의 평화 교섭을 가속시켜 스페인 왕녀 마리 테레즈와 루이 14세의 결혼을 실현하려는 마자랭의 책략이었다. 그의 계획이 효과를 발휘한 덕분에 스페인 국왕 펠리페 4세는 10월의 평화 교섭에 동의하고 스페인 대사가 리옹을 방문해 왕녀 마리 테레즈와 루이 14세의 결혼을 요청한 것이다.

❖ '페장 섬에서의 루이 14세와 펠리페 4세의 회견'
6월 7일의 회견 광경. 루이 14세 뒤에는 왕제 필리프, 펠리페 4세의 뒤에는 마리 테레즈가 있다. 타피스리 '루이 14세기'의 스케치.

6. 피레네 조약과 결혼

1659년 7월 28일, 국왕 일가는 남서부와 스페인 국경으로 가기 위해 퐁텐블로를 출발했다. 8월 초순에는 루아르 성을 방문하고 19일에는 보르도에 도착, 10월 6일까지 머물렀다. 9월에는 프랑스와 스페인의 화평 교섭이 마무리되면서 이듬해인 60년 봄 루이와 마리 테레즈의 결혼이 결정되었다. 10월 14일 왕은 툴루즈에 도착, 11월 7일 이 도시에서 화평 조약(피레네 조약)에 서명했다.

이 조약으로 프랑스는 북부에서 아르투아 백작령, 플랑드르, 뤽

✦ 페장 섬

프랑스와 스페인 국경의 비다소아 강 중류에 있는 페장 섬에 마련된 회견장에
서 피레네 조약의 교섭이 이루어졌다.

상부르의 일부 도시를 손에 넣고 남부에서는 루숑 백작령을 병합
하고 국경을 피레네 산맥까지 확대했다. 이 조약에는 루이 14세와
마리 테레즈의 결혼에 관해 50만 에퀴의 지참금을 지불하는 대신
프랑스는 스페인 왕좌에 관한 일체의 권리를 방기하는 조건이 명
시되어 있었다. 이 조약으로 스페인이 얻은 것은 포르투갈과 카탈
루냐 문제에 프랑스가 관여하지 않겠다는 약속 정도로, 합스부르
크 왕가의 세력 후퇴라는 인상을 남겼다.

국왕 일가는 12월 28일 툴루즈를 떠나 프로방스 지방으로 갔다.
엑스, 툴롱을 경유해 1660년 3월 2일 마르세유에 도착, 그곳에서 엑
스, 아비뇽을 경유해 4월 10일에는 피레네 조약으로 획득한 루숑
지방의 도시 페르피냥에 도착했다. 그 후, 랑그독 지방으로 돌아가

✤ 생 장 드뤼즈: 마리 테레즈가 묵었던 저택.   ✤ 생 장 드뤼즈: 루이 14세가 묵었던 저택.

오슈에서 닥스를 경유해 5월 1일 프랑스령 바스크 지방의 주도 바욘에 도착, 이곳에서 마자랭과 합류해 5월 8일 결혼식이 거행될 생 장 드뤼즈에 도착했다. 루이는 미사, 무도회, 열병식 등에 참석하고 6월 4일에는 결혼 상대를 만나기 위해 페장 섬으로 '잠행'에 나섰다. 다음날 양국의 궁정이 페장 섬에 모이고 두 왕은 피레네 조약의 준수를 약속했다. 다음날인 7일에도 두 왕의 회견이 있었으며 펠리페 4세가 자신의 딸 마리 테레즈를 루이에게 소개했다.

그로부터 이틀 후인 6월 9일 생 장 드뤼즈의 생 장 밥티스트 교회에서 바욘 주교의 집도로 루이와 마리 테레즈의 결혼식이 거행되었다. 식은 정오부터 3시간 남짓 이어졌으며 그 후, 두 사람은 나란히 결혼 축하연에 참석했다.

✛ 지금의 생 장 밥티스트 교회
결혼식 당시는 제단이 아직 건설 중이었기 때문에 그림이 그려진 천
을 늘어뜨렸다.

　왕비를 맞은 국왕 일가는 6월 15일 생 장 드뤼즈를 출발해 바욘,
보르도, 푸아티에, 앙부아즈, 오를레앙을 경유해 7월 13일 퐁텐블
로에 도착했다. 결혼식을 겸한 약 1년간의 대순행이었다. 이는 젊
은 왕과 왕비를 사람들에게 선보이는 동시에 각 지방 및 도시와 왕
권의 결속을 강화하고자 하는 목적도 있었다. 7월 20일 왕과 왕비
는 파리 근교의 뱅센 성으로 옮겨 신혼 생활을 위해 지어진 저택에
서 한 달 남짓 지냈다.
　8월 26일에는 결혼과 관련한 마지막 의식인 파리 입시식(入市式)
이 거행되었다.
　오전 7시 뱅센을 출발한 일행은 서쪽에서 파리로 입성했으며 성
벽 앞 광장에 마련된 옥좌에서 전 사단의 환영을 받았다. 그 후, 생

✤ '루이 14세와 마리 테레즈의 결혼식'
왕비의 망토를 비롯해 직물과 타피스리 등이 청색 바탕에 금색 백합이 수놓아
진 프랑스 왕가의 문장으로 가득 채워져 있다.

✤ 장 노크레 '루이 14세와 왕비 마리 테레즈 도트리슈 결혼의 우의화'
말을 탄 루이 14세가 마리 테레즈에게 손을 뻗고 있다. 두 사람은 '사랑'과 천사
에게 둘러싸여 있으며 루이에게 투구와 검을 건네는 천사들은 승리를 상징한다.

✤ **국왕 부부의 파리 입성**
오른쪽이 루이 14세. 판화의 경우, 등장인물을 문자로
표현하는 경우가 많아 이미지 판별이 용이했다.

안투안 문을 통해 시내로 들어가 시 청사, 노트르담 다리, 마르셰
누프를 경유해 도핀 광장을 지나 루브르 궁전으로 향했다. 국왕 부
부가 지나는 길마다 그들을 상찬하는 다양한 무대 장치가 설치되
어 있었다.

　시내로 들어가는 입구인 생 안투안 문은 거대한 타피스리로 장식
되어 있었으며 그 위에는 루이 14세 앞에 무릎을 꿇은 파리 관료들
의 모습이 그려진 회화가 있었다. 센 강 오른쪽 기슭에 있는 생 제
르베 연못가에는 파르나소스 산을 이미지한 개선문이 세워졌으며
국왕의 예술 보호 정책이 묘사되어 있었다. 노트르담 다리에는 역
대 국왕들의 메다이용을 걸었으며 마르셰 네프에도 개선문이 설치
되었다. 여기서 일행은 도핀 광장으로 들어가 앙리 4세의 기마상이
설치된 퐁네프 다리를 건너 오후 10시 루브르에 도착했다. 도핀 광
장 출구에는 화가 샤를 르 브룅이 디자인한 개선문이 설치되었다.

✤ **(왼쪽)도핀 광장 출구의 개선문**
이 개선문은 민중을 나타내는 하부의 문과 왕을 나타내는 상부의 오벨리스크로 구성되며, 민중의 토대 위에 왕이 존재한다는 것을 표현했다. 상단의 타피스리풍 회화에는 결혼의 여신 히메나이오스와 닭(프랑스)과 사자(스페인)가 끄는 전차를 탄 국왕 부부가 그려져 있다.

✤ **(위쪽)뱅센의 '왕의 저택'**
맞은편에 같은 형태로 지어진 '왕비의 저택'이 있으며 구름다리로 연결되어 있다.

이 개선문에는 국왕 부부에 대한 경의와 입시식의 기쁨이 표현되어 있으며 적대 관계였던 프랑스와 스페인이 두 사람의 결혼으로 양국에 평화를 가져왔을 뿐 아니라 국제 사회에서 프랑스의 영광과 경제 번영을 가져왔다는 것을 나타냈다. 국왕 부부는 31일까지 파리에 머물며 다양한 의식에 참가했다.

샤를 르 브룅

화가이자 의장 제작가인 샤를 르 브룅을 다루지 않고 루이 14세의 예술 정책과 프로파간다를 이야기할 수는 없다. 1619년 파리에서 조각가의 아들로 태어난 르 브룅은 1640년경 '디오메데스의 암말을 죽이는 헤라클레스'를 통해 놀라운 기법을 선보이며 대법관 세기에의 비호를 받으며 시몽 부에의 제자가 되었다. 그 후, 잠깐 파리를 방문한 로마의 프랑스인 화가 니콜라 푸생의 눈에 들어, 1642년 푸생과 함께 로마로 갔다. 로마에서는 라파엘로 등의 미술을 연구하며 고전주의를 흡수하고자 애썼다. 1646년에 귀국한 후에는 다수의 회화 작품 제작과 궁전의 내부 장식을 담당하며 프랑스 화단의 거장이 되었으며 1648년의 회화·조각 아카데미 창설에 참여했다. 르 브룅은 푸생의 고전주의에 바로크 예술을 융합시킨 프랑스 궁정 회화 양식의 확립을 주도했으며 이것이 그가 수많은 궁전의 내부 장식을 담당한 이유였다. 베르사유 궁전 '거울의 방'의 천장화로 유명한 르 브룅은 유연한 성격과 조직력으로 예술

가 단체를 지도하고 창작 의욕을 자극하고 통제하는 능력이 뛰어났다. 단순한 화가에 그치지 않고 예술가들을 통솔하고 타피스리와 가구를 비롯한 궁정의 실내 장식과 예술 작품을 담당하는 종합 프로듀서로서의 역할을 수행했다.

1664년에는 '왕의 수석 화가'가 되어 회화·조각 아카데미를 총괄했다. 직접 회화 이론에 관한 다수의 강의를 담당하며 자신의 예술 이론의 보급에도 힘썼다.

니콜라 드 라르질리에르
'샤를 르 브룅의 초상'

Louis XIV (by Henri Testelin)_wikipedia.org

제3장
친정의 시작과 초기 개혁

1. 친정의 시작

국왕 부부가 파리에 입성했을 때, 마자랭은 이미 병을 앓고 있었다. 이전부터 몸이 여위고 불면에 시달리던 그는 폐수종과 신장염 그리고 요독증까지 병발한 상황이었다. 보베 저택에서 루브르로 옮겨 요양을 하던 그는 1661년 2월 8일 병세가 위중해져 뱅센 성으로 옮겼다. 얼마 후 자리에서 일어날 수 없게 되면서 3월 3일 임종

⚜ 파리의 보베 저택
병을 앓던 마자랭은 이 저택 발코니에서 국왕 부부의 입시식 행렬을 지켜보았다고 한다.

영성체를 받고 7일에는 병자 성사를 받았다. 비탄에 빠진 루이 14
세가 이 의식에 참석하고자 했으나 마자랭의 청죄 사제 피사로가
만류해 문 너머에서만 지켜보았다고 한다.

어린 나이에 부친을 잃은 루이는 마자랭을 아버지처럼 여겼다.
특히, 프롱드 종결 후에는 루이에게 제왕학을 가르쳤으며 스페인
전쟁 때는 가끔 전선에서 왕에게 전투 시범을 보이기도 하고 공식
행사에는 늘 참석하도록 했다. 집무 시에는 왕을 보좌해 통치 방식
을 보여주고 국왕 자문 회의에도 참석하도록 했다. 이렇게 실제 군
사·정치 체험으로 많은 것을 배운 루이에게 마자랭은 아버지이자
스승이었다.

3월 9일 새벽 2시, 마자랭이 숨을 거두었다. 루이는 마자랭의 방

✦ 위그 드 리온

✦ 미셸 르 텔리에

옆에 마련된 작은 침상에서 밤을 보냈다. 루이의 유모였던 피에르 트 뒤푸가 왕에게 마자랭의 죽음을 고하자 왕은 왕비를 깨우지 않도록 조용히 침대에서 일어나 옷을 입고 마자랭의 방으로 갔다. 세상을 떠난 마자랭 곁에서 묵도하는 왕의 눈에서는 끊임없이 눈물이 흘렀다. 군주로서는 걸맞지 않을 만큼 비탄에 찬 표정이었다.

다음날인 10일 오전 7시, 루이는 뱅센 성에서 '친정 선언'을 했다. 자리에 모인 재무 장관 푸케, 육군 장관 르 텔리에, 외무 장관 브리엔 등의 대신들 앞에서 루이는 '지금까지 세상을 떠난 추기경에게 통치를 맡겨왔으나 이제는 짐이 직접 통치를 할 때가 왔다'고 말하며 왕이 원할 때에는 왕을 보좌하고, 대법관은 왕의 명령 없이 옥새를 날인해서는 안 되며, 국무 장관도 왕의 명령 없이 서명해서는 안된다는 것을 명했다.

이 친정 선언에 대해서는 루이 14세 치세 당시부터 정치상의 중대 사건으로 세상에 널리 알려졌다. 그리고 '무대의 장면은 이제부터 전환된다'고 쓴 브리엔의 회상록과 같은 다양한 저작의 영향으로 루이 14세가 강한 의지로 통치 체제를 크게 전환했다는 평가가 이루어졌다. 루이 14세는 아들을 위해 쓴 『비망록』에서 다음과 같이 말했다.

'직무를 보좌해야 할 사람들에 대해서는 먼저, 재상을 두지 않기로 결심했다. (중략) 프랑스는 이 관직을 영원히 폐지해야 한다. 한쪽에서 모든 직무를 관장하는 사람이 있는데 국왕이라는 칭호만 가진 자가 있는 것만큼 부끄러운 일은 없기 때문이다.'

직접 직무를 관장하려는 루이의 의지가 담겨 있는 것은 분명하지

✦ '왕의 친정'
베르사유 궁전 '거울의 방'에 그려진 천장화. 왕은 오른쪽 하단의 아이들에게는
눈길도 주지 않고 오로지 오른쪽 상단의 '영광'이 내미는 왕관을 바라보고 있다.

만 당시에는 편지를 포함한 모든 문서가 타인에게 노출될 가능성
이 있었기 때문에 각색되었을 수도 있다.

　최근 연구에서는 친정 선언의 진상에 대해 마자랭의 유지가 강조
된다. 마자랭은 임종 당시 '정치 유훈'이라고 불리는 왕에 대한 유언
을 남겼다. 그 내용은 교회의 특권과 귀족의 존중, 관료의 독주 방
지, 지출의 철저한 조사 등과 함께 충성심과 각자의 직무에 걸맞은
재능을 지닌 자를 등용해야 한다는 것이었다. 마자랭은 왕이 유일
한 권력자인 보필자 집단을 상정했으며 재상의 설치에도 부정적이

✤ '왕태자의 탄생'
루이 14세가 왕비의 품에 안긴 왕태자를 오른쪽
의 왕제 필리프에게 소개하고 있다. 1662년 연감
의 상단 부분.

었다.

루이의 성격에 대해서는 다양한 이야기가 전해지는데, 고집이 세서 자신의 의지를 관철시키는 편이라기보다는 오히려 온순한 면이 있었다고 한다. 루이는 스승인 마자랭의 가르침을 따라 '절대 군주'가 되기로 결심한 것이다. 이후 그는 자신의 의사와 상관없이 때로는 고독감에 괴로워하면서도 계속해서 이 역할을 연기하게 되었다.

2. 보필자들

마자랭이 세상을 떠난 그날 아침, 루이 14세는 르 텔리에, 리온과 함께 3시간 남짓 서재에 머물렀다. 이 두 사람과 재무 장관 푸케가 합류해 최고 자문회의의 주요 멤버가 되었다. 그들은 모두 마자랭의 유신(遺臣)으로 법복 귀족의 가계에 속해 있었다.

⚜ 1662년의 기마 퍼레이드'
1662년 6월 5일과 6일, 왕태자의 탄생을 기념해 튈르리 궁전 앞 광장에서 거행된 기마 퍼레이드. 루이는 이때 로마 황제풍의 의상을 걸치고 군단을 지휘했다(작자 미상).

✦ 샤를 르 브룅 '갑옷을 입은 루이 14세'
1661년부터 62년경의 모습. 갑옷 위에 레이스 장식과 성령 기사단의 푸른색 기장을 둘렀다.

리온은 1611년 그르노블의 고등 법원 평정관의 아들로 태어났다. 그는 숙부인 아벨 세르비엔으로부터 교육을 받았다. 세르비엔은 그르노블의 고등 법원 검사 총장을 지내고 1627년 기엔 지방의 감찰관(지방 장관의 전신)이 되었다가 1630년 육군 장관에 취임했다. 이듬해 세르비엔은 조약 교섭을 위해 토리노로 파견되면서 젊은 리온을 데려갔다. 리온은 거기서 교황 측 대표단의 일원이었던 마자랭을 만났다. 마자랭이 프랑스로 귀화해 리슐리외의 가신이 되자 리온은 1641년 그의 제1서기가 되었다. 프롱드로 마자랭이 망명을 했을 때에는 르 텔리에, 세르비엔과 행동을 함께 했다. 마자랭의 신하가 된 후에는 외교계에 투신해 피레네 조약 교섭에도 중요한 역할을 했으며 1659년에는 대신으로, 친정 이후인 1662년에는 정식으로 외무 장관에 취임했다.

르 텔리에가는 전형적인 법복 귀족의 가계였다. 1603년에 태어난 그는 대평정원 평정관(1624년), 샤틀레 재판소 검사(1631년)를 거쳐 1638년 행정 관료의 등용문인 소원 심사관으로 취임했다. 그 후, 1640년 이탈리아 방면군의 군정 감찰관으로 취임해 군대 행정의 경험을 쌓았다. 리슐리외의 사망으로 육군 장관 드 누아예가 실각하자 그 후임으로 1643년 육군 장관으로 취임했다. 프롱드에서는 마자랭과 뜻을 함께했으며 그의 비호하에 권력의 중추를 점했다. 1677년에는 대법관으로 취임했다.

세 번째 인물인 푸케의 선조는 브르타뉴의 상인으로, 직물 사업으로 부를 쌓았다. 그의 조부가 파리 고등법원의 평정관직을 구입했다. 부친 프랑수아가 파리 고등 법원 평정관으로 취임한 후, 소원 심사관직을 구입해 관료 기구 내에서 순조롭게 상승했다. 1615년에 태어난 푸케는 1634년 메스 고등법원 평정관으로 취임, 이듬해 35년에는 20세의 나이로 소원 심사관이 되었다. 그 후, 부친의 무역업에도 참여해 재산을 모았으나 가문의 보호자였던 리슐리외의 사망으로 식민지 무역 사업이 어려워지자 국무에 전념했다. 1644년 그르노블 지방 장관, 1647년에는 피

✤ 조세프 베르네 '아폴론으로 분한 루이 14세'
1664년경. 아폴론으로 분한 루이가 거대 뱀 피톤을 쓰러뜨렸다. 친정 초기에는 왕의 힘과 덕을 나타내기 위해 신화의 언어가 사용되었다.

카르디의 군정 감찰관으로 취임했다. 프롱드 시기에는 마자랭과 모후 안의 편에 섰으며 1650년에는 파리 고등 법원의 검사 총장으로 취임했다. 프롱드가 종료된 1653년에는 재무 장관으로 취임했다.

루이 14세는 자신의 『비망록』에서 재상 대신 3명의 유능한 이들에게 왕을 보필할 직무를 맡기겠다며 이 세 사람의 이름을 나열했다. 르 텔리에는 20년간 육군 장관을 지내며 얻은 직무 경험에서 비롯된 지식과 신뢰와 충성심에 대해, 리온은 마자랭의 신뢰와 외교 교섭 능력에 대해 평가했다. 푸케는 그의 지성과 국내 사정에 대한 지식을 평가했으며 '만약 그가 과거의 잘못을 고백하고 스스로 바로잡겠다고 맹세한다면 내게 큰 도움이 되었을 것이다'라고 덧붙였다. 이는 푸케의 실각으로 그렇게 되지 못했다는 것을 나타낸다.

3. 푸케와 콜베르

1661년 9월 5일, 삼부회가 개최 중인 브르타뉴 지방 낭트에 머물고 있던 푸케는 총사대 부대장 다르타냥에 체포되었다. 공금 횡령 혐의였다. 현대의 기준으로 보면, 푸케의 행위는 분명 공금 횡령으로 지적할 만한 부분이 있다. 푸케가 재무 장관으로 취임했을 때, 프랑스는 1635년부터 계속된 전쟁 때문에 재정 위기 상태였다. 그런 이유로 정부는 휘낭시에(financier)라고 불리는, 국고의 대부 및

✤ 클로드 르페브르 '장 바티스트 콜베르의 초상'
짧은 상의와 조끼, 레이스가 달린 소매와 칼라는 루이 13세 때부터 루이 14세 통치 초기의 전형적인 대신의 복장이었다.

간접세 징수를 통해 '왕의 돈'을 운용하는 이들을 활용하는 방책을 취했다. 휘낭시에들은 당연히 변제가 불확실한 대부를 주저했는데 이때 푸케의 존재가 중요해진 것이다.

　정부 고관이자 대부호였던 푸케는 자신이 후견인이 되어 인적 네트워크를 구축했는데 거기에는 휘낭시에들도 포함되어 있었다. 그들은 이런 후견-피후견 관계와 더불어 직접 국고에 대부를 하기도 한 푸케의 신용력을 담보로 자금을 제공했다. 휘낭시에는 당연히

✤ 보 르 비콩트 성

재무 장관 푸케가 르 보(건축), 르 브룅(실내 장식), 르 노트르(정원)의 3대 거장을 기용해 건설한 저택. 이 세 사람은 후에 베르사유 궁전 개축을 담당했다.

이자에 상당하는 금전을 수수하는데, 그 이자를 결정하는 것이 재무 장관인 푸케였던 것이다. 이런 공사 혼동을 통해 이익을 취했다는 것이 체포 이유였다.

하지만 실제 이 시기에는 관리들이 자신의 신용을 이용해 공금을 차입하는 것이 흔한 일이었다. '공'과 '사'가 미분화 상태였던 것이다. 예컨대, 예술 작품 수집가로 유명한 마자랭은 1638년 프랑스로 귀화한 후 사망하기까지 약 20년 남짓한 기간 동안 2,000만 리브르의 막대한 부를 축적했으며 그것이 미술품 구입 자금으로 쓰였다. 이는 마자랭이 직무를 수행하며 다양한 경로로 금전을 취득했다는

✤ 샤를 콜베르 드 크루아시

것을 의미하며, 그 축재 수단은 대부분 지금의 기준으로 보면 수재(收財)에 해당할 것이다. 다시 말해, 푸케의 행위는 당시로서는 공금 횡령이라고 보기 어려운 행위였다.

그런 그가 무슨 이유로 체포된 것일까. 결론부터 말하면, 푸케는 정쟁에 패한 것이다. 정쟁 상대는 콜베르와 그를 지지한 루이 14세였다.

콜베르는 1619년 랭스에서 태어났다. 콜베르가는 본래 샹파뉴 지방의 소귀족이었으나 16세기에는 은행업까지 운영하는 대상인으로 성장했다. 콜베르는 21세까지 은행가와 공증인 밑에서 일하다 1640년 부친이 군무관직을 구입해주면서 군대 행정에 발을 디뎠다. 1645년부터 육군 장관 르 텔리에 밑에서 일하다 프롱드가 발발한 1648년의 혼란한 상황에서 국왕 자문회의 평정관으로 귀족 작위를 받고 르 텔리에와 궁정의 연락책을 맡았다. 1651년 마자랭이 망명했을 때에는 그의 자산 관리를 포함해 그가 하던 복잡한 직무를 떠맡아 신뢰를 얻으면서 출세에 한걸음 더 가까이 갔다. 프롱드 종료부터 마자랭이 세상을 떠나기까지의 약 8년간, 콜베르는 그의 영지와 재산을 관리하고 국가 재정의 운영에 관여했다.

마자랭은 죽기 직전 루이 14세에게 콜베르를 천거하는 유언을 남겼다. '폐하, 저는 모든 것을 폐하께 빚지고 있습니다. 하지만 폐하께 콜베르를 추천함으로써 이 채무에서 해방될 것입니다'라는 유명한 말이 전해진다. 실제 루이 14세는 마자랭이 죽기 전날인 3월 8일 콜베르를 재무 감찰관에 임명했다.

✦ 장 마르크 나티네 '장 바티스트 콜베르 드 세뉴레이의 초상'

리슐리외를 존경했던 콜베르는 1650년 푸케를 처음 만났을 때 리슐리외의 신뢰가 두터웠던 그를 높이 평가했다. 하지만 마자랭 밑에서 국가 재정에 관여하게 된 그는 자신의 영달을 이루기 위한 최대의 장애물이 푸케의 존재라는 것을 인지했다. 푸케에 대한 콜베르의 도전은 1657년 시작되었다. 콜베르는 푸케의 공사 혼동에 관한 사실을 마자랭에게 고했지만 마자랭은 귀를 기울이지 않았다. 당시의 상식으로는 당연한 일이었을 것이다.

하지만 마자랭의 사망으로 상황이 크게 바뀌었다. 콜베르가 루이 14세에게 푸케를 고발한 것이다. 5월 4일 콜베르의 고발에 루이가 동의한 것으로, 당초에는 해직을 수락했을 뿐이었다. 그 후, 또다시 콜베르가 푸케가 자신의 소령인 벨 일 섬을 멋대로 요새화하고 있다고 고발하자 7월에는 루이도 푸케의 체포를 결심했다. 루이가 푸케를 배제하고자 한 이유는 분명치 않지만 이제 막 친정을 시작한 루이에게 푸케와 같은 실력자의 존재가 거슬렸을 수 있다. 어쨌든 푸케의 실각에는 루이 14세도 깊이 관여했다.

　푸케와 같은 고등 법원 관료는 고등 법원에서만 재판을 받을 수 있는 특권이 있었다. 하지만 푸케 본인이 파리 고등 법원의 검사 총장이었기 때문에 푸케 실각 계획은 벽에 부딪쳤다. 콜베르와 루이 14세가 모의한 후, 루이는 푸케에게 검사 총장직을 매각할 것을 권하고 8월 12일 매각이 이루어졌다. 두 사람의 음모를 알지 못한 푸케는 매각 대금 대부분을 국왕에 기부하고 더 높은 지위의 획득을 기대했다.

　국왕에 대한 푸케의 경애심은 진심이었다. 푸케는 8월 18일 새

휘낭시에와 국가 재정

column

이 시기 휘낭시에가 왕국 재정에 중요한 역할을 하게 된 배경에는 당시의 위태로운 재정 상황이 있었다. 30년 전쟁 참전과 관료 기구의 정비로 1630년대 이후 왕국 재정이 어려워지면서 '임시 재정 조치'라고 불리는 정책에 의존하게 되었다. 이것은 후일의 조세 수입을 담보로 부유층으로부터 자금을 빌리는 조치로, 그 차입처를 휘낭시에라고 불렀다. 이렇게 차입금에 의존한 재정이 점점 더 악화되어 수년 이후의 세수까지 차입금의 담보가 되면서 재정은 더욱 압박받게 된다.

이런 상황은 재정 위기를 초래했으나 차입금 의존을 멈추지 못해 재정은 점점 더 휘낭시에에 의존하게 되었다. 그 결과 1643년에 성립한 체제가 '휘낭시에의 국고 관리 체제'라고 불리는 것으로, 제세 정책의 입안부터 징세, 출납의 모든 사안을 휘낭시에에게 일임하는 것이었다. 이것은 만성적인 차입금 재정과 공사 재정의 혼동, 제세 당국자와 휘낭시에의 유착 등 구조적 결함을 동반했는데 마자랭과 푸케 그리고 휘낭시에 사이의 긴밀한 관계가 있었기에 그나마 기능했던 것이다.

롭게 건설한 자신의 성 보 르 비콩트에 국왕을 초청해 성대한 연회를 열었다. 호화로운 요리가 차려지고 성대한 불꽃놀이가 펼쳐진 향연에서는 몰리에르의 〈훼방꾼들〉이 상연되었으며 푸케는 그 서막에 왕을 찬미하는 말을 덧붙였다. 보 르 비콩트의 우아함과 호화로운 연회를 시기한 것인지 아니면 이미 체포를 마음먹은 후라 어색해서였는지 루이는 연회 중간에 자리를 떠나 퐁텐블로로 돌아갔다.

그리고 9월 5일 푸케가 체포되었다. 푸케는 공금 횡령과 벨 일 섬의 요새화로 국왕에 모반을 계획했다는 혐의로 기소되어 9월부터 바로 재판이 시작되었다. 재판은 고등 법원이 아닌 국왕이 주재한 임시 법정에서 이루어졌다. 왕은 사형을 요구했지만 최초의 판결은 재산 몰수와 국외 추방이었다. 하지만 왕은 여기에 불만을 품고 판결을 종신 금고형으로 변경, 푸케는 1665년 피뉴롤의 요새로 이송되어 1680년 옥사했다.

이 체포극은 루이 14세가 기획한 정치 쇼이기도 했다. 푸케가 체포된 9월 5일은 루이의 23세 생일로, 왕의 정치적 신생(新生)을 상징하는 날이었다. 3월에 친정을 시작한 루이는 가신 중에서도 가장 핵심 인물을 스스로 배제함으로써 '절대적'인 권력을 보여주고 새로운 체제를 만천하에 각인시킨 것이다.

4. 콜베르파와 르 텔리에파

　푸케의 실각으로 콜베르가 재무 행정을 담당하게 되었다. 1661
년에는 재무 자문회의를 관장했으며 1665년에는 새롭게 창설된 재
무 총감으로 취임해 명실 공히 재무 부문의 수장이 되었다. 대신들
간의 서열은 프롱드 시기까지는 대법관의 권력이 막대했지만 콜베
르 이후로는 재무 총감이 국정의 중심이 되었다. 이는 국가가 중시
하는 분야가 사법에서 재정으로 바뀌었다는 것을 의미한다.

　콜베르는 1664년 왕실의 예술 정책 책임자인 건축 장관, 1669년
에는 해사 장관과 궁내 장관으로도 취임해 사실상 재상의 지위에
등극했다. 이때 그는 자신의 규벌에 속한 사람을 국가 기구의 요소
에 배치해 정치적 네트워크를 구축했다. 예컨대, 1666년에는 지방
장관을 지낸 사촌 동생 뱅상 오트망, 1678년에는 조카인 니콜라 데
마레를 재무 감찰관에 세우는 등으로 재무 부문을 장악했다. 그와
동시에 유력 휘낭시에를 후원해 재무 행정을 장악했다. 문벌의 확
대는 재무 부문에 그치지 않았다. 외무직을 지낸 동생 크루아시 후
작 샤를은 1679년 외무 장관에 취임, 그의 아들 토르시 후작도 외무
장관이 되었다. 1651년 태어난 장남 세뉴레이 후작은 부친 밑에서
해사에 관계된 관직을 지낸 후 그의 사망과 함께 해사 장관으로 취
임했다.

한편 '삼인조'중 한 명이었던 르 텔리에도 마찬가지로 문벌을 형성했다. 1641년에 태어난 아들 루부아는 1655년 부친으로부터 육군 장관 습직권을 얻어 1661년부터 부친과 공동으로 육군 장관직을 수행했다. 육군 장관은 보급과 숙영 등을 중심으로 한 군대의 관리와 유지가 주 임무로, 관료 기구는 군대에 파견되어 행정을 담당하는 군정 감찰관과 그 휘하에서 임무를 실시하는 군무관 등으로 구성되었다. 르 텔리에와 루부아는 이런 직위를 자신들의 피후견인에게 맡겨 육군 내에 강력한 인맥을 형성했다. 또 육군 장관의 관할이었던 국경 지방의 지방 장관에도 르 텔리에가와 관련이 깊은 인물이 취임했다.

어떻게 이렇게 사적인 문벌에 의한 지배가 횡행할 수 있었을까. 당시의 관료제는 근대적인 관료제와 완전히 달랐던 것이다. 오늘날의 관료제는 실력(시험)에 의해 채용이 이루어지고 직위에 따른 상하 관계도 명확하지만 루이 14세의 시대에는 채용 시 그 능력을 측정하는 제도가 없었으며 관료제도 내에서의 상하 관계도 명확치 않았다. 각자의 사회적 지위는 그가 속한 가문이나 단체 등에 의해 결정되었기 때문이다. 또한 폴레트 법 시행 이래, 관료의 수는 계속 증가했으며 이렇게 복잡해진 관료 기구가 기능하기 위해서는 후견-피후견 관계로 구축된 네트워크를 확장하고 이를 통해 관료를 움직이는 것이 유효한 방법이었던 것이다.

인적 결합 관계는 관료 기구뿐 아니라 더 넓은 범위로 확장되었다. 예컨대, 콜베르의 차남 자크 니콜라는 루앙 대주교가 되었으며 딸 잔느 마리는 15세기 토스카나에서 온 귀족의 후예 루인 공작과

✦ 클로드 르페브르 '루이 14세'
1667~69년경의 작품. 백합이 새겨진 갑옷을 입고 흰색 기장과 검을 찬 루이
는 '전쟁 왕'으로 그려져 있다.

결혼했다. 이런 결합은 르 텔리에파도 마찬가지였다. 르 텔리에의 차남 샤를 모리스는 랭스 대주교가 되었으며 딸 마들렌 파는 루이 14세의 친위대 소속 군인 오몽 드 로슈바론 공작과 결혼했다. 르 텔리에의 여동생도 군인과 결혼했는데 이런 혼인 관계로 르 텔리에는 자신과는 출신이 다른 대검 귀족층에도 네트워크를 확대했다.

앞서 설명했듯, 사회 전체적으로는 대검 귀족과 법복 귀족, 관직 보유자와 친임 관료와 같은 대립 구도가 존재하지만 정권 중추에서는 이런 대립의 경계를 초월한 인적 네트워크가 존재했으며 그것이 당시의 통치 실태였다.

이처럼 전근대적 성격이 강한 관료제였지만 그 안에서도 변화는 있었다. 예컨대, 후견-피후견 관계는 본질적인 연고주의(Nepotism)를 탄생시켰으며 이는 관료가 채용될 때도 작용했다. 하지만 정권 내에서 승진하기 위해서는 나름의 능력도 필요했다. 후견인은 유능한 인물을 피후견으로 삼아 관료제를 움직일 필요가 있었던 것이다. 그러자 통치 시스템 내에도 차츰 실력주의(meritocracy)의 요소가 자리 잡았다. 또 국왕으로서는 콜베르, 르 텔리에와 같은 문벌의 수장을 억제함으로써 간접적으로나마 이전보다 관료제를 효과적으로 움직일 수 있었다. 친정 이후, 루이 14세는 이 두 문벌의 경합을 이용해 자신의 지배력을 강화했던 것이다.

5. 재정 개혁

친정을 시작한 루이 14세는 콜베르와 르 텔리에의 협력으로 각종 개혁을 실시했다. 큰 폭의 적자를 안고 있던 재정을 재건하기 위해 푸케의 체포와 함께 1661년 11월 특별 재판소가 설치되었다. 1664년까지 개정된 이 재판소는 푸케의 범죄뿐 아니라 휘낭시에의 부정에 대해서도 1635년까지 거슬러 올라가 적발했다. 부정이 적발되는 경우에는 그 휘낭시에에 대한 채무가 소멸되었기 때문에 적자 삭감에 공헌했다. 이것은 푸케의 피후견인이었던 휘낭시에가 재무 행정에서 추방되는 대신 콜베르와 관계가 깊은 휘낭시에가 중용되는 결과를 불러왔다. 휘낭시에로부터의 대부에 의존한 재무 체질을 재정비하는 것은 불가능했다.

세제는 직접세와 간접세로 구성되어 있었다. 타이유라고 불리는 직접세는 전국에서 징세액이 결정된 후 하위 관구로 배분되고 최종적으로 각호에 할당되었다. 성직자(제1신분)와 귀족(제2신분)은 직접세 면세 특권을 가지고 있었으므로 평민(제3신분)만이 과세 대상이 되었다. 간접세는 소금세, 담배 전매세, 각종 관세 등 특권 신분을 포함한 폭넓은 사회층에 과세되었다. 이 간접세의 특징은 징세 청부인에게 도급을 맡겼다는 것이다. 징세 청부인은 미리 정해진 세액을 국가에 전납하고 그 전납금에 대한 이자와 징수 경비 그리

✤ **특별 재판소의 설치**
휘낭시에의 부정 추급으로 특별 재판소가 설치된 것을 알리는 메달. 중앙에는 의인화된 '정의'가 새겨져 있다.

고 자신의 이익을 더해 실제 세금을 거두었다. 이 제도는 왕권이 미리 세수를 확보할 수 있다는 이점이 있었다. 징세 청부인에게는 전납이 가능한 자금력이 요구되는 만큼 휘낭시에와 같은 금융업자의 역할을 했다고 볼 수 있다.

프랑스가 30년 전쟁에 참가한 1630년대부터 리슐리외 집권 하에 계속된 증세로, 더는 평민층에서 세금을 징수하기 어려웠다. 콜베르는 우선 간접세 개혁에 나섰다. 그는 지역과 종목별 조세 청부 계약을 통합해 징세 청부제의 합리화를 시도했다. 최종적으로는 1681년 징세 청부인 조합의 대표 포코네와 주요 간접세 징수를 일괄해 단일 징세 청부 단체에 도급하기로 계약했다. 이것이 1726년 총징세 청부제도로 발전해 혁명기까지 이어졌다.

이 같은 합리화와 증세로 인해 1660년대부터 80년대에 걸쳐 간

✤ '재정 개혁'
미네르바로 분한 루이 14세가 재정 악화의 원인인 하르퓌아(저승의 사자)의 퇴치를 명하고 있다. 베르사유 궁전 '거울의 방'의 천장화.

접세 수입은 약 4배로 증가했다. 반대로 1661년 4,200만 리브르였던 직접세 할당액은 감소했으며 루이 14세 치하에서는 3,500만 리브르 수준으로 낮아졌다. 전체적인 적자 기조에는 변화가 없었지만 60년대에 걸쳐 재정의 적자 폭은 서서히 감소했다. 루이 14세 치하에서는 간접세 수입 비율이 높았으며 정부가 1681년 포코네와 맺은 계약에서는 연간 계약액이 5,667만 리브르였다.

또 1664년부터 전국 규모의 '귀족 조사'가 이루어졌다. 당시 프랑스에서는 관직 보유를 통해 제3신분에게 귀족의 지위를 주었던 것처럼 귀족 신분은 폐쇄적인 집단이 아니었으며 평민 신분에서 벗어나 신분 상승을 꾀하는 사람도 많았다. 관직 보유 외에도 농촌에 영지를 구입해 대를 이어 '귀족 같은 생활'을 하다보면 귀족으로 인정받는 경우도 있었다. 콜베르는 이들에게 귀족 신분을 증명하는 증거 서류를 제출할 것을 요구해 '가짜 귀족'을 적발하려고 했다. 이 귀족 조사의 주요 목적 중 하나가 가짜 귀족의 면세 특권을 박탈하여 세수를 늘리는 것이었다. 이런 시도가 온전히 성공을 거둔 것은 아니지만 귀족에 대한 통제를 강화하는 효과가 있었다.

✤ '항해의 재편'
넵튠의 삼지창을 든 루이 14세가 하역을 지시하고 있다. 왼쪽 아래의 해적을
붙잡고 있다. 베르사유 궁전 '거울의 방'의 천장화.

6. 중상주의와 경제 개혁

재정 개선을 위해 콜베르가 시행한 또 하나의 방책이 중상주의이다. 루이 14세가 친정을 시작했을 때, 프랑스 경제는 위험한 고비를 맞고 있었다. 서유럽 제국의 주요 공업 생산물인 모직물은 1640년경부터 심각한 경제 불황에 빠지면서 국내 수요가 감퇴했다. 게다가 국제 경쟁이 격화하는 상황에서 잉글랜드나 네덜란드 제품과의 경쟁력을 잃게 되면서 주요 수출지인 스페인과 동지중해 지역에 대한 수출이 격감했으며, 잉글랜드와 네덜란드의 양질의 모직물 유입이 급증했다.

'콜베르티슴'이라고도 불리는 중상주의 정책의 첫 번째 과제는 이 위기에 대응하는 것이었다. 유럽에서 유통되는 화폐의 양은 일정하기 때문에 무역 차액을 통해 자국의 부를 확대하고자 했다. 그리하여 강력한 보호 관세 정책을 추진하며 국내 산업을 육성하는 한편 중요 산업에 대해서는 국가가 특권을 제공하고 보호했다.

보호 관세 정책에 대해서는 모직물 제품을 중심으로 수입 관세를 대폭 인상했다. 관세 인상은 마자랭 시대에 이미 시작되었으나 1664년과 67년 콜베르에 의한 두 차례의 인상으로 외국 제품의 수입이 거의 불가능한 상황이 되었다. 그와 동시에 모직물 산업의 경쟁력 향상을 목적으로 한 산업 규제 재편의 강화도 실시되었다.

✦ '프랑스의 세계 축소도'
의인화된 '상업'과 '기예'가 루이 14세 앞에 무릎을 꿇고 교역품의 그림을 펼쳐 보이고 있다. 아래쪽에는 '프랑스' 주변 각지의 산물이 그려져 있다. 콜베르의 상업 정책으로 세계의 물품이 프랑스로 모여든다는 것을 나타냈다. 1666년의 연감.

1699년에는 '모직 및 견직물 제조에 관한 법규(산업 일반 규칙)'가 제정되어 품질 향상과 규격 통일이 이루어졌다.

또 한 가지의 산업 규제가 특권 매뉴팩처(manufacture)의 설립이었다. 이것은 국가가 기업 설립에 자금을 원조하고 특권을 부여함으로써 국내 산업을 육성하고자 한 시도였다. 예컨대, 광산·정련 산업 및 병기를 생산하던 도피네 광산회사나 양질의 모직물을 생산하던 랑그독 지방의 본 페로 왕립 모직물 회사 등이 있다.

또 사치품을 중심으로, 다른 나라에 비해 뒤처진 산업을 육성하고 국제 경쟁력을 강화하려는 시도도 있었다. 당시에는 궁전 및 귀족의 저택, 가구 장식품으로 거울의 수요가 높았는데 유리와 그 유리를 사용한 거울의 생산은 베네치아의 독무대였다. 콜베르는 1665년 왕립 유리 제작소를 설립하고 베네치아 출신의 장인을 모집하는 등의 방법으로 기술을 확립해 국제적인 경쟁력을 지닌 제품 제작에 성공했다. 베르사유 궁전이 조영되었을 때, 이 제작소가 '거울의 방'에 쓰인 거울을 제작했

LE CODE NOIR
OU
EDIT DU ROY,
SERVANT DE REGLEMENT
POUR le Gouvernement & l'Administration de Justice & la Police des Isles Françoises de l'Amerique, & pour la Discipline & le Commerce des Negres & Esclaves dans ledit Pays.
Donné à Versailles au mois de Mars 1685.
AVEC
L'EDIT du mois d'Aoust 1685. portant établissement d'un Conseil Souverain & de quatre Sieges Royaux dans la Coste de l'Isle de S. Domingue.

A PARIS, AU PALAIS,
Chez CLAUDE GIRARD, dans la Grand'Salle, vis-à-vis la Grand'Chambre : Au Nom de JESUS.

M. DCC. XXXV.

✣ '흑인 법전'

다(지금의 생 고뱅 사의 원류이기도 하다). 그 밖에도 이탈리아와 플랑드르의 레이스 제품에 대항한 왕립 레이스 제작소, 플랑드르의 타피스리에 대항한 고블랭 제작소 등이 설립되었다.

특권 매뉴팩처 설립에는 국가의 자금력뿐 아니라 금융업자나 특권 상인의 자금력도 동원되었다. 오를레앙의 휘낭시에 니콜라 드 누아예는 왕립 유리 제작소 설립에 자금을 제공하고 국가로부터 20년간 독점권을 얻었다. 자금 제공자는 독점권을 통해 이익을 확보했으며 그 이익의 일부를 국고에 환류해 국익을 증대시키려는 목적이었다.

중상주의 정책은 특권 부여에 의한 독점이라는 국가 주도의 경제 통제가 주축으로, 수출용 사치품 생산을 통한 수출 증대와 군수품

생산에 의한 군사력 강화를 지향했다. 산업 진흥을 통해 국민 생활을 개선하거나 국내 시장을 육성하려는 의식이 없었기 때문에 훗날 중상주의자로부터 비판을 받기도 했다.

독점권 부여를 통한 경제 확대는 해외 무역에도 시도되었다. 콜베르는 1664년 유명무실해진 동인도 회사와 서인도 회사를 재설립했다. 동인도 회사는 아시아 무역을 독점하고 인도 서해안의 수라트, 실론 섬의 트링코말리, 인도 동해안의 퐁디세리 등에 상관(商館)을 설치해 활동을 개시했다. 서인도 회사는 카리브해의 앤틸리스 제도를 주요 무역지로 삼고 사탕수수와 담배를 수입했다. 이 밖에도 북방 회사(발트해 무역, 1669년), 레반트 회사(지중해 무역, 1670년), 세네갈 회사(아프리카 무역, 1673년)가 잇따라 설립되었다.

과연 이런 중상주의 정책은 성과를 거두었을까. 그 점에 대해서는 평가하기 어렵다. 적어도 콜베르가 재임하던 당시에는 수출 무역이 크게 발전한 것도 아니고 단명에 그친 특권 매뉴팩처와 무역 회사도 있었기 때문에 실제적인 효과는 크지 않았다는 평가가 많다. 하지만 거울, 레이스, 타피스리, 고급 모직물 등의 품질이 향상된 것만은 분명하며 18세기에는 국제 경쟁력 면에서도 뛰어난 성과를 보였다. 그의 개혁은 루이 14세가 붕어한 후에야 결실을 맺었다고도 할 수 있을 것이다.

7. 사법·치안 개혁

1660년대에는 법률 분야에서도 개혁이 이루어졌다. 혁명 이전의 프랑스는 지역마다 다른 법 제도로 복잡한 상황이었다.

고대로부터의 프랑스 역사를 돌이켜보면, 켈트인이 거주하던 갈리아 지방에 남쪽의 로마인들이 들어오고 기원전 52년 카이사르의 원정으로 갈리아 지방 전체가 로마에 의해 평정되었다. 켈트인 사회에 선진적인 로마 문화가 유입되면서 약 5세기에 걸쳐 로마의 지배가 계속되었다. 그 후, 갈리아 지방에는 북쪽에서 온 프랑크족의 왕국이 건설되었다. 그런 이유로 프랑스 남부는 로마 문화가 강하고 북으로 갈수록 게르만 문화가 혼합된 상황이었다.

법률은 이런 특색이 더욱 현저하게 나타나며 남쪽은 '로마 법(성문법)', 북쪽은 '게르만 법(관습법)'이 지배하고 있었다. 또 같은 법체계가 지배하는 영역 안에서도 지역마다 법률의 내용이 상이했다. 이는 민법의 영역에서나 형법의 영역에서도 마찬가지였다. 예컨대, 상속 방식(장자 상속 또는 균분 상속, 여성의 권리 등)에 대해서는 관습을 중시했으며 그 내용은 지역에 따라 달랐다.

사법 개혁은 1667년의 '민사 왕령', 1670년의 '형사 왕령'이 반포되었으며 이를 총칭해 '루이 법전'이라고 불렀다. 하지만 이것으로 민법과 형법의 내용이 전국적으로 통일된 것은 아니었다. 지역의 관습을 존중하지 않을 수 없었기 때문이다. 민법의 통일은 1804년 '나폴레옹 민법전'이 반포된 후에야 가능했다. 형사 왕령도 대역죄, 위조 화폐, 밀수 등의 몇 가지 중대 범죄에 관해서는 형벌의 통일이 이루어졌지만 그 밖의 범죄의 형벌에 대해서는 지역별 관습법에 맡겨졌다.

그럼 과연 '루이 법전'으로 새롭게 바뀐 것은 무엇이었을까. 그것은 소송 절차의 통일이었다. 당시의 소송은 지역 재판소별로 소송 절차가 다르거나 재판관이나 서기관이 요구하는 수수료가 법으로 정해져 있지 않아 발생하는 병폐가 잦았다. 그런 이유로 소송 절차를 통일하고자 한 것이다. 예컨대, 형사 왕령에서는 고소, 심문, 체포, 증인 소환 및 신문 방법, 판결의 통일을 법으로 규정했다.

또 한 가지의 법 제도의 개혁이 법전 편찬 사업이었다. 당시의 법률은 관습법이 우세했기 때문에 법률을 찾아보려면 그때까지의 왕령 및 규정을 모두 개별적으로 참조할 필요가 있었다. 그런 불편함을 개선하고자 관련된 규정을 책자 형태로 정리한 것이다. 1673년에는 상업 거래에 관련된 '상사 왕령', 1681년에는 해상 무역에 관련된 '해사 왕령'이 편찬되어 법률 면에서 콜베르의 중상주의 정책을 지지했다. 또한 종래의 모호한 제도를 보완하는 법전 편찬도 실시되었다. 1669년에는 삼림의 사용 및 수익에 관해 규정한 '하천·삼림 왕령', 1685년에는 식민지 노예의 지위 등을 규정한 '흑인 법전'이 반포되었다.

종래의 정치가 사법으로 대표되는 분쟁 해결에 중점을 두었던 것에 대해 루이 14세의 친정기부터는 사회의 통제를 지향하는 행정

✦ '사법 개혁'
루이 14세가 왼쪽의 '정의' 앞에 법전을 펼쳐 보이고 있다. 베르사유 궁전 '거울
의 방'의 천장화.

시책이 실시되었다. 1667년 파리에서는 '치안 총대관'직이 창설되
어 샤틀레 재판소와 함께 활동했다. 이것은 도시의 치안 유지, 풍기
단속, 공중위생, 식량 공급 등의 질서 유지 활동을 도시 자치체가
아닌 국가가 실시한다는 결의를 나타낸 것이었다. 또 구빈 정책에
관해서도 종래의 교회 중심의 자선 방식을 전환해 국가가 설치한
구빈원에 빈민을 수용하도록 하는 정책이 1650년대부터 시작되었
다. 빈민으로 대표되는 사회 문제를 국가가 관리한다는 의식이 등
장한 것이다.

　이런 정책의 전제로, 이 시기 왕국 전반에 대한 조사도 시작되었
다. 1664년 콜베르는 지방 장관들에게 관구 내의 인구, 산업, 조세
등의 상황을 조사·보고하도록 요청해 루이 14세 치세 하에 같은 종

류의 조사가 두 차례 실시되었다. 1690년대 보방의 국세 조사 등 인구 통계 작성도 실시되었다.

1684년에는 과학 아카데미의 성과를 바탕으로 프랑스 지도가 출판되는 등 통계적, 공간적으로 왕국을 파악하고 왕국의 현상을 살피고자 하는 시도가 시작되었다. 인접국인 잉글랜드에서는 1690년 윌리엄 페티가 『정치 산술』을 출판했다. 페티는 '수와 양과 척도에 의해' 사회를 평가하고 그것으로 잉글랜드와 프랑스의 국력을 비교했다. 이처럼 이 시기에 비록 불충분한 면은 있었으나 자국의 국력을 헤아리는 국민 경제 계산 시도가 이루어졌다.

Louis XIV, roi de France, franchit le Rhin à Lobith le 12 Juin 1672(by Adam Frans van der Meulen)_wikipedia.org

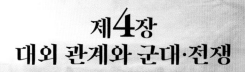

제4장
대외 관계와 군대·전쟁

1. 유럽의 경쟁자들

친정 개시 후, 루이 14세는 국내 개혁과 동시에 국제 정치 무대에도 데뷔했다. 우선 당시 유럽 제국과 프랑스의 관계를 살펴보자.

스페인은 루이 14세가 결혼했을 당시 펠리페 4세의 자녀는 그의 후처 소생으로 마리 테레즈보다 13세 어린 마거릿 테레사뿐이었다. 또 피레네 조약에 의한 계승권 방기의 대가로 받기로 한 지참금도 결국 받지 못했다. 그런데 루이 14세의 결혼 이후인 1661년 11월 아들 카를로스가 태어나면서 왕위 계승자가 존재하게 되었다.

빈의 합스부르크 왕가에는 황제 레오폴트 1세가 있었으나 30년 전쟁이 종결된 후 신성 로마 제국으로서의 통일성이 현저히 저하되고 황제의 칭호조차 상징적인 것이 되고 말았다.

그 대신 제국 내의 각 영방이 주권 국가로서 국제 정치 무대에 등장했으며 프랑스는 몇몇 영방에 원조를 제공함으로써 영향력을 강화했다. 1658년에는 합스부르크 왕가에 대항하기 위해 마옌, 쾰른, 트리어의 선제후들과 팔츠-노이부르크 공작, 브라운슈바이크 공작 및 스웨덴 국왕과 라인 동맹을 체결했다.

잉글랜드와는 반스페인이라는 점에서 크롬웰 시대부터 우호 관계를 유지했으며 1660년의 왕정복고로 스튜어트 왕가의 찰스 2세가 왕위에 오르자 관계는 더 좋아졌다. 찰스 2세는 루이 14세의 사

✤ 벤자민 블록 '황제 레오폴트 1세'
루이 14세보다 2살 어린 레오폴트 1세는 1658년 황제로
즉위해 베스트팔렌 조약으로 추락한 합스부르크 왕가의
위신 회복에 힘썼다.

촌 동생으로, 그의 여동생 헨리에타는 왕제 필리프와 결혼했다. 프
랑스는 루이 13세 때부터 스튜어트 왕가에 재정 원조를 해왔으며
루이 14세도 원조를 계속했다. 이런 우호 관계 하에서 1662년 됭케
르크를 구입했으며 같은 해 12월에는 루이 14세가 됭케르크에 입
성해 프랑스의 종주권을 안팎에 표명했다.

✦ **존 마이클 라이트 '찰스 2세'**
1650년대에는 유럽의 궁정을 전전하는 망명 생활을 보냈다. 왕정복
고 이후 친가톨릭 정책을 펼치며 루이 14세와 우호 관계를 유지했다.

    스페인령 네덜란드 북부의 홀란드는 칼뱅파 청교도가 국교이며 스페인에서 독립했다는 점과 남쪽 스페인령 네덜란드의 존재로 반합스부르크 감정이 강하다. 그런 점에서 프랑스와의 이해가 일치해 1662년 양국 간에 방위 동맹이 체결되었다. 하지만 앞서 말했듯, 무역을 둘러싼 대립의 불씨가 존재했다.

    같은 청교도 국가인 스웨덴과는 30년간에 걸친 우호 관계를 맺고 있었다. 하지만 30년 전쟁기인 구스타프 아돌프 시대에 비해 유럽

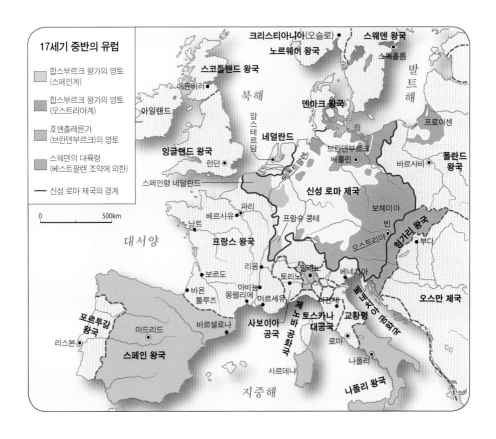

17세기 중반의 유럽

- 합스부르크 왕가의 영토 (스페인계)
- 합스부르크 왕가의 영토 (오스트리아계)
- 호엔촐레른가 (브란덴부르크)의 영토
- 스웨덴의 대륙령 (베스트팔렌 조약에 의한)
- 신성 로마 제국의 경계

0   500km

크리스티아니아(오슬로)   스웨덴 왕국
노르웨이 왕국   스톡홀름
스코틀랜드 왕국   발트해
에든버러   북해   덴마크 왕국
아일랜드   암스테르담   프로이센
네덜란드   브란덴부르크   폴란드 왕국
잉글랜드 왕국   베를린   바르샤바
런던   신성 로마 제국
스페인령 네덜란드   보헤미아
파리   빈   헝가리 왕국
베르사유   프랑슈 콩테   오스트리아   부다
낭트   프랑스 왕국
대서양   리옹   밀라노   베네치아   오스만 제국
보르도   토리노   제노바 공화국
바욘   아비뇽   토스카나   교황령
툴루즈   몽펠리에   마르세유   사보이아 공국   대공국
포르투갈 왕국   바르셀로나   로마
마드리드   스페인 왕국   나폴리
리스본   사르데냐   나폴리 왕국
사르데냐   지중해

에서의 영향력이 약화되었는데 이는 스웨덴의 최대의 경쟁국이었
던 덴마크도 마찬가지였다.

이탈리아에서는 스페인이 밀라노, 나폴리, 시칠리아 및 사르데냐
를 지배했으며 이탈리아 반도 중부에는 로마 교황령이 존재했다.
당시의 교황 알렉상드르 7세는 프랑스 교회의 자립을 주장했던 마
자랭을 존경했으나 뮌스터 조약과 피레네 조약을 둘러싸고 프랑스
와 교황청 사이에 긴장 관계가 형성되었다. 이탈리아의 북부 토리

✥ '루이 14세의 됭케르크 입성'
실제 전투는 아니었으나 루이 14세가 마치 공략 목표인 것처럼 지휘
봉으로 됭케르크를 가리키며 진격 명령을 내리고 있다. 타피스리 '루
이 14세기'의 일부.

노에는 사보이아 공국의 왕궁이 존재했다. 사보이아 공국은 피에
몬테 지방부터 알프스를 넘어 지금의 프랑스 동서부에 이르는 광
대한 영역을 지배했다. 15세기에는 오늘날 프랑스 영내의 샹베리
가 수도였듯 인접국 프랑스와의 결속이 강했으며 공작 카를로 에
마누엘레 2세는 루이 13세의 동생 가스통의 딸 프랑수아즈 마들렌
과 결혼했다.

이탈리아의 또 다른 강국인 토스카나 대공국은 군주인 코지모 3
세가 1661년 마찬가지로 루이 13세의 동생 가스통 도를레앙의 딸
마르그리트 루이즈와 결혼했다.

이처럼 루이 14세가 친정을 시작한 당시에는 프랑스와 격렬히 대

립한 나라가 없었으며 국제 관계도 안정되어 있었다. 이 시기는 국제 질서를 결정하는 요인이 종파나 왕실 간의 이해에서 세력의 균형으로 변화하는 상황이었다. 각자 안정을 추구하며 어느 한쪽이 돌출된 행동을 보이면 그것을 억제하려는 역학이 작용하는 것이다. 그런 이유로 국제 관계의 무대에서 프랑스의 존재감이 커지자 반프랑스 움직임이 강해졌다.

2. 초기 외교 정책

 친정을 시작한 루이 14세는 강경한 대외 정책을 전개해 국제 사회에서 프랑스의 지위 향상을 도모했다.

 1661년 10월 10일, 스웨덴 대사가 런던에 부임했을 때 프랑스 대사인 데스트라드 백작과 스페인 대사 와트빌 남작이 상석을 두고 다툼을 벌였다. 스페인 측이 프랑스 대사가 타고 온 마차의 말을 죽이고 수행원도 달아나버리면서 스페인이 승리한 것처럼 보였다. 하지만 분개한 루이 14세는 마드리드의 프랑스 대사를 소환하고 재프랑스 스페인 대사를 퇴거 조치했으며 교섭 중인 북부 국경에 관한 협의를 중단해 그의 요구가 받아들여지지 않는다면 전쟁도 불사하겠다고 통고했다. 결국 펠리페 4세가 양보해 푸엔테스 백작을 파리로 파견했다. 백작은 루브르 궁전에서 루이 14세를 알현하고 향후에는 프랑스 왕의 대리가 스페인 왕의 대리보다 상석을 점하기로 약속했다.

1662년에는 로마에서 사건이 발생했다. 교황과 프랑스의 긴장 관계에 더해 재로마 프랑스 대사 크레퀴 공작이 특유의 오만한 성격으로 프랑스의 외교 특권을 강경히 주장하면서 논란이 끊이지 않았다. 이런 상황에 8월 20일 교황 친위대가 대사의 저택을 포위하고 귀가하는 대사 부인의 마차에 발포해 시종 한 명이 사망하고 부상자가 발생하는 사건이 일어났다. 이 습격 사건에 대한 교황의 사죄와 보상이 없자 루이 14세는 12월 초 크레퀴 공작을 본국으로 소환하는 동시에 파리의 교황 특사를 귀국 조치했다.

또한 루이는 이듬해 7월 엑스 고등 법원에 당시 교황청의 관리

✤ 토리노 왕궁
16세기에 건설된 르네상스 양식의 이 왕궁을 중심으로 교외의 여가용 궁전이 다수 정비되면서 '국가 궁전'의 전형적인 예가 되었다.

하에 있던 아비뇽 장악 명령을 공포하고 군대를 보내 이 도시를 점령했다. 결국 교황이 양보하면서 1664년 2월 12일 아비뇽의 반환과 로마에 사죄 기념비를 건립할 것을 약속하는 피사 조약이 체결되었다. 조약 체결을 위해 64년 7월 알렉상드르 7세의 조카 치기 추기경이 교황 특파 사절을 이끌고 프랑스를 방문해 7월 29일 퐁텐블로 궁에서 루이 14세에게 사죄했다. 이 두 사건은 스페인과 로마 교황에 대한 프랑스 외교의 승리로 다양한 매체를 통해 선전되었다.

지금의 프랑스 북동부에 과거 로렌 공국이 존재했다. 1624년 로

✤ **마르탱 데자르댕 '스페인의 사죄'**
루브르궁에서 궁정인들이 지켜보는 가운데 사죄를 하고 있는 광경. 빅투아르 광장 국왕상 받침대에 새겨진 저부조 장식.

렌 공작에 오른 카를 4세는 프랑스와 이 지방의 영유권을 두고 끊임없이 다투었다. 1662년 2월, 카를은 몽마르트르 조약으로 루이 14세에게 로렌 공령의 양보를 약속했지만 이를 지키지 않고 할양을 약속한 요새 도시 마르살의 방비를 강화해 조약을 파기하려고 했다. 이 소식을 들은 루이는 마르살의 포위를 명하는 동시에 직접 군대를 이끌고 로렌으로 향했다. 그가 도착했을 때에는 11일간의 포위전으로 이미 항복한 후였으며 카를 4세는 뤽상부르 공자 잭 앙리 드 로레인에게 서한을 보내 도시의 할양을 통지했다. 그리하여 루이는 9월 7일 마르살에 입성했다. 직접 전투를 지휘한 것은 아니었지만 친정 개시 이후 최초의 군사 행동이었다.

✢ '치기 추기경의 사죄'
퐁텐블로의 왕의 침실을 찾아 사죄하는 추기경의 모습. 난간 안쪽은 특별한 특권을 가진 사람만 들어갈 수 있었던 만큼 교황 특사의 높은 지위를 알 수 있다. 타피스리 '루이 14세기'의 일부.

1663년에는 오스만 제국이 헝가리에서 침공을 개시해 빈과 베네치아가 위기에 처했다. 루이 14세는 라인 동맹의 일원으로 콜리니 백작 휘하의 6,000명을 헝가리로 보냈다. 이듬해 64년 8월 1일 헝가리 서부 센트고트하르드에서 황제군과 오스만군이 격돌하는 격전이 전개되었다. 최종적으로는

황제군이 승리를 거두었는데 프랑스군은 그 전투에서 눈부신 활약을 해 프랑스의 명성을 높였다.

15세기 이후, 프랑스는 스위스의 여러 주와 동맹을 체결해 스위스 용병을 공급 받았다. 1650년 이 동맹 조약이 실효되자 양국은 재체결 교섭을 시작했지만 진척되지 않았다. 스위스의 청교도들이 크롬웰과 접촉하고 가톨릭교도들은 인접한 프랑슈 콩테를 영유한 스페인과의 관계 강화에 힘썼기 때문이다. 하지만 1659년 피레네 조약 이후 관계 개선이 이루어져 1661년부터 교섭을 개시한 결

과, 동맹을 재체결하게 되었다. 동맹은 1663년 9월 24일 스위스 졸로투른에서 조인되었으며 파리에서의 비준이 필요했기 때문에 스위스 대표들이 11월 11일 루브르궁에서 루이 14세를 알현하고 18일 노트르담 대성당에서 조약 조인 의식이 거행되었다.

친정 개시 이후 루이 14세는 국제 정치 무대에서 프랑스의 지위 향상을 목표로 다양한 기회를 이용했다. 제국의 입장에서는 앞날을 예측할 수 없는 젊은 국왕이었지만 외무 장관 리온과 콜베르의 조력으로 차츰 위대한 군주로서 인정받게 되었다. 그리고 프랑스의 지위를 더욱 높이기 위해 왕은 60년대 후반부터 전쟁을 시작했다.

3. 프랑스 근세의 군대

루이 14세가 전쟁을 수행할 수 있었던 것은 프랑스를 유럽 최고의 육군국으로 만든 르 텔리에와 루부아 부자의 군제 개혁 덕분이었다.

중세국가에서 군대는 임시적 존재였다. 전쟁이 발발하면 국왕은 봉건제의 군역 봉사 의무를 바탕으로 자신의 봉신에게 군사력을 제공하도록 요청했다. 그러다 보니 중세의 군대는 주로 귀족의 군사력으로 편성된, 왕권에 직속되지 않은 독립된 군사력이었다. 또 국왕은 귀족의 자격으로 왕가의 군대라고 할 수 있는 자신의 군대를 보유했다.

  그러다 백년 전쟁 말기의 샤를 7세 치하에서 상비군이 편성된 것인데 이는 어디까지나 왕가의 군대 내에서의 제도였을 뿐 그 후로도 귀족의 군사력이 해체되는 일은 없었다. 하지만 16세기가 되면서 상황이 크게 바뀌었다. 중세 말기 귀족층의 몰락과 소총과 화포의 본격적인 보급에 의한 전술 변화로, 기사가 주력이었던 군대에서 용병 부대로 주력이 전환되었다. 본래 전쟁 때만 고용되었던 용병 부대가 서서히 상비군화된 것이다.

✛ '치기 추기경의 입성'
루이 14세와 함께 행진하는 광경이 그려져 있다. 1665년의 연감.

✤ '로렌의 도시 마르살의 제압'
말을 탄 루이 14세에게 뤽상부르 공자가 도시의 할양을 고하고 있다. 타피스리
'루이 14세기'의 일부.

　새롭게 형성된 상비군의 주력은 기병이 아닌 도보에 의한 부대였
다. 이 시기에 출현한 화기를 장비한 도보 부대는 16세기 후반이 되
자 '보병'이라고 불리며 군대의 주력이 되었다. 보병의 화력이 전장
에서 중요한 역할을 하려면 병사의 숫자가 전투의 귀추에 큰 영향
을 미쳤기 때문에 17세기 프랑스에서는 육군의 병사 수를 늘리기
위한 정책을 추진했다.
　루이 14세기의 육군 편성을 살펴보면 먼저 보병, 기병, 민병의 세
가지 병종이 존재했다. 보병과 기병의 경우에는 궁내부 소속의 근

위병이 있었는데 이들은 봉건 귀족으로서의 부르봉 왕가의 군대에서 유래한 소속이 다른 부대였다. 또 보병 부대와 기병 부대에는 외국인 용병 부대가 존재했다.

당시 유럽 최대 규모를 자랑했던 프랑스 육군이었으나 그 내실은 지금의 군대와는 크게 달랐다. 당시의 군대는 왕권을 떠받치는 버팀목으로서 대외 전쟁을 실행한다는 면과 일정 정도의 자율성을 가지고 있어 왕권의 통제가 완전히 미치지 못하는 단체라는 두 가지 측면이 있었다.

용병군을 상비군화하면서 설치한 지휘관직은 국왕의 관리로, 지휘관이 국왕의 관료에 의해 계층 질서적으로 구성되어 있다는 점에서는 분명 국왕의 군대였다. 하지만 지휘관에 취임하는 것은 오

✤ '헝가리에서 터키 군을 제압하는 왕의 군대'
의인화된 '프랑스'가 터키 군에 공격을 가하고 있다. 뒤쪽의 독수리는 프랑스가 가세한 신성 로마 제국을 상징한다. 베르사유 궁전 '거울의 방'의 천장화.

✤ 반 데르 묄렌 '스위스와의 동맹 갱신'
각 주의 대표가 루이 14세를 알현하고 있다. 본래는 타피스리의 스케치로 그려
졌으나 채용되지 못했다.

래된 귀족층이었으며 연대장이나 중대장 같은 관직은 매관을 통해
보유할 수 있었기 때문에 대를 이어 세습되었다. 또 매관 즉 세습의
대상이 아닌 사관직에 대해서는 상급 사관이 국왕에게 후보자를
추천했기 때문에 연대장이나 중대장은 휘하 부대 사관의 사실상의
임명권자로서 자신의 피후견인을 임명했을 것으로 여겨진다.

또 한 가지 특색은 모병제도였다. 당시 프랑스에는 주민등록제도
가 없었기 때문에 근대의 징병제와 같이 국가가 장병 후보자 명부
를 작성하는 것이 애초에 불가능했다. 그렇기 때문에 정규군의 병
사는 자유 지원제였으며 모병 작업은 현지 부대의 소관이었다. 이
경우, 부대(연대나 중대) 단위로 모병대가 조직되어 도시와 시장 등 사

✠ 클로드 르페브르 '루이 14세'

1670년경. 모사품으로 오리지널 작품은 행방을 알 수 없는 상황이다. 왕의 포
즈는 정식 초상화와 동일하지만 갑옷을 걸친 군장 차림으로 그려져 있다. 오른
쪽에 그려진 배는 루이 14세 치세하의 해군의 발전을 나타냈다.

✛ 모병 포스터
오를레앙 공작의 용기병 연대의 포스터로, 자
세한 내용은 소집 담당 사관에게 문의하라는
문구와 함께 체재지가 기재되어 있다. 1757년
의 포스터.

람이 많이 모이는 장소에서 모병 활동을 했다. 모병이나 병사의 부
양 자금은 국가에서 지급되었지만 지휘관직 세습이나 부하 임용
또는 사병 모집 등으로 지휘관이 부대의 경영자로서의 측면도 가
지고 있었던 만큼 부대를 자신의 가산으로 인식하는 의식이 있었
다.

　이러한 제도적 특색으로 당시 군대에는 다양한 문제가 있었다.
첫 번째는 귀족이 군사력을 사적으로 사용하는 것이었다. 16세기
말 종교 전쟁에서 귀족이 파벌을 형성해 내란을 초래한 원인 중 하
나였으며 귀족의 프롱드로 정부에 반기를 든 것도 군사력을 자유
롭게 활용할 수 있었기 때문이었다.

　또 하나의 문제가 지휘 계통의 혼란이다. 매관을 통해 취임한 사

관직에 대해서는 왕권의 통제가 충분히 미치지 못하는 병폐가 있었다. 상황을 더욱 복잡하게 만든 것이 복수의 관직에 취임하는 겸직 문제로, 이로 인해 사관의 상하 관계가 불명료해졌다. 당연히 겸직하고 있는 관직을 동시에 수행하는 것은 불가능했기 때문에 지휘 계통의 혼란에 박차를 가했다.

또한 독립적인 군대에서 벌어지는 부정행위도 문제였다. 특히, 문제가 된 것이 지휘관이 일정 수의 병사를 갖추지 못하는 것이었다. 국왕으로부터 병사의 급여와 장비품 비용을 지급받는 지휘관이 자신의 이익을 위해 일정 수의 병사를 모으지 않는 경우가 많았다. 왕권은 이 문제에 대처하기 위해 군대에 감찰관을 파견해 부정 방지에 힘썼지만 그런 경우에도 일시적으로 다른 부대에서 병사를 빌려오거나 민간에서 임시로 고용한 가짜 병사를 세워놓고 열병을 받는 수법이 다수 자행되었다.

국민 개념이 형성되기 이전인 당시에 일정한 직업이 없는 사람들에게 병역 지원이란 상상 밖의 일이었으며 실제 지원하는 사람도 적었다. 그러다 보니 모병 시에는 사기에 가까운 감언이설로 병사를 모으거나 죄수를 병사로 삼기도 하고 무력을 사용해 강제로 병사를 소집하는 일까지 있었다. 그 결과, 병사들의 충성심이 떨어지고 탈주자들도 다수 발생했다. 탈주 문제가 매우 심각해서 지휘관의 부정과 함께 실제 병력이 정수에 미치지 못하는 원인이었다.

4. 군제 개혁

　이런 상황에 직면한 르 텔리에가 가장 중요시한 것은 위계 제도의 확립이었다. 지휘 계통 및 각각의 직무 내용을 명확히 하고 명예직의 폐지와 중간적 직무의 창설 그리고 겸직 금지 등의 시책이 실시되었다.

　장군직에 관해서는 명령 계통의 일원화와 각 직위의 서열화를 시도했다. 1660년 4월에는 총원수직이 창설되고 튀렌이 이 직위에 취임했다. 이는 최상급 지휘관에 의한 명령 계통의 일원화를 꾀한 것으로 프랑스 원수에 대해서는 하나의 군(작전 단위)을 1명의 원수가 지휘하도록 해 지휘 계통의 혼란을 막았다. 이런 개혁은 다른 장군직에도 시행되어 명령권의 범위를 정확히 규정하는 동시에 착임 순서에 따른 서열화를 추진했다.

　연대 내에서는 연대장 밑에 매관직이 아닌 연대장 대리관과 보좌역이 설치되어 연대 내의 서열이 형성되었다. 연대장은 주로 대귀족이 취임했는데 전투 시에는 부대의 선봉에 서지만 평시에는 궁정에 체재하는 경우가 많아 직권은 서서히 연대장 대리관에 이행되었다. 왕권은 이 연대장 대리관을 통해 연대에 대한 지배를 강화했다. 연대장의 권한 축소는 중대 내 사관직 임명을 통해서도 확인할 수 있었다. 중대장과 중대장 대리관은 이전에는 육군 장관이 백지 위임장을 교부해 연대장이 중대장을 임명하는 식이었으나 르 텔리에는 서서히 이들 직위의 임명에 간섭하고 근속 연수가 긴 사람을 우선하는 원리를 적용함으로써 연대장의 권한을 축소시켰다.

르 텔리에는 육군 장관으로 취임한 이래 겸직 해소에 힘쓰며 왕령 반포와 서한 송부에 매진했다. 불필요한 직위를 정리한 효과가 나타나면서 1665년경에는 겸직에 의한 혼란도 자취를 감추었다. 하지만 관직 매매를 폐지하지는 못했다.

겸직에 비해 관직 매매는 당시 사회에 훨씬 더 깊게 뿌리 내리고 있어 폐지가 쉽지 않은 데다 왕권 자체가 재정적 이유를 배경으로 관직 매매 제도를 필요로 한 것이 실패의 원인이었다.

군대를 왕권의 통제 하에 두려는 시도는 행정 기구의 정비를 통해서도 실시되었다. 중앙 행정에 관해서는 육군 장관의 권한 강화를 들 수 있다. 1643년 르 텔리에가 육군 장관으로 취임하면서 육군 장관은 군대 행정의 중심적인 관료가 되었다. 루이 14세기의 육군 장관은 모두 소원 심사

✤ '루이 14세'
뒤쪽에는 튈르리 궁전이 보인다. 커다란 망토와 검을 장착한 어깨띠를 두른 루이는 겨울철 옷차림을 하고 있다(작자 미상, 1670년경).

관이나 지방 장관과 같은 행정 관료를 지낸 군직 미경험자였다.

육군 장관의 권한은 군대의 국내 이동, 숙영, 장비, 재정, 질서 유지 등에 두루 미쳤다. 루이 14세의 친정 개시 이후부터는 육군 장관도 최고 자문회의의 멤버가 되면서 권한이 더욱 확대되었다. 중앙의 육군 장관에 대응해 각 지방의 책임자로서 군대의 유지 및 관리를 맡은 것이 군정 감찰관과 지방 장관이었다. 군정 감찰관은 군대 내의 지방 장관과 같은 역할을 하는 직위로 둘 다 친임 관료로서 그 법적 권한이 친임장에 명시되며 왕권에 의한 파면이 가능한 관료로서 임무를 수행했다. 그들은 사법적으로는 군사 회의에 개입하고 군기 위반자에 대한 재판을 주재하거나 재판 없이 죄인과 탈주병을 처벌하는 권한을 지녔으며 재정적으로는 군대 유지에 필요한 지출을 감찰하고 금전의 분배와 군대의 회계를 감사하는 권한이 있었다. 또 행정상의 권한은 실제 병사 수 확인을 위한 열병 실시나 국왕의 허가가 없는 모병 및 무기 이동의 감시 그 밖에도 군대의 이동과 숙영, 동영(冬營)의 감시와 수배, 보급의 실시에 이르기까지 두루 미쳤다.

느슨했던 군기의 개선도 추진되었다. 군내에서 열리는 군사 회의에 사법 기능을 부여해 약탈과 같은 군인의 범죄를 심판했다. 군사 회의에서의 재판은 복수의 사관에 의해 집행되었으며 군인 이외의 감시역이 출석하는 것도 가능했다. 이 감시역이 앞서 이야기한 지방 장관이나 군정 감찰관이었다.

군사 회의와는 별개로, 기마경찰대가 존재했다. 이 기마경찰대는 부대의 지휘관격인 프레보(prévôt)가 재판권을 가진 군사 조직으로,

1670년 8월 왕령에 의해 재판권을 프레보 전결 사항으로 규정했다. 프레보는 부랑자나 무숙자에 의한 범죄, 병사에 의한 범죄, 탈주, 불법 무기 소지, 무허가 모병, 공도상의 절도, 무기 소지, 폭동, 민중 소요, 화폐 위조 등의 범죄에 대해 고등 법원보다 먼저 재판할 수 있었다.

앞서 살펴본 왕국의 실태 파악과도 관련되는 것이 1668년 육군 장관 루부아의 발안으로 시작된 전장의 입체 지도 작성으로 최종 적으로 144점이 제작되었다. 요새 도시와 그 주변의 지형을 치밀하 게 재현한 이 지도는 대포의 사정거리 등을 고려해 도시 방위에 도 움이 되었을 뿐 아니라 전장과 국토를 보다 구체적으로 파악하는 데 도움이 되었다.

보급에 관한 개혁도 이루 어졌다. 보급은 왕권과 청 부 계약을 체결한 군량 공 급인에 의해 실시되었으며 르 텔리에는 군정 감찰관이 나 지방 장관에게 군량 공 급인의 업무를 감독하고 지 원하도록 했다. 루부아는 국경 지대의 주요 도시에 대규모 군량 창고를 설치해 방위뿐 아니라 국외 원정을 위해 사용했다. 1674년에

✤ 피에르 미냐르 '루부아'

✤ **보훈 병원**
전성기에는 약 4,000명의 전직 군인을 수용했다. 중앙에 보이는 건물이 왕실
예배당이었던 돔 교회로, 현재는 나폴레옹의 관이 안치되어 있다.

는 상이군인이나 노병들을 수용하는 시설인 보훈 병원이 설립되었
다. 이전까지 종교 단체의 자선 활동에 위탁했던 상이군인 및 노병
의 보호를 국가 경영으로 이행시킨 것으로 국가에 의한 병사의 처
우 개선과 국가의 제도 안에서 병사들을 관리하려는 시도였다.

　루부아 시기에 도입된 국왕 민병제도 중요하다. 1688년 11월 29
일, 전국에서 30개의 민병 연대를 편성하라는 명령이 내려졌다(총
병사 수는 약 2만 5,000명). 국왕 민병제의 특색은 지방 장관을 통해 각
교구 = 촌락에 병사 소집을 분담하게 한 것이다. 각 교구에서는 집
회를 열어 민병이 될 사람을 선출했다. 처음에는 선거로 선출하는
방식이었으나 1691년부터 추첨 방식으로 바뀌었다. 민병 후보자는
20세 이상 40세 미만의 미혼 남성으로, 임기는 2년이었다. 민병은
평시에는 거주지에서 생활했지만 연간 15~20일 정도의 훈련 기간
이나 전시에는 배정된 각 중대의 집합 지점으로 가야 했다.

✦ 입체 지도
피레네 조약으로 획득한 페르피냥의 도시를 재현했다. 우측 상단에 요새가 보인다. 당시 기술 수준의 정수를 보여주는 입체 모형으로 공간을 가시화했다.

다만, 이런 국왕 민병제가 새로운 군사 제도로서 충분히 기능한 것은 아니었다. 일견 공평한 징병 기구로 보이는 이 제도의 배후에는 방대한 면제자가 있었는데 이는 당시의 국가 제도에 기인한 것이었다. 또 교육을 통해 병사가 된다는 의미 자체를 받아들이지 못한 당시로서는 민병 대상자 추첨에 결석하거나 선출 후 도망치는 경우는 물론 대리를 세우는 등의 각종 방법으로 징병을 기피했다. 게다가 훈련도 불충분해 군사력으로서는 정규군에 미치지 못했다. 이처럼 국왕 민병제는 절대 왕정기 군대의 주류가 되지 못했다. 하지만 집권적 행정 기구가 관여해 병사를 소집하고자 한 시도는 혁명기에 이르러 징병제로 발전했다.

보방과 요새

중세의 궁전에서 군사적 기능이 사라지고 근세의 '국가 궁전'이 출현하는 한편 군사적 기능은 성형요새(星形要塞)로 발전했다. '수직형 방위'라고 불리는, 높은 성곽을 이용한 방어가 공성포의 도입으로 쇠퇴한 이후 먼저 시도된 것이 성벽을 낮고 두껍게 쌓는 것이었다. 이런 방식은 적의 포격에는 유효했지만 성벽 바로 아래쪽에 사각이 생겨 적의 급습에 대응할 수 없었다. 그리하여 적이 접근할 때 측면에서 포격할 수 있도록 성채에서 돌출된 보루를 만드는 방식이 유효할 것으로 판단했다. 다양한 형태를 검토한 후, 성벽 전체에 사각형으로 돌출된 능보(稜堡)를 설치하는 방식이 채용되었다.

이탈리아식 축성술이라고 불린 이 건축 방식으로, 방어력을 갖춘 보루를 여러 겹으로 건설하게 되었다. 도시의 성벽도 이런 방식으로 건설되면서 공성전이 전투의 중심이 되었다. 도시에 요새가 딸려 있는 경우에는 먼저 도시에서 공성전이 벌어지고 적이 도시 안까지 침입하면 요새에서 방어를 계속했다.

프랑스에서는 루이 14세 치세 하에 요새 총감 보방의 지휘로 수많은 요새 건축과 도시의 요새화가 진행되었다. 보방은 축성법과 요새 공략법을 진화시켜 플랑드르 전쟁과 네덜란드 전쟁에서 획득한 도시를 요새화했다. 그가 국경 지대에 건설한 요새를 총괄해 '철의 벨트'라고 부르는 경우도 있다.

현재 보방이 건설한 12개 도시와 성벽 등이 '보방의 방위 시설군'으로 유네스코 세계 유산에 등록되어 있다.

릴의 도시도
왼쪽 하단 부분이 요새이다.

네프 브리작
리스윅 조약으로 라인 강 우안의 브리작을 잃게 되면서 보방이 새롭게 건설한 도시이다.

5. 플랑드르 전쟁

1665년 9월 17일, 스페인 국왕 펠리페 4세가 세상을 떠났다. 1661년에 태어난 그의 아들이 카를로스 2세로 즉위했기 때문에 마리 테레즈가 스페인의 여왕이 될 일은 없었다. 하지만 피레네 조약으로 약속한 지참금을 지불하지 않은 상태였기 때문에 루이 14세는 이를 이유로 왕비의 유산 상속권을 주장하며 1667년 5월 직접

✤ **반 데르 묄렌 '릴의 공략'**
루이 14세는 회백색 애마에 올라 오른손에 든 지휘봉으로 목표인 릴을 가리키고 있다. 국왕의 왼쪽에는 왕제 필리프, 튈렌, 보방이 있고 오른쪽에는 위미에르 후작이 왕에게 보고하고 있다. 타피스리 '루이 14세기'의 스케치.

✢ '브뤼헤 운하 부근에서 루이 14세 부대에 쫓기는 마르상 백작의
스페인 군'
루이가 지휘하는 프랑스군이 스페인 군을 쫓고 있다. 타피스리 '루
이 14세기'의 일부.

군대를 이끌고 파리를 떠났다.

약 7만의 병사를 거느린 프랑스군을 상대로 전쟁 준비도 하지 못
한 스페인군의 저항은 미약했다. 프랑스군은 샤를루아, 몽스, 나뮈
르를 순조롭게 공략하고 여름 무렵에는 플랑드르의 주요 도시를
점령했다. 전투의 클라이맥스는 플랑드르의 중심 도시 릴 공략전
이었다. 적의 철저한 방비를 예측한 프랑스는 루이 14세가 직접 전
투를 지휘하기로 결정했다. 8월 10일에 도착한 국왕은 보방의 지도
하에 적의 원군에 대비한 공위 방어선을 구축했다. 국왕의 참가는
병사들의 사기를 높였다. 9일간의 공위전 끝에 8월 27일 도시는 프

✤ 샤를 르 브룅 '루이 14세 기마상'
갑옷을 입고 지휘봉으로 공격 대상을 가리키고 있다.
1663년경의 오리지널 작품을 1668년에 복제한 작품.

랑스의 손에 떨어졌다.

릴을 점령한 직후, 플랑드르 방면 스페인군 사령관 마르상 백작이 지휘하는 부대와 전투가 벌어졌다. 마르상은 프랑스군이 릴을 점령했다는 사실을 모른 채 8,000명의 부대를 이끌고 릴 수비대에 합류하고자 했다. 이 소식을 들은 루이 14세는 크레퀴 후작과 벨퐁 후작이 지휘하는 2개 군단을 보내고 자신도 브뤼헤 운하 앞에서 기병 부대에 합류했다. 마르상은 전투를 피하려고 했지만 실패하고 결국 8월 31일 부대가 뿔뿔이 흩어져 패주하기에 이른다. 1,500명의 병사가 포로로 잡히고 군기 18기를 노획 당했다. 9월 12일 튀렌이 아트를 점령해 겐트와 브뤼셀의 연락선을 차단하면서 플랑드르에서의 전투는 9월 17일 종료되었다.

플랑드르에서의 전투가 일단락된 이듬해, 프랑스군은 당시 스페인령이었던 프랑슈 콩테를 공격했다. 프랑스군의 사령관은 인접한 부르고뉴 지방 총독을 맡고 있던 콩데 친왕이었다. 귀족의 프롱드를 주도하고 프롱드가 종료된 후에도 스페인군에 투신해 프랑스에 대적했던 콩데 친왕은 피레네 조약을 계기로 사면을 받고 귀국했지만 부르고뉴에서 반칩거 상태로 지내고 있었다. 루이는 프랑슈 콩테 공격을 상정해 콩데 친왕을 군사령관으로 삼고 전쟁을 준비

네덜란드·플랑드르 주요부
0   50   100km

하도록 했다. 콩데 친왕이 이끄는 프랑스군은 1668년 2월 6일 브장 송을 점령했다. 루이는 공격에 참가하기 위해 파리를 떠나 2월 7일 디종에 도착, 견고한 요새를 자랑하는 돌 공격을 지시하고 2월 10일에는 이미 포위된 현지에 도착했다. 루이는 콩데 친왕과 함께 공격 수단을 결정하고 12일 방어전을 돌파, 14일 돌을 점령했다. 얼마 후, 다른 주요 도시들도 함락되어 프랑슈 콩테 전역을 공략하는 데 성공했다.

⚜ '네덜란드의 가장 강고한 네 곳의 요새에 대한 동시 공격 지시를 내리는 국왕' 중앙의 루이 14세가 공격 목표를 가리키고 있다. 국왕을 에워싼 인물은 왕제 필리프, 콩데 친왕, 튀렌이다. 베르사유 궁전 '거울의 방'의 천장화.

✤ '엑스 라 샤펠의 강화'
루이 14세가 의인화된 '스페인'
에 평화를 상징하는 올리브 가
지를 내밀고 있다. 오른쪽에서
울고 있는 것은 화평의 뜻으로
스페인에 반환하기로 한 '프랑
슈 콩테'의 의인상. 베르사유 궁
전 '거울의 방'의 천장화.

　이런 프랑스의 기세에 네덜란드는 불안을 감추지 못했다. 스페인
령 네덜란드가 점령되면 자국의 안전이 위협받을 수 있기 때문이
었다. 그런 이유로 네덜란드는 해상 무역의 패권을 둘러싸고 전쟁
상태에 있던 잉글랜드와 67년 7월 21일 브레다 조약을 체결하고 이
듬해 68년 1월 말에는 스웨덴까지 참가한 3국 동맹이 성립했다.

　3국 동맹은 루이 14세의 요구를 받아들여 플랑드르의 몇몇 도시
를 프랑스에 할양하겠지만 루이가 더 과대한 요구를 하는 경우에
는 1559년의 국경을 회복하기 위해 참전하겠다며 프랑스를 압박했
다. 결국 타협할 수밖에 없었던 프랑스는 1668년 5월 2일 엑스 라
샤펠(아헨) 조약을 체결했다. 이 조약에서 프랑스는 아우데나르더,
투르네, 릴을 포함한 플랑드르 지방의 주요 도시를 획득했지만 프
랑슈 콩테를 반환해야만 했다.

6. 네덜란드 전쟁

플랑드르 전쟁 이후, 강화 조약에 대한 개입과 무역 관세를 둘러싼 대립 등으로 네덜란드를 적대시하게 된 루이 14세는 전쟁 준비를 시작했다. 왕은 먼저 3국 동맹 해체를 목표로 잉글랜드에 공작을 했다. 1670년 루이는 찰스 2세의 여동생인 왕제 필리프의 아내 헨리에타를 잉글랜드로 파견해 도버 밀약을 체결했다. 루이는 200만 리브르의 자금 원조와 내전 중인 잉글랜드에 프랑스군을 파견하기로 했으며 네덜란드와 개전하는 경우 연간 300만 리브르의 자금 원조를 약속해 3국 동맹의 이탈을 약속받았다. 스웨덴에는 아르노 드 폼퐁을 파견해 자금 원조의 대가로 독일 제후가 네덜란드를 지원하는 경우 스웨덴이 독일을 침공한다는 약속을 받았다.

그와 동시에 독일 제후와도 교섭해 바이에른과 작센을 프랑스 진영에 참가시켰으며 또 하나의 강국 브란덴부르크-프로이센과도 여러 차례 교섭을 시도했다. 대선제후 프리드리히 빌헬름의 아내는 네덜란드의 오라녜 가문 출신으로, 네덜란드의 국교 칼뱅파를 믿고 3국 동맹과는 거리를 두는 등 국가의 이해를 우선하는 정책을 취했다. 루이는 1670년 대선제후가 폴란드 왕위를 차지하도록 지원할 것을 약속하는 비밀 조약을 맺었다. 1671년에는 황제 레오폴트 1세와 병약한 스페인 왕 카를로스 2세 사후의 스페인 영토 분할에 관해 교섭하고 그 과정에서 네덜란드와의 전쟁에서 중립을 지킬 것을 약속받았다.

이런 외교 교섭과 동시에 물질 면에서도 전쟁 준비를 시작했다. 플랑드르 전쟁이 종결된 후, 평시에는 7만 명까지 줄어든 병사 수가 1672년 2월 12만 명으로 늘었으며 개전 직전에는 2만 6,000명의 소집 명령을 내렸다. 보급 물자에 관해서는 라인 강 동안의 카이

루이 14세의 애인들 1
앙리에트 당굴레트와 라 발리에르

'궁정풍 연애'라는 말에서 알 수 있듯, 당시 왕후 귀족의 결혼은 가문 간의 결합을 위한 것으로 본인의 감정이 개입될 여지는 거의 없었다. 그러다 보니 오히려 결혼 후에 연애를 하는 일이 흔했다. 루이도 예외가 아니었다. 그는 결혼 후에도 많은 애첩과 관계를 가졌다.

결혼 후, 루이의 마음을 빼앗은 것은 동생의 아내 앙리에트 당굴레트였다. 잉글랜드 찰스 1세의 딸인 앙리에트는 부친이 처형된 후 프랑스로 피신했다. 그러다 1660년 왕정복고로 찰스 2세가 즉위하자 스페인 왕녀와 결혼한 루이 14세와의 균형을 생각해 1661년 3월 왕제 필리프와 결혼했다. 하지만 남색가로 유명했던 필리프는 앙리에트에게 관심을 보이지 않았다.

뛰어난 미모와 풍부한 교양 거기다 재기 발랄함까지 갖춘 앙리에트에게 관심을 보인 것은 마리 만치니와의 사랑을 이루지 못하고 헤어진 루이 14세였다. 두 사람의 관계가 어느 정도였는지는 분명치 않다. 다만 두 사람을 둘러싼 소문이 파다했던 것만은 사실이었으며 그 소문을 잠재우기 위해 앙리에트의 시녀를 그의 상대로 위장하기까지 했다. 그 시녀가 17세의 루이즈 드 라 발리에르였다. 일 년 전까지 블루아의 가스통 도를레앙을 모시던 그녀는 그의 사후 파리를 떠나 앙리에트의 시녀가 되었다. 그런데 조용하고 내성적인 성격의 라 발리에르에게 루이가 진심으로 사랑에 빠진 것이다. 얼마 후, 라 발리에르도 왕의 마음을 받아들였다. 1666년 모후 안이 세상을 떠나자 두 사람의 관계가 세상에 알려지면서 그녀는 최초의 공인된 '애첩'이 되었다. 라 발리에르는 루이와 많은 시간을 함께 보내며 4명의 자녀를 낳았다.

저스베르트, 도르스텐, 서안의 리에주, 샤를루아, 아토, 메지에르에 군량 창고를 설치하고 하루 20만 명, 6개월분의 군량을 비축했으며 그 밖의 대포, 포탄, 총탄, 화약, 참호용 공구 등을 배치했다.

1672년 3월 23일 잉글랜드 해군이 네덜란드 선단을 공격하면서 제3차 영국-네덜란드 전쟁이 발발하자 찰스 2세와 동맹 관계에 있던 프랑스는 4월 6일 네덜란드에 선전포고하고 침공 준비를 시작

신중한 성격의 라 발리에르는 궁정 내에서 권세를 부리기보다는 오히려 자신의 '죄 많은 인생'을 부끄럽게 여기는 경향이 있었다. 1667년 루이와 몽테스팡 부인이 급격히 가까워지면서 두 여성을 모두 포기할 수 없었던 루이를 사이에 두고 세 사람의 기묘한 관계가 이어졌다. 라 발리에르를 밀어내려는 몽테스팡 부인의 계략에도 꿋꿋이 버티던 그녀도 결국 지친 것인지 1674년 카르멜회 수도원에 들어갔다. 당시 라 발리에르의 나이는 30세였다. 그녀는 전반생보다 긴 36년을 수도원에서 지내다 1710년 세상을 떠났다.

니콜라 미냐르 '앙리에트 당굴레트'

장 노크레 '루이즈 드 라 발리에르'

했다.

　네덜란드 침공을 앞둔 루이 14세는 3개의 군을 편성했다. 주력은 튀렌 원수가 이끄는 5만 명의 군대로, 샤를루아를 출발해 상브르 강을 따라 전진하다 뫼즈 강 좌안을 북상할 계획이었다. 콩데 친왕의 군대는 스당을 출발해 뫼즈 강 우안을 북상하기로 했으며 마지막 뤽상부르 공작은 베스트팔렌에서 프랑스와 연합한 독일 제방을

✦ 피에르 미냐르 '마스트리흐트 앞에서 「승리」가 씌워주는 월계관을 받는 루이 14세'
'누구와도 비교할 수 없다'라는 루이의 좌우명과 태양이 그려진 깃발을 든 '승리'의 의인상이 루이에게 월계관을 씌워주고 있다. 뒤쪽에 보이는 것은 1673년에 공략한 마스트리흐트의 광경이다.

✤ 반 데르 묄렌 '라인 강의 도하'
타피스리 '루이 14세기'의 스케치로, 실제 제작은 되지 못했다. 실제로는 말을
타고 얕은 여울을 건넜다는 기록이 있지만 어느새 '깊은 강을 헤엄쳐서 건넜
다'는 식으로 과장되었다.

중심으로 한 군대를 편성해 라인 강에서 네덜란드로 진격할 예정
이었다.

　실제로는 침공 도중 튀렌이 콩데 친왕의 군대와 합류하면서 양군
이 대부분 뫼즈 강 우안으로 진격했다. 프랑스군은 요충지인 마스
트리흐트를 우회해 뫼즈 강과 라인 강 사이의 지역을 북상, 5월 말

에는 라인 강 남쪽의 도시 클레베에 도달했다.

이후, 프랑스군은 라인 강 연안 도시를 공략했으며 5월 24일에는 튀렌의 군대가 오르소이와 라인베르크를 점령해 뷰디리히를 포위하고 6월 1일에는 콩데의 군대가 베젤을 점령했다. 라인 강 우안으로 진격한 뤽상부르 공작과 함께 이들 요새를 공략함으로써 쾰른부터 클레베에 이르는 라인 강 연안 지역이 프랑스군의 지배하에 들어갔다. 루이 14세는 군대를 서부로 보내 네덜란드 중심부부터 암스테르담 침공을 계획했다. 6월 12일 프랑스군은 네이메헌 북동쪽 톨하이스에서 라인 강을 건넜다. 그 후, 프랑스군은 서쪽으로 진격을 개시해 위트레흐트와 네이메헌을 점령하고 7월 중순에는 암스테르담까지 접근했다.

이때 네덜란드가 반격에 나섰다. 네덜란드군은 프랑스군 전면의 수문을 개방해 홍수를 일으킴으로써 프랑스군의 진격을 저지했다. 또 오라녜 가문의 빌럼을 새로운 총독으로 맞아 철저한 항전 태세를 갖추었다. 빌럼의 적극적인 외교 교섭으로 브란덴부르크가 네덜란드 측에서 참전했다. 결국 프랑스는 독일의 제2전선으로 병력을 분산시킨 상태로 겨울을 맞아 휴전할 수밖에 없었다. 네덜란드는 해전에서도 영국에 승리했다.

이듬해인 73년에는 마스트리흐트를 공략하며 네덜란드와 독일에서 전투를 계속했다. 독일에서는 튀렌의 군대가 활약하며 알자스를 방어했지만 전황은 좋지 않았다. 그러던 중 8월이 되자 신성 로마 황제와 스페인이 네덜란드와 동맹했다. 네덜란드군과 스페인령 네덜란드의 스페인군의 협공을 우려한 프랑스가 네덜란드에서 병

✛ 반 데르 묄렌 '브장송 공략'
프랑스군의 캠프 앞쪽에 브장송이 보인다.

사를 물리면서 북부의 주요 전장이 스페인령 네덜란드로 옮겨졌다.
　이런 전선의 전환에 즈음하여 1674년 프랑스는 프랑슈 콩테를 공
략했다. 당초에는 1673년 중에 공략할 계획이었으나 병력 부족 때
문에 늦어진 것이었다. 결국 나바유 공작에 의한 프랑슈 콩테 공략
은 이듬해인 1674년 초두에 벌어진 이례적인 겨울 전투가 되었다.
그레이와 브줄을 함락한 후, 루이가 도착하자 5월 2일 브장송에 대
한 공격을 개시했다. 저항이 거셌지만 14일에는 도시가 함락되고
그 수일 후에는 요새도 함락되었다. 6월 초순에 걸쳐 다른 도시들

도 공략되었다. 그런데 74년 2월, 잉글랜드의 찰스 2세가 네덜란드
와 웨스트민스터 조약을 체결해 단독 강화를 추진했다. 대립하는
의회의 압력에 굴하고 만 것이다. 또 쾰른 선제후 등 프랑스 측 독
일 제후가 네덜란드와 강화하고, 되레 프랑스에 선전하는 제후까
지 나타나면서 프랑스 외교의 패색이 짙어졌다.

그 후, 주요 전장은 스페인령 네덜란드와 독일이 되었다. 콩데 친왕과 튀렌이 활약했지만 전체적인 상황은 일진일퇴가 계속되고 있었다.

1675년에는 스트라스부르의 동쪽 자스바흐에서 벌어진 교전 중 튀렌이 대포에 맞아 전사했다. 이를 경계로 프랑스군은 동부에서 방전 태세로 돌아서고 서부 전선에서도 전국은 호전되지 않았다. 1677년 잉글랜드 왕 찰스 2세의 동생인 요크 공작 제임스(후의 제임스 2세)의 딸 메리와 네덜란드 총독 빌렘의 결혼이 결정되면서 네덜란드를 점령하려던 프랑스의 바람은 무너지고 말았다. 이를 계기로 화평 교섭이 진전되고 1678년에는 황제를 제외한 나라, 79년에는 황제와의 강화 조약이 체결되면서 전쟁은 종결되었다.

조약의 결과, 프랑스는 스페인으로부터 프랑슈 콩테와 스페인령 네덜란드 내의 여러 도시를 획득하고, 신성 로마 황제로부터는 프라이부르크를 획득했다. 하지만 가장 중요한 네덜란드와의 조약에서는 전전의 고율 관세 철폐를 강요당하고 네덜란드의 영토도 전혀 획득하지 못했다. 전쟁 초기, 프랑스의 결사 진격으로 제국의 동정이 변화했듯이 유럽 내의 세력 균형 원리가 작동하면서 루이 14세의 꿈은 수포로 돌아갔다. 하지만 프랑스가 많은 영토를 획득한 것도 분명한 사실이다. 이를 바탕으로 네덜란드 전쟁의 '승리'는 왕권의 중요한 선전 소재가 되었다.

Colbert Presenting the Members of the Royal Academy of Sciences to Louis XIV in 1667
(by Henri Testelin)_wikipedia.org

제5장
루이 14세의 예술 정책

1. 절대 왕정과 예술

    절대 왕정기의 군주들이 예술가를 보호하고 지원함으로써 화려한 궁정 문화를 꽃피웠다는 사실은 널리 알려져 있다. 그런데 왜 하필 이 시기에 그런 일이 발생한 것일까.

    1453년 백년 전쟁이 종결되면서 왕국의 영역적 일체성이 중세에 비해 상대적으로 진전되고 왕정의 '기구화'로 칭해지는 현상이 일어났다는 것은 앞서 이야기한 바 있다. 이 현상은 종래의 직접적, 개인적, 가부장적 군신 관계가 이 시기를 경계로 물질적, 제도적인 관계로 변화했음을 의미한다. 이런 변화에 대응하기 위해서는 새로운 통치 이념과 통치의 방법론이 필요했는데 그 중심에 군주가 있었다.

    국왕의 통치 영역이 확대된 것은 분명하지만, 피치자는 확대된 지배 영역을 인식하기 어렵다. 그렇기 때문에 광역화된 근세 국가에서는 군주의 인격에 대해 충성을 맹세하는 편이 쉬웠다. 그리하여 16세기에는 군주권의 이론화가 이루어졌다. 하지만 이 군주권은 충분한 실체적 권력을 수반하지 못했다. 각국은 문화 정책을 추진해 군주의 권력을 정당화하고 찬미하는 방식으로 현실 세계보다는 오히려 상상의 세계에서 군주권 강화를 꾀했다.

    그렇게 실시된 것 중 하나가 입시식(入市式)으로 대표되는 의례로,

비일상적인 축제 공간 속에서 이상적인 군주의 이미지가 확산되었다. 또 한 가지의 이미지를 이용한 군주권 강화의 수단이 궁정 장식, 회화, 타피스리, 판화, 기념 건축물 등의 매체였다.

이렇게 군주 권력을 칭양하는 예술 정책은 16세기에 본격화되었는데 여기에는 국가의 영역성 확대와 함께 르네상스의 영향도 컸다. 르네상스의 모델이었던 로마 문화는 시민들이 앞 다투어 비문을 건립한 것처럼 자신의 행위를 과시하는 특징이 있었다. 이런 '과시'의 궁극적인 예가 바로 로마 황제였다. 그는 개선문 등의 건축물, 기마상, 메달 등으로 자신의 권위를 표현했다.

이 같은 로마의 전통이 르네상스와 함께 부활한 것인데, 피렌체가 그 선두주자였다. 피렌체는 1532년 메디치 가문에 의한 군주정이 성립했다. 1537년 17세의 나이로 즉위한 코지모 1세는 1569년 교황 피우스 5세로부터 토스카나 대공의 칭호를 수여받았다. 코지모 1세는 화가이자 건축가인 바사리를 고용해 팔라초 베키오를 개

✤ **지금의 고블랭 제작소**
지금도 국립 제작소로서 타피스리와 타피, 가구의 제작 및 보수가 이루어지고 있다.

축하고 피렌체와 메디치 가문의 역사와 그 전쟁의 표상에 의해 군주를 예찬하는 공간을 완성했다.

그에 비해 프랑스는 예술 후진국이었다. 르네상스가 도입된 것은 1515년 프랑수아 1세의 치세가 시작된 이후였다. 그는 이탈리아 출신의 예술가를 프랑스로 초청해 퐁텐블로 궁전을 개축하고 타피스리 공방 설립 등을 실시했다. 그의 아들인 앙리 2세의 시대에는 메디치 가문의 카트린 드 메디치와 결혼하면서 튈르리 궁 건설과 궁정 의례의 도입 등 이탈리아 문화가 더 많이 소개되었다.

하지만 앙리 2세가 세상을 떠난 후, 1562년에 발발한 종교 전쟁으로 내란 상태에 빠진 프랑스에서 궁전 건설과 같은 예술 활동은 정체될 수밖에 없었다. 그러다 보니 1598년 종교 전쟁이 종결되었을 때 프랑스는 이미 바로크 예술이 확산되던 유럽 중요 지역의 트렌드에 뒤처진 상황이었다.

이런 상황을 거스르며 예술 정책을 추진한 것이 부르봉 왕가의 개조 앙리 4세와 그의 아들 루이 13세였다. 그들은 퐁텐블로 궁전 개축과 뤽상부르 궁전 건설 그리고 루브르 궁전의 증축 등을 실시해 '국가 궁전'을 정비하는 동시에 루벤스에게 회화 작품을 발주하는 등 바로크 예술 도입에도 나섰다. 또한 메달을 제작하고 파리에 광장을 만들어 기마상을 설치하는 등 예술 작품을 자신의 위엄을 표상·확산하는 데 이용했다. 하지만 그들이 예술 정책에 전념할 수 있었던 시기는 그리 길지 않았으며 계획적·조직적으로 전개된 것도 아니었다. 그런 시기가 오기까지는 루이 14세가 친정을 시작하는 1661년까지 기다려야만 했다.

2. 예술 정책의 편성

친정을 시작한 루이 14세와 함께 예술 정책을 추진한 것은 1664년 건축 장관으로 취임한 콜베르였다. 건축 장관은 국왕의 건축물 건설과 관리를 담당하는 직위였는데 콜베르의 칭호가 '프랑스의 건축물, 예술, 타피스리 및 매뉴팩처(제작소)의 감찰관 및 총괄 조직자'였듯 그는 예술과 문화 지원 및 루이 14세의 선전을 담당하는 대신의 역할을 맡았다. 건축 장관 취임이 내정되었던 콜베르는 우선 1663년 자신과 친한 문인들을 모아 소아카데미(La Petite Académie)를 결성하고 그들로부터 다양한 조언을 얻어 정책을 추진했다.

1663년 2월 3일, 콜베르의 저택에서 소아카데미의 제1회 회합이 개최되었다. 그 자리에 나타난 국왕은 '내가 제군을 얼마나 높이 평가하는지 알 수 있을 것이다. 내게 있어 세상에서 가장 소중한 것을 제군에게 맡겼기 때문이다. 그건 나의 영광이다'라고 말했다. 루이 14세의 예술 정책을 대표하는 키워드는 '왕의 영광'이다. 루이 14세는 콜베르의 지휘 하에 여러 예술가를 동원한 예술 작품을 통해 '왕의 영광'을 표현하고 보급하는 방식으로 국왕의 이미지 형성에 힘썼다.

이 목적을 위해 크게 세 가지 정책이 추진되었다. 첫 번째는 예술가의 확보이다. 당시 프랑스는 예술 분야에 선진적인 지역이 아니

었다. 당시의 선진 지역은 이탈리아와 로우랜드(lowland, 지금의 네덜
란드와 벨기에)로 이들 지역에서 재능 있는 인재를 찾고자 시도했다.
우선적으로 저명한 예술가를 초빙했다. 예컨대, 1665년 콜베르는
바로크 예술의 대가 베르니니를 초청해 루브르 궁전 개장 계획에
참여시켰다. 그는 5개월 남짓 프랑스에 체류했다. 이처럼 단기간에
귀국한 사람이 있었는가 하면 프랑스에 정착한 작가도 있다. 예컨
대, 앤트워프에서 활동하다 리슐리외의 눈에 들어 1643년 프랑스
로 온 반 옵스탈이나 콜베르에 고용되어 다수의 전쟁화와 판화를
제작한 브뤼셀 출신의 화가 반 데르 묄렌 등은 프랑스에서 생애를
마쳤다.

브레다 출신의 조각가 반 덴 보가르트(프랑스 이름 마르탱 데자르댕)처
럼 자진해서 프랑스로 이주해 활약한 예술가도 많았다. 루이 14세
의 친정기에 왕권은 유능한 예술가에게 연금을 지급하고 루브르나
고블랭 제작소에서 거주하는 것을 허가하는 등 적극적인 보호 정
책을 실시했다. 거주지가 전장(戰場)이 되면서 예술 활동이 정체되
었던 로우랜드의 예술가들에게 프랑스는 매력적인 장소였을 것이
다.

외국 출신 예술가들의 고용과 더불어 프랑스인 예술가 양성에도
힘을 쏟았다. 당시 프랑스인 예술가들이 배움을 위해 찾는 곳은 이
탈리아였다. 이탈리아에는 르네상스 이후의 저명한 작가의 작품이
다수 존재했기 때문에 역사화를 선호하는 프랑스인에게는 최적의
장소였다. 콜베르는 재능 있는 예술가를 로마로 파견해 회화와 조
각 그리고 건축을 배울 수 있도록 1666년 재로마·프랑스 아카데미

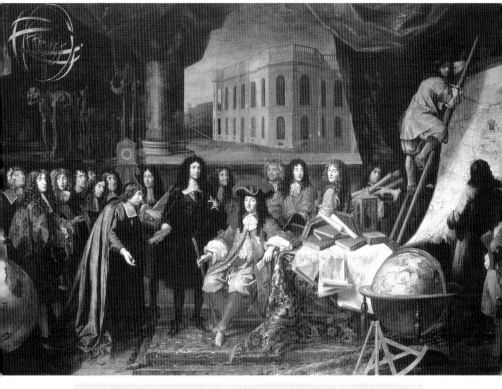

✢ 앙리 테스틀랭 '루이 14세에게 과학 아카데미의 회원을 소개하는 콜베르'
과학 아카데미는 1666년 학예의 보호 및 장려 정책의 일환으로 창설되었다.
이 그림은 원래 타피스리 '루이 14세기' 제작을 위한 스케치였다.

를 설립했다.

　두 번째 시책이 아카데미로 대표되는 조언 기관의 설립이다. 궁
정의 천장화, 메달, 타피스리, 조각상의 받침대 등에는 라틴어 명문
을 써넣는 일이 많았는데 그런 경우에는 문인의 협력이 필요했다.
아카데미 프랑세즈, 소아카데미와 같은 학술 모임에서 고전 소양

✤ 앙리 테스틀랭 '루이 14세'

1667년경. 회화·조각 아카데미가 주문한 작품으로 아카데미 회의실에 걸려 있었다. 오른손에 샤를마뉴의 홀을 들고 있다.

에 관한 조언을 구했다.

회화 작품에서는 '승리'나 '충성'또는 '풍요'와 같은 다양한 추상적 개념을 우의적으로 표현하는 방식이 사용되었으며 국왕을 칭송하는 경우에는 그런 우의적 표현이 꼭 필요했다. 당시는 건축 분야에서도 엄격한 양식과 오더(order, 원주와 들보의 비례 체계 시스템)가 정해져 있었다. 그리하여 회화·조각 아카데미와 건축 아카데미가 조직되어 예술가들을 비호하는 동시에 예술 정책에 대한 회원들의 조언을 구하고 더 나아가 아카데미 회원들 간의 지식의 발전을 도모했다. '왕의 영광'을 널리 보급하기 위해 실제 예술 작품을 제작하는 기관도 설립되었다. 그중 가장 중요한 역할을 한 것이 고블랭 제작소이다. 1667년 정식으로 발족한 고블랭 제작소는 타피스리 생산으로 유명하며 정식 명칭은 왕립 가구 제작소로, 국왕의 예술 정책을 이끈 유력 기관이었다. 감독 르 브룅은 왕궁의 실내 장식용 호화 가구 제작에 매진했기 때문에 고블랭 제작소에는 타피스리 장인뿐 아니라 금은 세공사, 주물사, 조각가, 목공 장인, 염물사 등이 모여들었으며 국적이 다른 예술가나 특권 장인들의 공동체가 형성되었다. 그들은 예술가 보호 정책 하에서 왕실용 작품뿐 아니라 다양한 작품을 제작했다.

고블랭 제작소가 국왕의 이미지 유포에 중요한 한 축을 담당한 분야가 바로 판화의 제작이다. 고블랭 제작소에 소속된 세바스찬 르클레르 등의 판화가가 르 브룅과 협력해 17세기에 발전한 동판화 기술을 활용해 회화 작품 속의 루이 14세의 이미지를 동판화로 제작했다.

3. 회화

15세기 이후 유화가 보급되면서 대리석이나 천을 씌운 벽면에 타피스리나 회화 작품을 장식하는 것이 유럽 실내 장식의 주류가 되었다. 타피스리보다 제작이 쉽고, 캔버스 기술의 발달로 대형 작품도 만들 수 있게 된 회화가 실내 장식의 주류가 되면서 다양한 장르의 작품이 다수 제작되었다.

먼저 짚어보아야 할 것은 초상화이다. 중세에는 개인의 초상화를 제작하는 일이 드물었으나 르네상스 이후, 개인이나 가계를 과시하기 위한 기록물로서 초상화가 빠르게 보급되었다. 그중에서도 대관식 예복 즉, 푸른색 바탕에 금색 백합꽃이 수놓아진 망토를 걸치고 가슴에는 성령 기사단의 휘장을 두른 차림으로 흰색 스타킹을 신은 한쪽 다리를 앞으로 뻗은 포즈의 초상화는 국왕의 정식 초상화로서 치세 기간 중에 다수 제작되었다. 이런 작품은 화가 본인 또는 다른 화가에 의해 복제되어 여러 장소에 장식되었다.

정식 초상화와 함께 군장 차림 등의 준공식 초상화도 다수 제작되었다. 기마상도 초상화로 분류되는데 여기에는 특정한 의미를 담아 제작하는 경우도 있었다. 예컨대, 장 노크레의 기마상에는 소년 루이 14세에게 의인화된 '승리'가 월계관을 씌워주고 큐피드는 평화를 상징하는 올리브 가지를 들고 있다. 루이의 발밑에는 파리

✤ **장 노크레 '루이 14세의 기마상'**
승리를 상징하는 월계관과 평화를 상징하는 올리브 가지와
종려나무 잎은 전쟁의 표상으로 널리 보급되었다. 전쟁으
로 평화가 찾아온다는 것이다.

의 퐁뇌프 다리가 그려져 있는데 이것은 프롱드에 대한 승리를 상
징한다. 퐁뇌프 다리에는 조부인 앙리 4세의 기마상이 그려져 있는
데 이것은 즉위 후 파리 지배에 고뇌하다 마침내 파리를 지배한 앙
리 4세와 루이 14세의 유사점을 상징한다.

국왕이 신화 속 신 등의 다른 캐릭터로 분한 회화도 제작되었다.

✤ 샤를 푀르종 '유피테르로 분한 루이 14세'
왼쪽에는 불의 신 불카누스의 대장장이가 '승리'의 문장을 만
들고 있다. 이 남자는 마자랭을 상징한다.

시몽 부에의 제자 샤를 푀르종의 작품에서 루이 14세는 승리를 상
징하는 떡갈나무 잎으로 만든 관을 쓴 로마의 승리자로 표현되어
있다. 아래쪽에는 라틴어로 '유피테르가 칭찬하며 루이에게 천둥을
주었다. 이미 세계는 그를 새로운 유피테르로 여겼다'라고 쓰여 있
으며 최고 신 유피테르와 루이의 유사성을 표현했다. 이 밖에 루이
의 동생 필리프가 장 노크레에게 주문한 '신화 속 신들로 분한 루이

✤ 피에르 미냐르 '루이 14세의 기마상'
1692년의 전장을 소재로 한 작품으로, 갑옷을 걸치고 오른
손에는 지휘봉을 든 루이가 말을 타고 있다. 머리 위에서는
'승리'가 월계관을 씌워주고 있다. 배경은 그가 공략한 나뮈
르의 도시이다.

14세의 가족'과 같은 작품도 있다.

　프랑수아 본메르의 '전 세계에 루이 14세의 위대함을 선언하는
파마'에서는 루이 14세의 초상을 안은 파마가 유럽, 아시아, 아프리
카, 아메리카 4대륙에 루이 14세의 위대함을 선언하고 있다. 이처
럼 왕가의 사건이나 국왕의 인격을 우의적으로 표현한 회화도 다

✛ 장 노크레 '신화 속 신들로 분한 루이 14세의 가족'
왕제 필리프가 자신의 생 클루 성에 걸기 위해 주문한 작품. 오른쪽에 아폴론
으로 분한 루이 14세가 그려져 있고 필리프는 왕보다 낮은 위치에 태양의 탄생
을 고하는 헤스페로스로 그려져 있다.

수 제작되었다.

　또 국왕의 사적을 더욱 사실적으로 표현한 작품도 많다. 테티스 동굴의 방문, 산책 등 베르사유를 무대로 한 사건을 묘사한 작품이나 궁정 이외의 장소를 방문한 정경, 결혼이나 외국 대사의 알현, 과학 아카데미의 개설 등 특정 사건을 주제로 그린 작품도 다수 제작되었다.

　하지만 루이 14세기의 회화에서 가장 중요한 것은 전쟁화이다. 16세기 이후 프랑스는 이탈리아 회화의 영향이 컸기 때문에 제작

⚜ 프랑수아 본메르 '전 세계에 루이 14세의 위대함을 선언하는 파마'
오세아니아가 발견되기 전인 17세기에는 전 세계를 나타내는 표상으로 주로 4
대륙(유럽, 아시아, 아프리카, 아메리카)이 그려졌다.

되는 작품의 중심은 신화나 성서의 이야기를 소재로 한 역사화였
다. 전투 장면을 그린 작품에서도 전장의 광경보다 인물 묘사가 중
심이었다. 하지만 전쟁화에서 중요한 것은 군사 행동을 하나의 '전
사(戰史)'로서 편찬하는 것이었다. 국왕이 지휘한 각각의 전투 상황
이나 전장에서의 일화 그리고 그런 전투의 누적으로 전쟁의 승리

✤ 반 데르 묄렌

를 표현하는 것인데, 여기서 가장 중시된 것은 사실성이었다. 각각의 전투를 적확히 표현하기 위해서는 배경 등으로 공략 대상이 된 도시의 '현실적'인 모습을 그려 넣어야 했기 때문에 사실적인 풍경화의 기법이 요구되었다.

하지만 프랑스 국내에는 전장이 된 도시나 지형을 생생히 그릴 수 있는 화가가 거의 없었다. 그런 이유로 콜베르는 풍경화나 전쟁화에 전통이 깊은 플랑드르 출신 화가 반 데르 묄렌을 초빙해 이 임무를 맡겼다. 국왕군을 따라 전장으로 간 그는 전투의 배경과 도시의 스케치를 다수 남겼다. 당초에는 주로 타피스리의 원화 제작을 맡았으나 그의 회화 작품 자체가 국왕의 인정을 받게 되면서 아틀리에를 갖추고 대규모 작품 제작에 돌입했다. 루이 14세는 베르사유의 별궁 역할을 한 마를리 궁전에 그가 그린 '왕의 정복'을 다룬 전쟁화를 장식했다. 다른 시기에 비해 루이 14세 치세 하에 다수의 전쟁화가 제작되었는데 이는 전승을 통해 '왕의 영광'을 표상하고자 한 루이 14세와 콜베르의 정책이 표현된 것이었다.

전통적인 역사화 주문도 이루어졌는데, 여기에도 루이 14세의 이미지 형성에 기여한 작품이 존재했다. 그 전형적인 예가 르 브룅의

✤ 샤를 르 브룅 '알렉산드로스 앞에 무릎 꿇은 페르시아의 왕녀들'
당시에도 유명했던 이 작품은 판화와 타피스리는 물론 에나멜(칠보 공예)로도 복
제되었다.

알렉산드로스 대왕 연작이다. 루이 14세가 친정을 시작할 무렵 르
브룅에게 제작을 의뢰한 것이 이 연작의 발단이 되었다. 친정 초기
루이 14세가 알렉산드로스 대왕을 통치 모델로 삼았던 만큼 작품
의 발주도 그런 문맥에서 이해할 수 있을 것이다.

　최초의 작품은 '알렉산드로스 앞에 무릎 꿇은 페르시아의 왕녀들'
이라는 회화 작품이다. 이 작품은 기원전 333년 이소스 전투에서
승리한 알렉산드로스 대왕이 다레이오스 왕의 천막을 방문해 왕의
모후와 왕녀들의 간원을 듣는 장면을 그렸다. 여기서는 이소스 전
투 당시 대왕과 친정을 시작한 루이 14세의 나이가 같은 23세라는
점 등으로 두 사람의 공통점을 표현했다. 또 알렉산드로스 대왕 앞

에 엎드린 페르시아인들을 통해 모든 신민(특히, 과거의 프롱드파)이 주권자인 왕에게 절대 복종해야 한다는 것을 표현한 것이라는 분석이 있다. 르 브룅은 이후로도 '그라니코스 강 도하'(1665년), '알렉산드로스 대왕의 바빌론 입성'(1665년), '아르벨 전투'(1669년), '알렉산드로스 대왕과 포로스'(1673년)의 연작을 완성했다.

4. 타피스리

회화와 함께 중요한 실내 장식품이 타피스리였다. 타피스리는 직기로 씨실과 날실을 꿰어 무늬를 짜 넣은 직물이다. 서유럽에는 고딕 시대 이후 급속히 보급되었으며 15세기에 정점을 맞아 회화와 함께 벽면 장식의 중요한 지위를 점했다. 타피스리는 자유롭게 탈착이 가능했을 뿐 아니라 석조 벽면 사이에 공기층이 형성되어 보온 및 보습 효과가 있었으며 대형 작품의 제작이 가능한 점 등의 다양한 이점이 있었다.

16세기에는 타피스리 제작에도 르네상스 회화의 원근법이 도입되어 3차원적 공간을 표현하려는 시도가 이루어졌다. 그 결과, 타피스리는 점차 회화를 모방하게 되고 색실의 수가 비약적으로 증가해 복잡한 색조의 변화를 표현할 수 있게 되었다. 프랑스에서 본격적인 타피스리 생산이 이루어진 것은 앙리 4세의 치세기로, 1601

년 플랑드르에서 직조 장인을 초빙해 파리 남쪽 포브르 생 마르셀의 비에브르 강 하구에 있던 염색업자 고블랭 가의 저택에 머물며 타피스리를 제작하게 했다.

17세기에는 파리를 중심으로 타피스리 공방이 문을 열었다. 사기업인 그들이 왕권의 요구를 실현하려면 뛰어난 스케치 화가의 기용, 화가와 직조 장인의 연대 등 일관된 제작 체계가 필요했다. 루이 14세의 '왕의 영광'을 표상하기 위한 예술 정책의 개시와 재무장관 니콜라 푸케가 1658년 가을에 설립한 맹시의 타피스리 공방이 그의 체포로 왕권에 접수된 일, 콜베르에 의한 국내 산업 육성책 등을 이유로 왕립 매뉴팩처 고블랭 제작소가 설립되었다. 1662년 6월 6일 콜베르는 고블랭 저택을 매입하고 1668년까지 인접한 9채의 건물을 구입해 4만 6,600평방미터의 대지가 정비되었다. 1662년 6월 26일 국왕은 맹시에 있는 기재와 작품을 모두 고블랭으로 옮기도록 했다. 동시에 콜베르는 파리의 다양한 아틀리에를 고블랭으로 집결시켰다. 1662년 말, 제작소가 실질적인 운영을 시작했으며 이듬해인 3월 8일에는 르 브룅이 감독으로 임명되었다.

여러 종류의 타피스리가 제작되었는데 크게 회화의 모사 작품과 오리지널 작품으로 구분되었다. 회화의 모사는 '콘스탄티누스 대제기'나 '사도행전' 등 라파엘로의 회화 작품을 소재로 한 것이 다수 제작되었으며 앞서 이야기한 르 브룅의 알렉산드로스 대왕 연작이나 니콜라 푸생의 작품 등 동시대의 것도 많았다.

오리지널 작품은 특히, 친정 초기에 '왕의 영광'을 표현하기 위한 작품이 제작되었다. 1664년부터 제작을 시작한 '4원소'라는 작품은

✢ '물'(「4원소」)

이것은 훗날 제작된 것으로, 최초의 작품에는 오른쪽 '가을'과 같이 가장자리에 테두리가 둘러져 있고 각각의 모서리에는 라틴어 격언과 함께 '바다', '샘', '큰 강', '돌고래' 그림으로 국왕의 네 가지 덕(경건, 관대, 선량, 재능)을 표현했다.

'불', '흙', '물', '공기'의 4원소를 이용해 국왕을 상찬한 작품이었다.

4점의 구성은 모두 중앙에 신화 속 두 신이 등장하고 작품의 주제인 원소에 관련된 묘사가 그려져 있다. '물'의 내용을 보면, 중앙에 두 마리의 해마(hippocampus)가 끄는 소라고둥 모양의 전차를 탄 바다의 신 넵튠이 삼지창을 들고 있고 테티스는 방패를 들고 있다. 거기에는 왕관과 루이 14세의 모노그램과 함께 라틴어로 '더 적은 바다가 삼지창에 복종한다'고 새겨져 있다. 해안에는 파도와 폭풍에 쓸려온 무수한 물고기와 바다짐승을 바다에서 나타난 트리톤들이 '물'로 다시 데려가고 있다.

이 광경은 우선 동란 이후, 피레네 조약과 국왕의 결혼으로 왕국

✤ '가을'(「사계」)
생 제르맹 앙 레 성을 배경으로, 중앙에 배치된 박카스와 디아나가 사냥 장면
이 그려진 메다용을 들고 있다. 두 신의 발밑에는 사냥 도구가 놓여 있다.

에 찾아온 평온을 암시한다. 물고기들은 돌풍(동란)에 의해 나라 밖
으로 내쫓긴 사람들을 나타내며 국왕이 그들을 다시 왕국으로 데
려오고 있다. 육지를 둘러싼 드넓은 바다는 온 세계에 미치는 국왕
의 위대함과 힘을 상징한다. 방패의 명문이 나타내듯 넵튠의 권세
는 루이 14세에 미치지 못한다. 루이 14세의 이름만 들려도 바다
는 평온과 안전을 되찾고 해적의 사략 행위나 약탈이 사라졌기 때
문이다. '4원소'와 비슷한 작품으로 '사계'가 있다. 이 '사계'시리즈
도 중앙에 구름 위에 앉은 두 신이 등장하고 그들이 들고 있는 메다

✦ '7월'(「12개월」)

뒤쪽에는 뱅센 성이 그려져 있고 그 앞쪽에는 사냥하는 광경이 묘사되어 있다.

용 안에는 각각의 계절에 대응하는 국왕의 취미가 그려져 있고 배경에는 프랑스의 성이 그려져 있다. 이 시기에 제작된 르 브룅의 또 다른 작품으로 '12개월'이 있다. '왕의 저택'이라고도 불리는 이 작품은 1668년부터 제작이 개시되었다. '12개월'의 묘사는 모두 주랑(柱廊) 안쪽에서 먼 곳의 왕의 성관을 바라보는 형식으로, 기둥에는 각 계절의 꽃이 피어 있고 주랑에는 각 계절의 새들이 날아다니는 모습이 그려져 있다. 성관의 전면에는 국왕과 궁정인들이 각 개월마다 다양한 활동(발레, 산책, 사냥 등)을 하는 광경이 묘사되어 있다.

이렇게 우의적 요소가 강한 작품에 대해 더 직접적으로 루이 14세의 업적을 표현한 것이 '루이 14세기'였다. 콜베르와 장인들은 '왕의 위업'을 왕권 선전 활동의 주제로 택해, 역사 속에서 확인할 수

✤ '투르네 공략'

뒤쪽의 참호 밖으로 몸을 일으킨, 깃털 장식이 달린 모자를 쓰고 등을 보이고 있는 것이 루이 14세이다. 국왕이라는 것은 그의 옆얼굴과 주인이 없는 말안 장의 수직선상에 왕의 모습이 배치되어 있는 것으로 식별할 수 있다. 타피스리 '루이 14세기'의 한 장.

있는 왕의 정치적 초월성을 통해 왕권의 정통성을 나타내고자 했다. 이런 문맥에서 타피스리에는 대관식을 비롯해 외교와 군사를 중심으로 루이 14세의 위업을 표상하는 작업이 시도되었다.

'루이14세기'는 1665년 제작이 시작되어, 첫 번째 시리즈로 14점이 제작되었다. 거기에는 대관식 장면이 1점, 루이 14세의 결혼에 관한 작품이 2점 있었다. 또 60년대의 외교적 사건을 다룬 것으로 루이 14세에 대한 스페인 대사의 사죄, 스위스 13주와의 동맹 갱신, 치기 추기경의 사죄에 관한 작품이 3점으로 모두 앞서 이야기한 사

✚ '두에의 공략'
화면 왼쪽에 친위대 기병의 말이 총탄에 맞아 쓰러져 있고 다른 말들이 함께 흥
분하고 있다. 그 오른쪽에는 뒤라스 백작과 튀렌 그리고 적의 포격에도 전혀 동
요하지 않는 모습의 루이 14세가 그려져 있다. 타피스리 '루이 14세기'의 한 장.

건들이다. 여기에 1667년 10월 15일 루이 14세의 고블랭 제작소 방
문을 그린 작품을 더하면 총 7점으로, 나머지 7점은 플랑드르 전쟁
을 중심으로 한 루이 14세의 군사 행동을 다룬 작품이다.

　말하자면 '루이 14세의 됭케르크 입성'은 잉글랜드에서 구입한 됭
케르크 입성 장면을 군사 작전처럼 묘사했으며 '로렌의 도시 마르
살의 제압'은 1663년 로렌 공작과의 군사 충돌을 나타냈다. 나머지
5점이 플랑드르 전쟁에 관한 작품으로 '국왕 폐하가 직접 지휘한 플
랑드르의 릴 점령'과 플랑드르 지방에서의 전투 승리를 다룬 '브뤼

헤 운하 부근에서 루이 14세 부대에 쫓기는 마르상 백작의 스페인 군' 그리고 '프랑슈 콩테의 도시 돌의 공략'은 프랑슈 콩테의 점령을 나타냈다. 끝으로 공성전을 다룬 2점이 '투르네 공략, 적진의 상황을 파악하기 위해 국왕 루이 14세가 참호에서 나와 적의 포화에 몸을 드러내다'와 '두에 공략, 국왕 루이 14세가 참호에서 나오자 도시의 화포가 국왕 폐하 옆에 있던 친위대의 말을 죽이다'였다. 이 작품에는 장군의 제지에도 아랑곳 않고 참호에서 나와 전황을 확인하는 모습과 쓰러진 말 앞에서 아무런 동요 없이 적탄도 두려워하지 않고 활약하는 루이 14세의 대담함이 묘사되어 있다.

이렇게 제작이 진행된 '루이 14세기'는 국왕의 큰 관심을 받았으나 1683년 콜베르의 서거와 함께 작업이 중단되고 말았다. 하지만 치세 말기에 루이 14세는 자신의 치세를 그린 새로운 타피스리 제작을 요구했다. 7점의 타피스리 제작이 계획되었으며 그중 4점이 국왕의 업적, 3점은 국왕 일가에 관한 작품이었다. 루이 14세의 업적을 다룬 최초의 작품은 1658년 칼레에서의 국왕의 쾌유, 1684년 제노바와의 군사 충돌로 프랑스가 승리하고 항복의 증표로 총독과 원로 의원 4명이 베르사유에서 사죄하는 정경, 1674년의 보훈 병원 개설, 1693년의 성루이 기사단 창설을 주제로 제작한 것으로, 모두 루이 14세 사후에 완성되었다. 국왕 일가에 관한 작품은 1668년 3월 24일 왕태자의 세례식, 1682년 8월 6일 부르고뉴 공작(루이 14세의 손자)의 탄생, 1697년 12월 7일 부르고뉴 공작과 사보이아 공녀의 결혼으로, 이 중 왕태자의 세례만 완성되었다. '루이 14세기'의 작품들은 판화로 복제되어 왕의 이미지 형성에 큰 역할을 했다.

5. 조각

조각도 국왕 이미지의 표상으로 중요한 위치를 점했다. 특히 중요한 것이 국왕상이다. 당시의 조각은 브론즈나 대리석으로 제작되었으며 내후성(耐朽性)이라는 특징을 활용해 실외에 설치되는 작품도 많았다. 1621년의 홍수로 센 강에 퐁 상쥬 다리가 설치되었다. 다리 재건에 국왕이 재정 원조를 한 것에 대한 감사의 표시로, 주물 세공사 길드가 제작한 기념비가 1645년경 완성되었다. 시몽 길랭의 루이 13세와 안 도트리슈 그리고 어린 루이 14세의 조각상이었다. 이 밖에도 파리에는 빅투아르 광장의 입상과 방돔 광장의 기마상이 존재하며 1685년부터는 지방 도시에도 루이 14세의 기마상 설치 계획이 시작되었다.

파리 시는 시청사를 장식하기 위해 국왕상 2점을 발주했다. 프롱드 승리를 기념해 질 게랭에게 발주한 조각상과 앙투안 쿠아즈보에게 발주해 1689년 완성된 조각상이다. 루브르 궁전 개축을 위해 이탈리아에서 초빙된 바로크 예술의 대가 베르니니도 루이 14세의 조각상 2점을 제작했다. 1665년에 완성된 흉상과 기마상이었는데 기마상은 제작 도중 베르니니가 귀국하는 바람에 로마의 아틀리에에서 완성해 1685년에서야 프랑스로 보내졌다.

또 베르사유 궁전 '대사의 계단'에는 장 와린의 루이 14세의 흉상

이 설치되었으며 1703년 쿠아즈보가 만든 흉상으로 교체되었다.
이처럼 루이 14세상은 직접 또는 루이 14세를 칭양하는 단체 및 개
인에 의해 다수 제작되었다.

회화와 마찬가지로, 우의적으로 루이 14세를 칭양하는 상도 다수
제작되었다. 예컨대, 1677년 로마의 도메니코 기디에 의뢰한 조각상
'왕의 역사를 쓰는 파마'에서는 루이 14세의 메다용을 든 의인화된
'시간'이 짊어진 책에 파마가 왕의 역사를 쓰고 있다. 그 배후에는 알
렉산드로스와 스키피오 그리고 카이사르와 트라야누스를 그린 메
다용이 놓여 있어, 왕의 업적이 그들을 능가한다는 것을 표현했다.

친정을 시작한 루이 14세가 베르사유 궁전을 개축하는 과정에서

✤ 베르니니 '루이 14세'
바로크 예술의 대가 베르니니는 조각에도 비범한 재능을 보이며 '대리석을 종이와 같이 다루었다'고 전해진다. 바람에 나부끼는 머리칼이나 의상이 그것을 잘 드러낸다.

✤ 베르니니
'루이 14세 기마상'
루이 14세가 마음에 들어 하지 않자 건축 장관 루부아가 지라르동에게 수정을 지시해, 지금의 모습이 되었다.

✚ **시몽 길랭 '국왕 일가의 조각상'**
루이 13세와 14세는 갑옷 위에 대관식 망토를 걸쳤다. 루이 14세는 '승리'의 월계관을 쓰고 있다.

1665년경 구 궁전의 중정이 정비되었다. 건물에 발코니를 설치하는 동시에 벽면에는 고대를 나타내는 88점의 조각상이 설치되었는데 대부분 로마 황제였다. 로마 황제는 군주＝주권자 즉, 국가 최고의 행정관이자 군대의 사령관이었던 당시 국왕의 이미지를 표상했으며, 장 와린의 루이 14세상이나 국왕 기마상과 같이 루이 14세 본인이 로마 황제풍으로 묘사된 작품도 많았다. 이 밖에 실외 건축물이나 궁전 내에 설치된 저부조 장식(릴리프)에도 루이를 표상하는 작품이 다수 존재했다.

이런 국왕의 표상에 직접 관련되지 않은 조각상도 대량 제작되었다. 여러 궁전의 광대한 정원에는 반드시 조각상이 설치되었기 때

✤ **쿠아즈보 '루이 14세상'**
루이는 로마 황제풍 의상을 걸치고 있다. 혁명 때 파괴를 면한 이 조각상은 현재 카르나발레 미술관에 전시되어 있다.

✤ **장 와린 '루이 14세상'**
1671년경. 로마풍의 의상을 걸치고 오른손에는 지휘봉을 들고 있다. 왼손은 고르곤이 그려진 방패 위에 놓인 사자 머리를 본뜬 투구 위에 놓여 있다.

✤ **베르사유 궁전 구관**
루이 13세가 건축한 이 건물은 당시 유행한 돌과 벽돌을 사용한 투톤 컬러로 장식되어 있다. 벽면에 보이는 것이 나중에 설치된 로마 황제의 흉상이다.

✤ 도메니코 기디 '왕의 역사를 쓰는 파마'

파마의 발밑에서 의인화된 '시기심'이 자신의 심장을 뜯어먹고 있다.

✤ **로마 시대의 '박카스 상'**
지금도 베르사유 궁전 '거울의 방'에
놓여 있다.

문이다. 그렇기 때문에 루이 14세와 콜베르는 다양한 방식으로 조각 작품을 수집했다. 그중 하나가, 이탈리아를 중심으로 한 고대 오리지널 작품의 수집이다. 예컨대, 1685년경 베르사유 궁전 '거울의 방'에 설치된 박카스의 조각상은 기원 2세기 중반에 제작된 것이었다. 또 왕권이 직접 로마·프랑스 아카데미에 이탈리아 고대 작품의 복제를 명해 프랑스로 들여온 예도 많다. 이 밖에도 프랑스를 비롯한 이탈리아 등지에서 수입된 동시대 조각가들의 작품도 많았다.

정원 너머 숲속에서의 사냥과 관련된 디아나 상, 로마 신화 속 신들과 프랑스의 하천을 표상하는 조각상, '공기', '물' 등의 4원소, '여명', '석양' 등 일상의 시간, 4대륙, 4계절과 같이 정원에서 전개된 우주론을 우의적으로 표현한 조각상 등 다양한 종류의 작품들이 정원과 성을 장식했다.

6. 도시 개조와 건축물

　루이 14세 치세 하의 도시 개조로, 새롭게 지어진 건축물에도 '왕의 영광'을 표상하는 시도가 이루어졌다. 앙리 4세와 루이 13세 치세 하에서도 다수의 정비 사업이 실시되었으나 17세기 중반 파리는 여전히 중세 도시의 모습이 남아 있었다. 하지만 1661년 루이 14세가 친정을 시작한 후, 루이와 콜베르는 이런 상황을 개선해 파리를 프랑스 왕국을 대표하는 수도로 만들기 위해 왕권의 주도로 제도적·공간적 개혁을 실시했다. 말하자면, 도로의 포장 및 보수를 위한 새로운 과세(1662년), 파리 치안 총대관직 설치, 가로등 설치를 위한 과세, 건물의 높이 제한(모두 1667년) 등이다. 1669년부터는 도로의 확장, 수도 시스템의 개선, 천수의 설치 등도 실시되었으며 루브르 궁전의 개축도 진행되었다.

　1670년 6월 7일, 루이 14세가 센 강 우안의 성벽 최북부에 위치한 생드니 문부터 동쪽의 바스티유 성채까지의 성벽을 철거하도록 명령하면서 파리는 성벽이 없는 개방 도시가 되었다. 프롱드 진압과 플랑드르 전쟁의 승리로 나라 안팎의 군사적 위협이 사라졌다고 판단한 것이다. 성벽을 철거한 자리에는 폭 19토와즈(약 37미터)의 대로가 정비되었다. 콜베르와 루이 14세는 새롭게 만들어진 공간을 화려하게 꾸미길 바랐다. 그에 걸맞은 건조물이 바로 파리로 개선하

✤ 생드니 문
도시에서 바라본 광경. '라인 강 도하'를 나타낸 저부조 장식 아래, 도시로 개선하는 군주에게 의인화된 '승리'가 월계관을 씌워주는 모습이 표현되어 있다.

✤ 생 드니 문 '마스트리흐트 공략'
왕에게 도시의 자치권을 상징하는 열쇠를 바치는 모습을 통해 국왕에 대한 충성을 표상했다.

✤ 생 마르탱 문
성문 바깥쪽에서 바라본 광경. 오른쪽이 '랭부르의 공략', 왼쪽이 '독일의 패배'
이다.

는 영웅을 맞이하는 개선문이었다. 성벽을 철거하는 과정에서 중세
적인 성문 대부분이 철거되었으며 그런 과거 도시의 외곽부에 왕권
의 역량과 도시의 광휘를 동시에 상징하는 개선문이 설치되었다.

　바로 생 드니 문과 생 마르탱 문이다. 생 드니 문은 건축가 블롱
델에 의해 네덜란드 전쟁 초두의 승리를 기념하는 개선문으로 건
설되었다. 폭과 높이가 약 23미터에 달하는 거대한 문은 로마 베스
파시아누스의 개선문을 본떠서 만들었다. 문 최상부에는 '루이 대
왕'이라는 라틴어 명문이 새겨져 있고 그 아래에는 미셸 앙귀에의

✤ 빅투아르 광장

주위의 원형 건물은 망사르가 설계한 것이다. 조각상 받침대에는 포로의 모습이 묘사되어 있다. 가로등은 결국 완성되지 못했다.

저부조 장식이 새겨져 있다. 성문 바깥쪽에는 1673년의 마스트리흐트 공략에 대한 묘사로, 말을 탄 루이 14세에게 '마스트리흐트'를 상징하는 여성이 도시의 열쇠를 건네는 장면이 그려져 있다. 도시를 향한 성문 안쪽의 소재는 1672년의 라인 강 도하로, 오른손에 지휘봉을 든 루이 14세가 이끄는 프랑스 군이 라인 강을 건너는 장면이 묘사되어 있다.

생 마르탱 문은 프랑슈 콩테의 공략을 기념해, 블롱델의 제자 뷜레가 로마의 콘스탄티누스 개선문을 참고해 설계했다. 이 문에는 네 종류의 저부조 장식이 새겨져 있는데 성문 바깥쪽 우측에는 르 그로스가 '랭부르의 공략'(1675년)을, 좌측에는 가스파르 마르시가 '독일의 패배'를 묘사했다. 또 시가지를 향한 성문 우측에는 데자르댕의 '브장송의 공략'이, 왼쪽에는 르 옹그르의 '삼국 동맹의 와해'가

묘사되었다. 과거 성벽이 있던 장
소에 건설된 이들 개선문은 생 드
니 문에 그려진 의인화된 '승리'가
오른손으로 월계관을 내미는 모습
과 같이 파리로 개선하는 승리자
루이 14세를 표상한 것이다.

개선문과 함께 루이 14세 치세
기에 파리의 광장 두 곳이 정비되
었다. 그중 하나가, 라 푀이야드
원수의 주도로 정비된 빅투아르
광장이다. 라 푀이야드 원수는 헝
가리 원정과 네덜란드 전쟁 당시
프랑슈 콩테 공략에서 활약한 장
군으로, 그의 승진을 후원한 것은
다름 아닌 루이 14세였다.

라 푀이야드 원수는 1678년의
네덜란드 전쟁 종결을 계기로, 마
르탱 데자르댕에게 왕의 승리를
기념하는 대리석상 제작을 의뢰했

✣ 마르탱 데자르댕
'루이 14세상'
라 푀이야드 원수가 최초로 발
주한 대리석상.

다. 1682년 완성되어 왕에게 바쳐진 이 조각상은 이듬해 베르사유
궁전에 설치되었다. 그는 1682년 4월 데자르댕에게 두 번째 조각
상을 주문했다. 두 번째 작품은 브론즈 상으로 의인화된 '승리'가 루
이 14세에게 월계관을 씌워주는 모습을 표현했다. 라 푀이야드 원

수는 파리 시내의 라
페르테 생 토뱅 성을
구입해 이 저택 일
부와 정원을 허물고
조각상을 설치할 광
장을 만들 생각이었
다. 그런데 파리 시
가 이 계획에 관여하
면서 점점 광장의 규
모가 커지고 주변 저
택의 매수와 도로 신
설 등으로 더 큰 규
모의 광장 정비가 실
시되어 그 중심에 동
상을 설치하는 식으
로 확대되었다. 광장
은 1685년 9월 건설
이 시작되어 1686년
3월 28일 왕태자가
참석한 가운데 국왕

⚜ 빅투아르 광장의 국왕상
프랑스 혁명기인 1792년 국왕상 파괴 명령이
내려지면서 현재는 존재하지 않는다. 현재는
19세기에 제작된 기마상이 설치되어 있다. 저
부조 장식과 포로상은 파괴를 면해 루브르 미
술관에 전시되어 있다.

상의 제막식이 거행되었다.

이 국왕상은 전체 높이가 10미터가 넘는 거대한 크기로 청동에
금박을 입혀 제작했다. 대관식 복장의 루이 14세는 오른발로 지옥

의 파수견 케르베로스의 머리 하나를 밟고 서 있다. 케르베로스의 3
개의 머리는 루이가 승리한 3개국의 동맹을 나타낸다. 왕의 뒤에는
의인화된 '승리'가 왼손에는 평화를 상징하는 종려나무 잎을 들고
오른손으로는 루이에게 월계관을 씌워주고 있다. 받침대에는 '네
이메헌의 강화', '프랑스의 우월함을 인정한 스페인', '라인 강 도하',
'프랑슈 콩테 공략'을 나타내는 저부조 장식이 새겨져 있다. 또한 광
장의 네 모퉁이에는 가로등을 설치해 24개의 메다용으로 루이 14
세의 승리를 표상할 계획이었다.

　또 한 곳, 루이를 칭양하기 위해 정비된 광장이 방돔 광장이다.

1685년 루부아의 주도로 시작된 이 계획은 생 토노레 문 서쪽에 있던 방돔 공작의 저택을 매수해 그 자리에 광장을 조성한 것이었다. 팔각형 형태의 광장에는 망사르가 설계한 3층 건물이 지어졌다. 광장의 중심에는 루이 14세의 기마상 설치가 결정되었다. 지라르동이 제작을 맡은 이 기마상은 당시 존재하던 모든 기마상을 초월한 크기로 만들 계획이었기 때문에 높이가 약 6.8미터, 길이 약 3.9미터에 달하는 거대한 크기였다. 이 조각상은 로마의 마르쿠스 아우렐리우스의 동상을 참고로 제작되었으며 안장과 갑옷 없이 말을 탄 모습도 로마풍이었다. 1699년 8월 13일 파리 시의 관리들이 지켜보는 가운데 국왕 기마상의 제막식이 거행되었다.

이런 광장의 건설과 기마상의 설치는 지방에서도 이루어졌다. 몽펠리에와 릴에 개선문이 세워지고 디종에서는 국왕 광장이 정비되었다. 기마상은 파리의 기마상을 시작으로 프랑스 국내 11개 도시에 설치할 계획이었으나 예산 등의 문제로 통치 만년에 이르러 중

✤ 현재의 방돔 광장
혁명기에 국왕상이 파괴되었으며 이곳에는 나폴레옹이 설치한 원기둥이 세워
져 있다.

단된 것도 많고 완성된 것도 5개 도시에 지나지 않았다. 게다가 루
이 14세 생전에 기마상이 설치된 곳은 파리와 리옹뿐이었다.

7. 메달과 판화

회화와 조각 등은 복제가 제작되는 경우도 있었지만 그럼에도 그
수는 한정되었으며 도시의 건축물도 그 도시를 방문한 사람만이
감상할 수 있었다. 즉, 지금까지 소개한 매체는 보는 사람이 한정되

✚ '스위스와의 동맹 갱신'(메달)
루이와 스위스 13개 주의 대표들이 성서 위에 손을 얹고 있다.

어 있었다. 그에 비해 대량 생산이 가능하고 국왕의 이미지 유포에 크게 공헌한 것이 메달과 판화였다.

메달의 기원은 고대였지만 중세에 일시적으로 제조가 중단된 후 15세기 중반에 이탈리아에서 부활했다. 메달은 양면에 새겨진 도안이나 라틴어 명문으로 복잡한 상징체계를 담을 수 있었다. 결혼이나 전승 등의 경사를 기념해 발행되는 메달은 그야말로 군공의 권위를 표상하고 그것을 영속화하는 역할을 했다.

메달은 회화와 타피스리에 비해 대량 생산이 가능한 매체로, 금이나 은으로 제작되었기 때문에 그 귀금속의 가치로 인해 군공으로부터의 하사품이나 다른 군주에 대한 증답품으로 매우 적합했으며 수집의 대상이 되기도 했다. 16세기 이후에는 각국에서 군주의 업적을 기념하는 메달이 생산되었으며 예술품으로서도 확고한 지위를 점하게 되었다.

프랑스에서는 16세기부터 섬세하고 화려한 메달이 제작되었으며 조각가가 제작에 참여해 예술성을 높였다. 앙리 4세기에는 메달에 왕의 업적을 새겨 '앙리 4세 신화' 형성에 기여했다. 루이 14세도 이 방침을 계승해 콜베르의 주도하에 루이 14세 '메달에 의한 역사'가 제작되었다. 그리하여 1663년 소아카데미 창설을 계기로 조직적, 계통적인 메달 제조가 시작되었다. 하지만 이런 시도는 당초 큰 진전을 보지 못하고 크기도 통일되지 않은 메달이 산발적으로 제조되었다. 이런 상황이 바뀐 것은 1690년

✦ **'라인 강 도하'**(메달)
의인화된 '승리'가 루이 14세에게 월계관을 씌워주고 있고 왕은 의인화된 '라인 강'을 짓밟고 있다.

대였다. 새롭게 메달 제조 책임자로 취임한 궁내 장관 폰처트레인의 휘하에서 규격 통일이 이루어지며 300점 가까운 메달이 제조되었다. 동시에 메달의 도안과 내용에 대한 해설이 서적으로 간행되기도 했다. 그만큼 루이 14세기는 전에 없던 규모와 성의로 체계적인 메달 제조가 이루어지며 프랑스 메달 제작의 황금기가 되었다.

국왕의 이미지 유포에 더욱 중요한 역할을 한 것이 판화이다. 유럽에서는 15세기 중반 동판을 사용한 오목 판화가 개발되고 그 후의 기술 혁신을 거쳐 섬세한 표현이 가능해졌다. 또 동판화는 목판에 비해 많은 부수를 찍어낼 수 있었기 때문에 17세기가 되면 도안 이미지 전파에 가장 적합한 매체로서의 지위를 확립하며 다양한 주제가 판화로 표현되었다. 판화는 비교적 저렴해서 중층 도시

민 등 회화 작품을 구입할 수 없는 사람들도 구입이 가능했기 때문에 17세기에는 대규모 판화 마켓이 성립하고 수집가들도 형성되었다.

판화의 종류로는 우선 오리지널 작품이 있다. 30년 전쟁의 참상을 그린 것으로 유명한 로렌 출신의 자크 칼로나 17세기를 대표하는 판화가 보스 등이 이런 작품을 제작했다. 하지만 17세기에는 이런 예술성 높은 판화가 오히려 소수파가 되고 대신 판화의 용도로 급속히 보급된 것이 회화와 타피스리의 복제품이었다. 판화의 경우, 화면 아래에 문자로 된 해설을 덧붙이는 경우가 많아 작품의 내용을 보다 확실히 전달할 수 있었다. 이 밖에도 성서나 그리스·로마 신화, 고대사 장면이나 전쟁과 같은 동시대의 사건, 메달의 도안, 초상화, 왕궁 및 도시의 건축물 등의 다양한 소재가 판화로 제작되어 유통되었다.

판화 중에서도 특히 흥미로운 것이 '연감(almanach)'과 '전쟁화'이다. 연감은 세로 80~90센티미터, 가로 50~60센티미터의 대형 달력으로, 전년도에 일어난 사건이 묘사되어 있다. 루이 14세 친정기

✤ '루이 대왕 치세의 주요 사건에 관한 메달'
1702년에 출간된 서적. 메달의 내용과 그에 대응하는 사건을 해설하고 있다. 위 내용은 '투르네와 코르트리크의 공략'에 관한 해설이다.

✤ '레이스베이크 성에서 체결된 유럽의 평화'
조약이 체결된 레이스베이크 성을 배경으로 각국이 평화의 나무인 올리브를 심는 광경이 그려져 있다. 1698년의 연감.

✤ '찬탈자와 카이사르의 상도를 벗어난 비교'
'왔노라, 보았노라. 이겼노라'라는 카이사르의 슬로건에 대해 찬탈자의 슬로건은 '왔노라, 보았노라, 졌노라'였다. 1693년의 연감.

에는 총 600점 가까운 연감이 제작되었다.

연감은 파리 생 자크 대로에서 점포를 운영하던 인쇄업자가 중심이 되어 출판한 것으로 왕권이 직접 제작을 지시한 것은 아니었다. 하지만 대부분의 소재가 국왕의 사적에 관한 것이었다. 국왕의 사적으로는 왕족의 탄생, 혼인, 내정, 외교상의 사건, 국왕의 건축물 등이 있으며 전투의 승리나 평화의 도래와 같은 전쟁에 관련된 내

✤ '시암 대사의 알현'

1688년 9월 1일 시암 대사의 알현 광경. 중앙의 루이 14세 앞에 시암 왕국에서 파견된 사절 한 사람이 몸을 숙여 국왕에게 경의를 표하고 있고 나머지 두 사람은 시암 국왕의 선물을 늘어놓고 있다. 1689년의 연감.

용도 매우 중요한 소재로 특히, 전쟁 기간에 주로 채택되었다. 1점당 2,000부 정도가 인쇄되었는데 구매자가 실제 사용을 목적으로 한 중층 도시민이었다는 것을 고려하면 연감은 왕권이나 국가 이미지를 전파하는 매체로서 큰 역할을 했다고 볼 수 있다.

또 전쟁과 관련해 적을 창출하는 역할을 한 연감도 있었다. 예컨대, 1688년 잉글랜드에서 명예혁명이 일어났을 당시 프랑스는 폐위된 제임스 2세의 망명을 받아들이고 그를 지원했다. 그 후, 새 왕 윌리엄 3세를 찬탈자로 공격하는 연감이 제작되었다. 1693년의 연감 '찬탈자와 카이사르의 상도를 벗어난 비교'에서는 위쪽 중앙에 말을 탄 카이사르가 의인화된 '승리'와 '영광'이 들고 있는 그의 장대한 공적 목록을 손가락으로 가리키고 있다. 그 오른쪽에는 마찬가지로 말을 탄 오라녜 공작 빌렘(윌리엄 3세)이 의인화된 '불화'와 '광기'에 둘러

Valenciennes prise d'assaut, et sauvée du pillage par la clémence du Roy, le 16 Mars 1677   Valencenæ vi captæ, et clementiâ Victoris ab excidio servatæ. XVI. Martij 1677

✤ 반 데르 묄렌 '발랑시엔 공략'
가로로 긴 파노라마식 구도로 공략 광경이 한눈에 들어오도록 배치했다. 아래에는 프랑스어와 라틴어 해설이 쓰여 있다.

싸여 있다. 그 역시 손가락으로 자신의 성공을 헤아리고자 하지만 발밑에 있는 원숭이가 그의 길고 긴 실패 목록을 작성하고 있다. 이렇게 전쟁이나 국제 대립의 묘사를 통해 연감은 국왕뿐 아니라 프랑스의 이미지 형성에도 관여한 것이다.

콜베르는 시나 건축과 마찬가지로 회화와 판화를 통한 이미지가 왕의 영광을 영속시키는 데 도움이 된다는 것을 이해하고 판화를 선전 도구로 활용하기로 결정했다. 즉, 판화로 왕의 훌륭한 행위, 궁전의 장려함, 축연 광경, 궁정의 호화로움, 왕국의 지적이고 예술적인 풍요로움을 알리고자 한 것이다. 1667년 12월 22일 콜베르는 인가받은 사람 이외에는 국왕의 성관이나 국왕이 소유한 회화를

♦ 르 클레르 '디낭 공략'(「왕의 대정복」)

최상부 양쪽에 파마가 배치된 형태로 디낭의 지도가 그려져 있고, 중앙에는 크레퀴 원수에 의한 도시의 공략 모습이 큰 화면에 그려져 있다. 아래에는 이 전투에 관한 해설이 쓰여 있다. 앞쪽에 지휘관을 배치하고 뒤쪽에 공략할 도시를 그리는 것은 전쟁화의 전형적인 수법이다.

판화로 만드는 것을 금지해, 통치에 관한 이미지를 통제하고자 했다. 그런 상황에서 전쟁 화가 반 데르 묄렌이 자신의 회화를 판화로 제작하기 시작했다. 그는 군대를 수행하며 그린 스케치를 바탕으로 풍경과 군사 행동의 정경이 담긴 판화를 제작했다. 이것이 성공하자 반 데르 묄렌은 화가와 미술 애호가 대상으로 풍경화를 제작하는 한편 국왕의 정복에 관한 판화를 더 많이 제작했다. 이 밖에도 전쟁을 소재로 한 판화가 다수 존재하며 일련의 시리즈로 제작된 것으로는 세바스티앙 르클레르의 '왕의 대정복'이 있다. 이 작품은 네덜란드 전쟁 당시의 전투 장면을 높이 45센티미터, 너비 37센티미터의 꽤 큰 판화로 제작한 것으로 동일한 구성 방식으로 왕의 승리를 표현했다. 이 시리즈는 현재 36점이 확인되었다. 이 밖에도 전투 장면을 묘사한 판화가 다수 제작되었다.

제6장
베르사유 궁전

1. 루이 14세와 궁전

 루이 14세의 예술 정책에 의한 작품의 정수가 모여 있는 것이 베르사유 궁전이다. 먼저, 근세 궁전의 특색에 대해 살펴보자. 궁전 연구 전문가인 프랑스의 역사가 제라르 사바티에는 이 시기의 궁전을 '국가 궁전(palais d'État)'이라고 불렀다.

✤ 루브르 궁전 '아폴론 회랑'
베르사유 궁 이전으로 루이 14세 치세기에는 완성되지 못하고 19세기 루브르 궁이 미술관으로 조성되는 과정에서 완성되었다. 그런 이유로 중앙의 전차를 타고 비상하는 아폴론 그림은 들라크루아가 그렸다.

중세의 왕들은 영지 즉, 가산의 관리가 주된 일로 국가와 왕가가 미분리된 상태였다. 그렇기 때문에 궁전에 출입하는 것은 왕가의 '가문'에 속한 가신 즉, 친족이 중심이었다. 국왕 일가는 기상하면 대형 홀에서 생활했으며 면회를 원하는 사람은 직접 그곳을 방문했다. 대형 홀 이외에도 소형 홀, 침실, 대기실 등이 있으며 그 수나 규모는 성관에 따라 다양했다. 또 치안 상황이 좋지 않은 중세에는 궁전이 군사 방위 시설의 역할을 겸하

✚ '승리의 과실'
루브르 궁전 '안 도트리슈의 여름 아파르트망'의 '평화의 방' 천장화. 지오반니 프란체스코 로마넬리가 그린 이 작품에는 중앙에 올리브 나뭇가지를 든 의인화된 '평화'가 그려져 있고 메르쿠리우스와 마르스가 '승리의 과실'이라고 쓰인 깃발을 들고 있다.

기도 했다. 건물은 높은 벽으로 둘러싸여 있고 중앙의 주탑과 함께 방위 거점인 여러 개의 소탑이 설치되었다. 건물 내부도 적의 침입을 제한하기 위해 폭이 좁은 나선형 계단이 설치되고 거실 출입구도 작게 만들어졌다.

16세기가 되면 이런 상황이 변화했다. 영역 국가의 형성과 집권

✤ 피에르 파텔 '베르사유 궁정과 정원'
최초의 확장을 마친 1668년의 모습으로, 안쪽에 있는 것이 루이 13세가 건설
한 성관이며 그 앞에 좌우로 배치된 건물이 루이 14세가 새롭게 지은 성관이
다. 왼쪽이 마구간, 오른쪽에는 주방이 있다. 오른쪽 성관 오른편에 보이는 것
이 테티스의 동굴이다.

화로, 관료와 같은 종래의 가신과 다른 전문 관리가 등장했으며 행
정에 관한 자원도 증대했다. 그러면서 궁전의 규모도 확대되었다.
게다가 화약의 전래로 15세기 무렵부터 공성포가 도입되자 돌만
높이 쌓은 성곽은 유효성을 잃었다. 군사 시설로서의 요새와 궁전

의 분화가 이루어지고 르네상스의 영향으로 변화한 건축 양식을 도입해 전보다 낮고, 크고, 우아한 '국가 궁전'으로 변모해갔다.

영역 국가로의 변화는 궁전의 내용 면에서도 큰 변화를 가져왔다. 군주들은 과거에 비해 넓은 영역을 지배하게 되었으나 그 실효 지배력은 생각만큼 강하지 않았기 때문에 다양한 장치를 통해 군주의 권력을 표현할 필요가 있었다. 이런 상황에 르네상스의 '과시적' 문화가 결합하면서 궁정 의례가 중시되고 그에 대응한 건축 즉, '국가 궁전'으로 변화한 것이다. 여기에 인원과 물적 자원의 확대가 박차를 가하며 중세 군주의 성관으로서의 요소가 점차 사라졌다.

이 새로운 궁전에서 중요한 위치를 점한 것이 아파르트망(appartement)이라고 불리는 여러 개의 방으로 이루어진 거처였다. 특히, 군주의 아파르트망은 궁전의 가장 중요한 장소였다. 이곳은 보통 옥좌의 방(침실)과 대기실 그리고 위병의 방으로 이루어져 있어 군주와의 접근을 통제했다. 외국 대사 등의 내방자를 더욱 효과적으로 '관객'에게 보일 수 있게 나선형 계단을 없애고 눈에 더 잘 띄는 계단을 설치했다. 또 대규모 연회, 사절 방문, 축하연, 무도회 등과 같은 특별한 의식을 위한 화려한 대형 홀과 회랑이 정비되었으며 천장 역시 호화롭게 장식되었다.

루이 14세 치세기에는 왕궁의 개축이 이루어지고 천장화 등에 왕의 영광을 표상하는 도안이 그려졌다. 프롱드 이후, 마자랭은 루이 14세의 거처를 팔레 루아얄에서 루브르 궁전으로 옮기기로 하고 1654년부터 1656년에 걸쳐 국왕의 거처인 파비용(pavillon)을 개축했다. 설계는 왕의 주석 건축가로, 후에 베르사유 궁전 개축에도 참

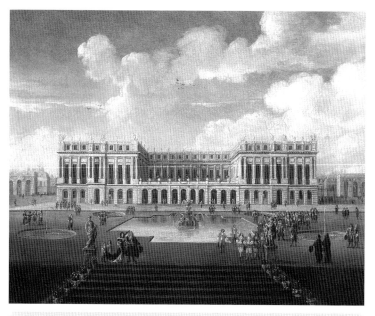

어한 르 보가 담당했으며 '대기실', '위병의 방', '왕의 거실'로 이루어
진 왕의 아파르트망이 정비되었다.

　루이 14세에 의한 루브르 궁전 개축에 또 한 가지 중요한 것이 '아
폴론 회랑'의 건설이다. 장식을 담당한 샤를 르 브룅은 남북의 중심
축상에 '여명', '샛별', '정오', '석양', '밤'을 나타내는 5점의 회화 작품
을 배치해 하루 동안의 태양의 운행을 표현했다. 태양과 한낮과 일
요일(루이 14세가 탄생한 요일) 그리고 불을 상징하는 아폴론은 다양한
표상으로 나타낸 세계의 중심에 위치했다. 아폴론과 루이 14세를

✛ 지금의 서쪽 파사드
테라스가 있던 당시에는 안쪽으로 투톤 컬러의 루이 13세의 성관이 보였으나
현재는 통일감 있는 디자인으로 바뀌었다.

동일시함으로써 세계의 중심에 군림하는 루이 14세를 나타낸 것이
다. 다만, 베르사유 궁전으로의 이전으로 '아폴론 회랑'은 루이 14
세 치세기에는 완성되지 못했다.

　루브르 궁전을 개장하는 동안, 국왕은 튈르리 궁에 머물렀다. 루
브르 궁의 개장이 일단락된 1666년부터 튈르리 궁도 개장 공사를
시작해 국왕 일가의 아파르트망이 정비되었다. 1층에 있는 왕의 아
파르트망은 16세기 이후 유럽 군주들의 우의(寓意)로 주로 이용되었
던 헤라클레스를 주제로 실내 장식이 꾸며졌으며, 2층에 마련된 왕
의 아파르트망에는 아폴론이 채택되었다. 왕비의 아파르트망은 미
네르바를 주제로 꾸며졌는데 이는 예술의 보호자이자 우의화된 덕
을 상징한다. 또 왕태자의 아파르트망은 켄타우로스족 케이론에
의한 아킬레우스의 교육을 주제로 실내 장식이 꾸며졌다.

2. 베르사유 궁전의 건설

　종래의 궁전의 개장에 비해 루이 14세와 콜베르가 더 자유롭게 왕권의 표상을 연출한 장소가 베르사유 궁전이었다.

　베르사유에서의 성관 건설은 사냥을 무척 좋아했던 루이 13세가 측근들과 숙박이 가능한 사냥용 별장을 건설하면서 시작되었다.

　루이 14세도 1651년 12세에 베르사유를 처음 방문한 이래, 사냥을 위해 이곳을 찾을 때마다 부친이 사랑한 베르사유에 대한 애착을 갖게 되었다. 왕이 친정을 시작한 1661년 건축가 르 보, 조원가 르 노트르, 화가 르 브룅에 의뢰해 궁전 정비에 착수했다. 정원을 정비하는 동시에 루이 13세의 성관(구 성관) 동쪽에 마구간과 주방으로 사용할 건물을 짓고 장기 체재가 가능한 성관으로 개조했다. 루이 14세는 1663년부터 베르사유에서 연극, 야회(夜會), 축연 등의 다양한 행사를 열었다.

　왕은 궁전 확장에 열의를 불태웠으나 콜베르가 막대한 경비 지출에 반대하면서 바로 실현하지는 못했다. 하지만 1668년 마침내 궁전의 대규모 개축과 정부 기능의 이전이 결정되었다. 건물 설계를 담당한 르 보는 구 성관을 그대로 두고 그것을 에워싸는 형태로 새로운 건물을 증축했다. '포위 건축'이라고도 불리는 이 새로운 건물에는 구 성관의 북쪽 2층에 왕의 공식 행사가 거행되는 정전 즉, 왕

1676~1678년의 베르사유 궁전

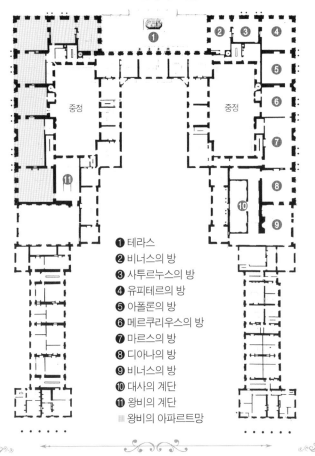

❶ 테라스
❷ 비너스의 방
❸ 사투르누스의 방
❹ 유피테르의 방
❺ 아폴론의 방
❻ 메르쿠리우스의 방
❼ 마르스의 방
❽ 디아나의 방
❾ 비너스의 방
❿ 대사의 계단
⓫ 왕비의 계단
■ 왕비의 아파르트망

의 아파르트망이, 남쪽 2층에는 왕의 아파르트망과 대칭되는 형태로 왕비의 아파르트망이 건설되었다.

르 브룅이 주도한 실내 장식과 르 노트르의 정원 정비가 이루어지고 1678년에는 건축 계획이 더욱 확대되어 아르두엥 망사르가 건축가로 임명되었다. 그는 더 많은 가신과 왕족이 거주할 수 있도록 건설 중인 건물 남북에 추가적으로 성관을 건설했다. 왕족이 거주하는 남쪽 건물은 1682년, 귀족들에게 제공한 북쪽 건물은 1689년에 완성되었다. 또 1678년에는 궁전 서쪽 중앙 테라스의 배수 문제가 발생한 탓에 테라스 부분에 건물을 증축해 2층과 3층을 합친 높이의 회랑(거울의 방)을 짓기로 결정했다. 동시에 회랑에 인접한 남북 2개의 방도 개축해 북쪽은 '전쟁의 방', 남쪽은 '평화의 방'이 되었다.

1682년 루이 14세가 공사 중인 궁정에 이주하면서 베르사유는 수도로서 기능하기 시작했다. 1684년에는 '거울의 방'이 완성되었으며 1686년에는 '전쟁의 방'과 '평화의 방'의 실내 장식이 완료되었다. 1687년에는 이궁인 그랑 트리아농의 건축이 시작되어 본관은 1710년 망사르의 매제 로베르 코트가 담당한 왕실 예배당을 끝으로 루이 14세기의 건축 사업이 종료되었다.

3. 왕의 아파르트망

왕의 아파르트망은 대칭하는 위치에 존재하는 왕비의 아파르트망과 함께 아폴론을 중심으로 한 실내 장식으로 꾸며졌다. 당초 계획으로는 8개의 방으로 구성된 각 방의 천장에 행성을 지배하는 신들을 그려넣고 반원형의 궁륭부에는 각 신들의 속성에 합치하는 주제의 고대 영웅들의 이야기를 그려 루이 14세의 업적과 특질을 우의적으로 표현하고자 했다.

왕의 아파르트망은 1671년부터 1681년까지 르 브룅의 주도 하에 여러 화가들에 의해 장식 작업이 이루어졌다. 하지만 1678년 '거울의 방' 건설이 결정되면서 정원에 면한 3개의 방은 왕의 아파르트망에서 분리되어 2개는 거울의 방으로, 북서쪽 모서리의 '유피테르의 방'은 '전쟁의 방'이 되었다.

'비너스의 방' 천장화에는 신들 위로 비둘기가 끄는 전차를 탄 비너스가 그려져 있고 4점의 역사화에는 루이 14세와 왕비 마리 테레즈의 결혼에 관한 내용이 담겨 있다. '록사네와 결혼한 알렉산드로스 대왕'은 루이 14세의 성대한 결혼식을 표현했으며 '마차 경기를 관장하는 아우구스투스'는 1662년 파리에서 열린 기마 퍼레이드를 나타냈다. 또 '바빌론의 공중 정원을 건설하는 네브카드네자르 2세와 세미라미스'는 혼례에 맞춰 건설된 왕가의 성관과 그 장식을 표현했으며 '왕녀를 구하기 위해 부대를 무장시키는 키루스 2세'는 마리 테레즈의 상속권을 주장하며 벌인 플랑드르 전쟁을 표현했다.

'디아나의 방' 천장화는 가브리엘 블랑샤르가 디아나와 함께 의인화된 '항해'와 '사냥'을 그렸다. 역사화는 '키루스 왕의 멧돼지 사냥'과 '사자를 사냥하는 알렉산드로스'로 사냥의 즐거움을 표현했으며 '콜키스 섬에 상륙하는 이아손과 아르곤 원정대'와 '카르타고에 식민자를 파견하는 카이사르'에서는 '국가의 통치를 맡자마자 신민의 안락에 공헌하는 모든 방법을 고려해 먼 지역과의 상업의 확립을

왕의 아파르트망의 천장화

테라스	비너스	사투르누스

〈사투르누스의 방〉
천장화: 2마리 용이 끄는 전차를 타고
　　　의인화된 '신중'과 '비밀'을 거느
　　　린 사투르누스
궁륭부: 지출과 수입을 감찰하는 아우
　　　구스투스

〈유피테르의 방〉
천장화: 의인화된 '정의', '풍요', '경건'과
　　　함께 천공을 누비는 유피테르
Ⅰ 유대인을 해방하는 프톨레마이오스
　 필라델포스
Ⅱ 인민에 밀을 나눠주는 알렉산데르
　 세베루스
Ⅲ 재판하는 트라야누스
Ⅳ 아테네인들에게 법률을 설명하는 솔론

〈아폴론의 방〉
천장화: 계절과 함께 한 아폴론
Ⅰ 모친 볼룸니아의 탄원으로 로마 공
　 략을 포기한 코리올라누스
Ⅱ 로마의 콜로세움을 건설하는 베스파
　 시아누스
Ⅲ 미세눔 항구를 건설하는 아우구스투스
Ⅳ 알렉산드로스 앞에 끌려온 포로스 왕

〈메르쿠리우스의 방〉
천장화: 두 마리 닭이 끄는 전차를 탄 메
　　　르쿠리우스
Ⅰ 인도의 사절을 맞는 알렉산드로스
Ⅱ 알렉산드리아 도서관에서 학자들과
　 대화하는 프톨레마이오스 필라델포스
Ⅲ 에티오피아의 사절을 맞이하는 아우
　 구스투스
Ⅳ 아리스토텔레스에게 동물을 보내는
　 알렉산드로스

〈마르스의 방〉
천장화: 늑대가 끄는 전차를 탄 마르스
Ⅰ 군단을 열병하는 카이사르
Ⅱ 병사들에게 연설하는 키루스
Ⅲ 시가지 공략을 준비하는 데메트리오스
Ⅳ 콘스탄티누스 대제의 승리
Ⅴ 알비누스를 집정관으로 삼은 마르쿠
　 스 안토니우스
Ⅵ 군단을 격하시키는 알렉산데르 세베
　 루스

〈디아나의 방〉
천장화: 항해와 사냥을 관장하는 디아나
Ⅰ 키루스 왕의 멧돼지 사냥
Ⅱ 카르타고에 식민자를 파견하는 카이
　 사르
Ⅲ 콜키스 섬에 상륙하는 이아손과 아
　 르곤 원정대
Ⅳ 사자를 사냥하는 알렉산드로스

〈비너스의 방〉
천장화: 신들과 강대국을 제국으로 거느린 비너스
Ⅰ 마차 경기를 관장하는 아우구스투스
Ⅱ 바빌론의 공중 정원을 건설하는 네브카드네자르 2세와 세미라미스
Ⅲ 록사네와 결혼한 알렉산드로스 대왕
Ⅳ 왕녀를 구하기 위해 부대를 무장시키는 키루스 2세

✤ '군단을 열병하는 카이사르'
'마르스의 방'의 저부조 장식.

개시하고 프랑스인 식민자를 마다가스카르와 그 밖의 여러 지역으로 보내는' 국왕의 모습을 표현했다.

　'마르스의 방' 천장화는 클로드 오드랑이 로마 황제풍 복장을 걸친 마르스를 그렸다. 궁륭부에는 전쟁에 관련된 6점의 저부조 작품이 장식되고 루이가 '군대의 유지와 지휘를 개시한 후 얻은 가치와 현명함'에 관련된 역사화가 그려져 있다. 다시 말해 '군단을 열병하는 카이사르'는 국왕에 의한 군대의 엄격한 규율 확립을 표현했으며 '병사들 앞에서 연설하는 키루스'와 '시가지 공략을 준비하는 데메트리오스'는 왕이 거둔 여러 번의 승리와 다수의 점령 도시 그리고 군대의 뛰어난 무훈을 표현하고, 부정하고 거만하며 경건하지 못한 자들을 벌하는 왕의 지배권을 나타냈다. 또 '콘스탄티누스 대

✤ '알렉산드리아 도서관에서 학자들과 이야기하는 프톨레마이오스 필라델
포스'
'메르쿠리우스의 방'의 궁륭부 회화.

제의 승리'는 국왕의 승리를 표현했으며 나머지 '알비누스를 집정
관으로 삼은 마르쿠스 안토니우스'와 '군단을 강등한 알렉산데르
세베루스'는 개개인의 행위에 따른 징벌과 보장에 대해 이해한 국
왕의 올바른 행위를 나타냈다.

대기실로 쓰인 '메르쿠리우스의 방'의 천장화와 4점의 역사화의
주제는 과학의 보호와 웅변이었다. 역사화 '인도의 사절을 맞는 알
렉산드로스'와 '에티오피아의 사절을 맞는 아우구스투스'는 국왕의
위대함과 덕에 경의를 표하고자 멀리서 사절이 찾아오는 장면을
표현했다. 아리스토텔레스가 대왕이 보낸 이국의 동물들에 관한
박물지를 쓰는 장면을 그린 '아리스토텔레스에게 동물을 보내는 알
렉산드로스'와 '알렉산드리아의 도서관에서 학자들과 대화하는 프

✤ '아폴론의 방'의 천장화
오른쪽 아래 푸른색 바탕에 금색 백합 자수가 놓인 의복을 걸친 것이 의인화된
'프랑스'이다.

톨레마이오스 필라델포스'는 왕립 도서관의 장려함, 문학과 아카데
미에 대한 국왕의 보호를 통한 과학과 예술의 진보를 표현했다.

'아폴론의 방'은 초기 계획으로는 궁전의 중심이 된 방으로 옥좌가
설치되어 있었다. 샤를 드 라 포스가 그린 천장화에는 네 마리의 천
마가 끄는 전차와 사계절을 표상하는 신들이 그려져 있고 그 옆에는
의인화된 '관대', '장려'와 함께 '프랑스'의 우의상이 휴식을 취하고
있다. 프랑스는 '태양의 이미지로 표상되는 국왕이 늘 인민의 행복

을 위해 마음을 쓰기 위해 충분한 휴식을 즐기고 있는 듯 보였다.'

아폴로의 방 네 모서리에는 태양의 운행에 맞춰 유럽, 아시아, 아메리카, 아프리카의 4대륙을 표상하는 회화가 배치되어 있다. 4점의 역사화의 주제는 관대함과 장려함으로 '로마의 콜로세움을 건설하는 베스파시아누스'와 로시포르의 항만 건설을 그린 '미세눔 항구를 건설하는 아우구스투스'는 장려한 국왕의 건축물을 표현했다.

국왕의 관대함은 '모친 볼룸니아의 탄원으로 로마 공략을 포기하는 코리올라누스'와 '알렉산드로스 앞에 끌려온 포로스 왕'으로 표현되었다. 셰익스피어의 비극 속 주인공으로, 기원전 5세기경 로마의 반전설적 귀족 코리올라누스는 기근 때 식량 분배 문제로 평민의 반감을 사 로마를 탈출해 과거의 적 볼스키 족과 함께 로마를 공격했지만 모친 볼룸니아와 아내의 설득으로 로마 정복을 포기했다. 여기서 로마는 프롱드 이후 파리에 대한 루이 14세의 태도를 나타낸다. 또 인도의 왕 포로스는 알렉산드로스에 과감한 저항을 시도하다 부상을 입은 상태로 그와 대면하지만 알렉산드로스는 포로스의 '두려움을 모르고, 역경에 굴하지 않는 고귀한 정신'에 감명을 받아 정성껏 치료해주고 회복한 후에는 친구처럼 대해주었을 뿐 아니라 광대한 영토를 하사했다. 포로스는 프롱드로 마자랭에게 반기를 들고, 프롱드 종결 후에도 프랑스와 싸우다 피레네 조약을 통해 귀국한 콩데 친왕 루이 2세를 상징함으로써 그를 사면하고 지위와 재산을 보장한 루이 14세의 관대함을 표현했다.

'유피테르의 방'은 자문회의의 방으로 계획되었다. 노엘 코와펠의 천장화는 '정의, 풍요, 경건과 함께 천공을 누비는 유피테르'로, 역

✛ '알렉산드로스 앞에 끌려온 포로스 왕'
르 브룅이 그린 '아폴론의 방'의 궁륭부 회화. 알렉산드로스 대왕의 연작 회화
에도 같은 주제의 작품이 있다.

사화는 천장화에도 등장하는 유피테르의 속성인 정의(판결)와 경건
(경애)을 주제로 삼았다. 정의(판결)를 나타내는 작품이 '아테네인들
에게 법률을 설명하는 솔론'과 '재판하는 트라야누스'로, 솔론의 예
로 1660년대의 사법 개혁을 표현했으며 트라야누스의 예는 신민의
청원을 수리하는 국왕을 표현했다. 경건(경애)을 나타내는 작품인
'인민에 밀을 나눠주는 알렉산데르 세베루스'는 1662년 기근 당시
신민에 빵을 배급한 것을 표현했으며 '유대인을 해방하는 프톨레
마이오스 필라델포스'는 프톨레마이오스 2세가 전쟁 포로가 된 유
대인의 해방을 명령한 것처럼 루이가 오스만 제국의 노예가 된 기
독교도들을 해방하기 위해 벌인 전쟁(센트고트하르드의 전투)을 표현했

다. '사투르누스의 방'의 실내 장식은 실제로는 완성되지 않았지만
궁륭부의 회화에 대해 재정을 감독하는 아우구스투스를 그렸다는
기술이 있었던 만큼 이 방의 주제는 루이 14세에 의한 재정의 재건

앙드레 펠리비앙과 '해설'

루이 14세의 이미지의 확산에는 판화뿐 아니라 활자 매체도 큰 역할을 했다. '해설
(description)' 또는 '보고(relation)'라는 제목의 출판물로, 그 대표적인 인물로 앙드레 펠
리비앙을 들 수 있다.

1619년 샤르트르의 공증인이자 저술가의 아들로 태어난 펠리비앙은 14세에 파리
로 상경해 채플린 등의 문필가와 미술 애호가 그리고 샤를 르 브룅 등의 예술가들과
교류하게 되었다. 로마에서 기념비와 예술에 대해 공부한 후 프랑스로 귀국한 그는
1666년 콜베르에 의해 국왕 수사관(修史官)으로 임명되었다. 그 후에는 회화·조각 아
카데미의 명예 조언자, 소 아카데미 회원, 건축 아카데미 서기 등의 공무를 맡는 한
편 예술론과 예술가의 평전을 집필했다.

그중에서도 가장 중요한 것이 각종 '해설' 작품의 저술 활동으로, 왕의 축제나 예술
작품의 내용을 글로 묘사해 그 내용을 확산하는 데 공헌했다. 펠리비앙의 초기 '해
설' 작품으로 1660년 마리 테레즈와의 결혼 후 파리 입식식 당시 건조된 개선문에
대한 해설이 있다. 그 후, 르 브룅의 타피스리 '4원소'와 '사계' 그리고 마찬가지 르 브
룅의 '알렉산드로스 대왕 앞에 무릎 꿇은 페르시아의 왕녀들', 베르사유 궁전, 베르
사유 궁전의 그로토(Grotto, 지하 종유굴), 루이 14
세의 초상화 등 다양한 작품에 대해 해설했다.
이런 '해설'을 통해 동시대 사람들은 난해한 우
의 표현의 내용을 알고 작품의 '의미'를 이해할
수 있었다. 또한 현대의 연구에도 큰 도움이
된다. 이 책에서 다룬 베르사유 궁전 '왕의 아
파르트망'의 인용 부분은 앙드레 펠리비앙의
'거울의 방'에 대한 해설을 그의 아들 장 프랑
수아의 작품에서 인용한 것이다.

앙드레 펠리비앙

을 표현했을 것으로 여겨진다.

'사투르누스의 방'의 1점을 포함한 총 27점의 역사화에는 15명의 고대의 영웅들이 등장한다. 그중에서도 알렉산드로스 대왕이 5회로 가장 많이 등장하며, 그 뒤로 4회 등장하는 아우구스투스와 3회의 키루스 2세 그리고 카이사르, 프톨레마이오스 필라델포스, 알렉산데르 세베루스의 3명이 2회씩 등장한다. 왕의 아파르트망은 신화 속 신들을 그린 천장화와 역사화를 통해 왕의 인물 묘사와 사적을 표현했다. 인물 묘사는 루이 14세의 일곱 가지 속성 즉 '우아함', '현명·사려 분별', '정의', '경건', '용감', '관대', '장려'가 표현되었으며 국왕의 사적으로는 결혼, 기마 퍼레이드, 건축, 플랑드르 전쟁, 사냥, 군대 지휘, 이국의 사절단, 아카데미의 설립, 사법 개혁, 기근의 대처 등이 표현되었다.

4. 대사의 계단

왕의 아파르트망 건설과 함께 그곳에 접근하는 경로로 건설된 것이 '대사의 계단(왕의 계단)'이다. 1660년대에 증축된 북쪽 건물과 왕의 아파르트망 사이에 건설된 '대사의 계단'에는 광대한 계단실이 있고 그 계단을 올라가면 '비너스의 방'과 '디아나의 방'으로 통하는 문이 있었다. 르 보가 설계를 맡았다.

'대사의 계단'은 1669년 왕의 아파르트망과 동시에 설계되었으나 건설이 시작된 것은 1674년이었다. 실내 장식은 르 브룅이 담당했는데 건설 일정이 다르다 보니 왕의 아파르트망과는 다른 형태로 왕권의 표상이 이루어졌다. 다시 말해, 네덜란드 전쟁이 시작된 이후 계단의 건설이 시작되었기 때문에 네덜란드 전쟁의 '역사'가 실

내 장식으로 표현된 것으로, 루이 14세의 사적을 표현하는 수단으로 '현실'이 삽입된 것이다.

'대사의 계단'의 전체 구성은 계단을 에워싼 벽과 천장 부분의 2종류의 장식으로 분류된다. 계단은 북측 벽면에 설치되었으며 좌우로 나뉘는 계단 중앙에는 루이 14세의 흉상이 놓였다. 그 좌우에는 트롱프뢰유(trompe-l'œil, 눈속임 기법) 기법을 활용한 발코니와 거기서 계단을 바라보는 사람들의 모습이 그려져 있다. 이들은 각기 다른 지역의 복장을 걸쳤는데 왼쪽이 아메리카, 오른쪽이 아프리카인을 표현했다. 이에 대응하듯 남측 벽면에 그려진 트롱프뢰유 발코니에는 4대륙 즉, 전 세계의 사람들이 그려져 있다. 루이 14세의 덕행에 이끌려 베르사유를 찾은 세계 각국의 사람들을 표현한 것으로 '대사의 계단'이라는 명칭의 유래가 되었다.

천장 부분의 표상은 더욱 복잡하다. 궁륭부에는 의인화된 다양한 조각상들이 장식되었다. 궁륭부 전체에 클리오(역사), 폴리힘니아(웅변) 등 9명의 뮤즈를 배치하는 동시에 4대륙과 황도 12궁을 상징하는 의인상을 설치했는데 이는 루브르 궁전의 '아폴론 회랑'과 마찬가지로 태양의 운행을 나타낸다.

또 '대사의 계단'에서는 루이 14세의 '승리'를 상징하는 표상을 볼 수 있다. 예컨대, 북측 국왕상 위쪽의 궁륭부에는 '전차가 그려져 있고, (중략)전차 아래에는 머리가 셋 달린 뱀이 깔려 있는데 이는 군주(루이 14세)가 그를 공격하기 위해 동맹한 세 강국을 무찔렀음을 나타내는' 것과 같이 네덜란드 전쟁의 승리가 표현되어 있다. 반대쪽에는 '금빛 왕관이 씌워진 델포이의 삼각 걸상이 놓여 있었다. 거기

✛ 장 레옹 제롬 '콩데 친왕의 환영'
루이 14세가 '대사의 계단'에서 전승을 거둔 콩데 친왕을 위한 환영 의식을 열
었다. 1878년의 작품으로 당시의 분위기가 잘 표현되어 있다.

에는 활과 화살통이 놓여 있고 그 아래에는 거대 뱀 피톤이 활에 꿰
여 있었다.' 르 브룅의 제자 불로뉴에 따르면 '국왕 폐하가 제2의 아
폴론과 같이 그 덕과 재능으로 거대한 뱀으로 묘사된 반란과 내전
을 극복한 것을 나타낸' 표현이었다. 거대 뱀 피톤을 무찌른 어린
아폴론의 일화는 프롱드에서의 승리를 나타냈다.

천장에는 총 18점의 저부조 작품이 장식되었다. 그중 10점은 팔

✤ '대사의 계단' 천장 부분

긴 변의 3점, 짧은 변의 1점, 총 8점의 루이 14세의 사적을 그린 저부조 장식이 배치되어 있다.

각형의 소형 작품으로 '역사', '회화', '조각', '시'와 같은 예술을 상징하는 우의상과 '힘', '배려', '권위', '장려함'과 같은 국왕의 특질을 상징하는 우의상이다. 나머지 8점은 루이 14세의 인물상으로 왕의 사적을 표현했다.

이 저부조 장식 중 5점이 '국왕의 상업과 항해의 보호', '대사들에 대한 환대와 스위스와의 동맹' 등과 같이 네덜란드 전쟁 발발 전의 내정과 외교상의 사건을 나타낸 작품이며 나머지 3점은 네덜란드 전쟁 당시의 사건을 표현했다. 첫 번째는 말을 탄 루이 14세가 장군들에게 명령을 내리는 모습으로, 네덜란드 전쟁이 개전할 때 네 곳의 요새에 대한 동시 공격 명령을 내리는 국왕을 표현했다. 두 번째

✦ '라인 강의 도하' 대사의 계단

'전쟁의 가치'에 선도된 루이가 라인 강을 건너고 있다. 오른쪽 하단의 하늘을 올려다보고 있는 것이 의인화된 '라인 강'의 모습이다.

는 네덜란드 전쟁 당시의 라인 강의 도하를 표현한 작품으로, 말을 탄 국왕이 군세를 이끌고 강을 건너는 모습을 통해 국왕의 '용감함과 그 용기의 크기'를 나타냈다. 세 번째는 '승리'의 지휘봉을 들고 부하들과 함께 말을 타고 달려오는 루이 14세 앞에 무릎을 꿇은 여성이 쟁반에 놓인 열쇠를 건네는 장면이 그려져 있다. 무릎을 꿇은 다섯 여성은 프랑슈 콩테의 도시를 상징하며 1673년부터 1674년에 걸친 프랑슈 콩테의 두 번째 공략을 표현했다.

이처럼 '대사의 계단'에는 루이 14세의 사적과 네덜란드 전쟁 당시의 사건이 매우 직접적으로 묘사되어 있었는데 이런 방식은 다음에 설계된 '거울의 방'의 실내 장식에까지 이어졌다.

5. 거울의 방

    1678년 '거울의 방' 건축이 결정되자 르 브룅은 이듬해까지 아폴론의 생애를 표현한 천장화 디자인 작업에 착수했다. 1668년 당초의 계획을 생각하면 당연한 조치였을 것이다. 하지만 얼마 지나지 않아 계획은 헤라클래스의 사적과 그에 대한 예찬으로 변경되었다. 르 브룅의 전기 작가 니벨론은 다음과 같이 썼다. '거울의 방 건설이 한창일 때, 대리석 작업이 이루어지던 시기 그는 자신의 아름다운 몽모랑시 저택에서 길이 6피에의 펜화로 채색한 천장화 데생을 완성했다. 이 데생에는 헤라클래스의 모든 사적이 그려져 있었는데 그것들은 모두 국왕의 행위와 당시 독일, 스페인, 네덜란드와의 전쟁 장면을 우의화한 것이었다.'

    이렇게 12가지 공적을 중심으로 한 헤라클래스의 사적을 통해 네덜란드 전쟁까지의 루이 14세의 치정을 표현하는 작업이 계획되었으나 이것도 이내 변경되었다. 니벨론에 따르면 '이미 승인된 이 놀라운 주제를 실행하기 위한 모든 검토가 이루어진 후, 폐하의 최고 자문회의가 정복에 관한 국왕 폐하의 역사를 그려 넣는 것이 마땅하다는 것을 인정하면서 그렇게 결정되었다.' 이 결정으로 르 브룅은 이틀 만에 새로운 원안을 작성했다고 한다.

    그리하여 1684년에 완성된 천장에는 르 브룅과 그의 공방에 의해 대형 회화 작품이 12점, 소형 회화 12점, 금색 바탕에 검은색 저부조 장식 6점이 제작되어 총 30점의 작품을 중심으로 루이 14세의 사적이 표현되었다.

'거울의 방'의 천장화에도 전쟁이나 그 밖의 사건의 정경이 사실적으로 묘사된 것은 아니었다. 천장화에는 로마 신화 속 신들과 의인화된 '승리', '영광', '공포', '분노', '프랑스' 등이 구성 요소가 되어 각 장면에 다양한 의미를 담았으며 각 회화에 등장하는 실재 인물은 거의 루이 14세뿐이었다. 이런 회화 작품은 거울의 방 중앙 즉, 궁전의 중앙 축을 따라 친정 개시를 표현한 '왕의 친정'과 '프랑스 인국에 의한 힘의 과시' 2점의 대형 작품이 배치되었다.

내정에 관해서는 우선, 친정을 시작한 이후의 체제 확립과 개혁이 표현되었다. 즉, 푸케의 실각 이후 왕에 의한 재정 지휘를 나타낸 '재정의 재건', 회화·조각 아카데미의 개혁과 소 아카데미 설립을 표현한 '미술의 비호', 콜베르에 의한 해외 무역 사업의 추진을 나타낸 '항해의 재편', 1667년 '루이 법전(민사 왕령)'의 반포를 나타낸 '사법 개혁'의 4점이다. 외교에 관해서는 '프랑스의 우월함을 인정한 스페인'과 '코르시카 병사의 습격에 대한 사죄'로 스페인 왕과 교황의 사죄를 표현했으며 '헝가리에서 터키 군을 제압하는 왕의 군대'는 1663년 헝가리에서의 프랑스 군의 활약을 나타냈다. '뮌스터 주교로부터 구출된 네덜란드'는 뮌스터 주교 폰 갈렌이 네덜란드를 공격했을 때 지원군을 보내 주교군을 철퇴시킨 사건을 표현했다. '스위스와의 동맹 갱신'은 '대사의 계단'에서도 다루었던 주제이다. 테티스와 넵튠이 악수를 나누는 장면이 그려진 '두 바다의 통합'은

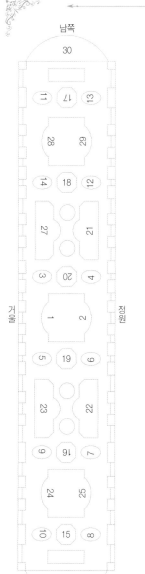

남쪽

30

11　17　13

28　29

14　18　12

27　21

3　20　4

거울

1　2

정원

5　19　6

23　22

6　16　7

24　25

10　15　8

26

북쪽

'거울의 방'의 회화 작품

1. 왕의 친정 1661
2. 프랑스의 인국에 의한 힘의 과시
3. 재정의 재건 1662
4. 미술의 비호 1663
5. 항해의 재편 1663
6. 사법 개혁 1667
7. 프랑스의 우월함을 인정한 스페인 1662
8. 코르시카 병사의 습격에 대한 사죄 1664
9. 헝가리에서 터키 군을 제압하는 왕의 군대 1664
10. 뮌스터 주교로부터 구출된 네덜란드 1665
11. 스위스와의 동맹 갱신 1663
12. 세계의 끝에서 온 대사들
13. 두 바다의 통합 1667
14. 보훈 병원의 건설 1674
15. 굶주린 민중에 대한 위무 1662
16. 방지된 결투의 열광 1662
17. 파리의 치안과 안전 확립 1665
18. 됭케르크의 획득 1662
19. 왕비의 권리를 위한 스페인과의 전쟁 1667
20. 엑스 라 샤펠의 강화 1668
21. 네덜란드에 대한 개전 결의 1671
22. 육해군의 군비를 정비하는 국왕 1672
23. 네덜란드의 가장 강고한 네 곳의 요새에 대한 동시 공격 명령을 내리는 국왕 1672
24. 라인 강의 도하 1672
25. 13일 만에 마스트리흐트를 공략한 국왕 1673
26. 네덜란드, 독일, 스페인의 동맹 1673
27. 프랑슈 콩테의 두 번째 공략 1674
28. 엿새에 걸친 겐트의 도시와 요새 공략 1678
29. 겐트 공략으로 무너진 스페인의 방침
30. 화평을 받아들인 네덜란드, 독일과 스페인으로부터의 이탈 1678

✤ 베르사유 궁전 '거울의 방'
서쪽 창에 대응하는 형태로 동쪽 벽에 거울이 부착되어 있다. 당
시 이 정도 크기의 거울을 만들려면 고도의 기술이 필요했다.

지중해와 대서양을 잇는 미디 운하의 건설을 나타냈다. 1667년 피에르 폴 리케의 지휘 하에 착공해 1681년 완성된 이 운하는 베르사유 궁전과 함께 루이 14세 치세기의 가장 중요한 건설 사업이었다.

자선이나 신민에 대한 배려와 같은 가부장적 국왕의 이미지를 그린 작품도 존재한다. '보훈 병원의 건설'은 1674년 왕령에 의해 건설이 개시되어 1678년 완성된 보훈 병원을, 의인화된 '자비'가 민중에 식량을 나눠주는 모습을 그린 '굶주린 민중에 대한 위무'는 1662년 기근 당시 민중에 밀을 배급한 일을 표현했다. '방지된 결투의 열광'은 결투 금지로 신민을 보호한 것을 표현했으며 '파리의 치안과 안전 확립'은 1667년 치안 총대관직 창설로 대표되는 수도 파리에서의 안녕과 질서 유지를 표현했다. '됭케르크의 획득'은 잉글랜

⚜ '라인 강의 도하'
전차를 탄 루이 14세가 라인 강을 건너 네덜란드의 도시를 공략하는 모습이 그려져 있다. 왕의 뒤에 있는 헤라클래스가 공격하는 것이 의인화된 '라인 강'이다. 베르사유 궁전 '거울의 방' 천장화.

드로부터 이 도시를 구입한 일을 나타내며 도시의 염원과 복종 맹세에 응해 의인화된 '프랑스'가 '자비'로 하여금 구입 대금의 지불을 명하는 장면이 그려져 있다.

전쟁에 관해서는 먼저 2점의 저부조 장식 '왕비의 권리를 위한 스페인과의 전쟁'과 '엑스 라 샤펠의 강화'로 플랑드르 전쟁의 개시와 종료를 표현했으며 이어지는 네덜란드 전쟁의 경과가 10점의 대형 회화 작품으로 표현되었다. 회화로 표현된 네덜란드 전쟁의 '역사'는 먼저, 미네르바가 전쟁의 공포를, 마르스가 승리의 영광을 나타내고 '네덜란드에 대한 개전 결의'를 한 루이 14세가 마르스, 넵튠,

✤ '프랑슈 콩테의 두 번째 공략'
중앙에 선 루이 14세의 오른쪽 위에서 헤라클래스와 미네르바가 바위산으로 표현된 브장송 요새를 공격하고 있다. 하늘에서는 의인화된 '영광'이 월계관을 들고 있다. 베르사유 궁전 '거울의 방' 천장화.

불카누스 등의 조력을 얻어 '육해군의 군비를 정비'했으며 미네르바와 의인화된 영광이 가리키는 네덜란드의 지도를 앞에 두고 '네덜란드의 가장 강고한 네 곳의 요새를 동시 공격하는 명령'을 내렸다.

그 후, 1672년 6월 국왕의 지휘 하에 '라인 강을 도하'한 프랑스 군은 개전 22일 만에 약 40개의 네덜란드 도시를 점령한다. 이듬해 6월에는 '13일 만에 마스트리흐트를 공략'했으며 이를 계기로 전화(戰火)가 유럽 전체로 확대되어 '네덜란드, 독일, 스페인의 동맹'이 체결되었다. 1674년 '프랑슈 콩테의 두 번째 공략' 이후, 주요 전장이 된 플랑드르와 독일에서 전쟁이 계속되었다. 프랑스는 콩테, 부샹, 발랑시엔, 캉브레 등의 도시를 점령하고 1678년 3월 '엿새에 걸쳐 겐트의 도시와 요새를 공략'했다. '겐트 공략으로 무너진 스페인의 방침'을 배경으로 네이메헌에서 평화 교섭이 진전되고 '화평을 받아들인 네덜란드, 독

✤ 쿠아즈보 '루이 14세의 위업을 기술하는 역사'
'루이 14세의 승리' 아래의 난로 덮개에 새겨진 저부조 장식. 날개 달린 여성으로 의인화된 '역사'에 의해 루이는 역사를 만드는 왕으로 표상되었다.

일과 스페인으로부터의 이탈'로 표현된 네이메헌 조약이 1678년 8월부터 순차적으로 조인되면서 네덜란드 전쟁이 종결되었다.

'거울의 방' 건설과 병행해 1686년 북쪽의 '전쟁의 방', 남쪽의 '평화의 방'이 완성되었다. '전쟁의 방' 천장에는 의인화된 '프랑스'가 적대국들에 벼락을 내리는 장면이 그려져 있고 동쪽 벽면에는 쿠아즈보의 루이 14세 기마상의 저부조 작품이 설치되었다. '평화의 방'에는 프랑스가 다른 나라들로부터 올리브 나뭇가지를 받는 장면을 통해 네덜란드 전쟁으로 루이가 유럽에 평화를 가져온 것을 표현했다.

이처럼 '전쟁의 방'부터 '거울의 방'을 거쳐 '평화의 방'으로 이어지는 일련의 표상은 전쟁의 승리와 평화의 수립을 중심으로 전개되고 내정과 외교상의 사건을 더해 프랑스와 루이 14세가 다른 나라에 비해 얼마나 우월한지를 표현했다.

6. 정원

베르사유 궁전의 또 하나의 특징은 정원이다. 1661년경부터 조원이 시작된 정원을 설계한 것은 이 시대를 대표하는 조원가 르 노트르였다. 평생 방대한 숫자의 정원을 설계한 르 노트르였지만 베르사유의 정원은 그의 최고 걸작이 분명하다.

베르사유의 정원은 광대한 규모는 물론이지만 고저의 차이도 중요한 특색이었다. 대지 위에 있는 궁전 서쪽으로 펼쳐진 정원은 궁전 앞의 공간을 지나면서부터 경사가 시작되어 서쪽으로 갈수록 높이가 낮아져 정원이 끝나는 지점 앞쪽으로 대운하가 펼쳐진다. 동서의 중심축 양옆에는 숲이 펼쳐져 있고 산책로와 함께 샘과 연못 등을 배치했다.

정원의 주제는 아폴론을 통해 루이 14세를 표상하는 것이었다. 그리하여 1670년 정원의 중심축 상에 아폴론을 상징하는 두 개의 샘이 만들어졌다.

정원이 시작되는 지점에 배치된 것이 '라톤의 샘'이다. 라톤은 주신 유피테르의 애인으로, 유피테르와 사이에 낳은 쌍둥이가 아폴론과 디아나이다. 라톤은 유피테르의 아내 유노의 분노를 사 지상을 떠돌게 된다. 소아시아 리키아에 도착한 그가 갈증을 느껴 연못 물을 마시려고 했지만 농민들에 의해 저지되었다. 분노한 라톤은

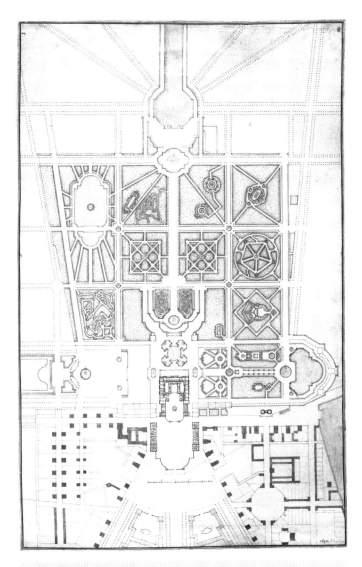

✤ 베르사유 궁전 정원도
1680년경의 정원. 위쪽이 서쪽으로 중심축 상에 '라톤의 샘'과 '아폴론의
전차의 샘'이 배치되어 있다.

✦ 카를로 마라타 '앙드레 르 노트르'
르 노트르는 보 르 비콩트 성, 튈르리 궁전, 생 클루 궁전 등 이 시대의 거의 모든 정원 조성에 참여했다.

하늘에 기원해 농민들을 개구리로 바꿔버렸다. '라톤의 샘'은 오비디우스의 『변신 이야기』에 등장하는 이 일화를 나타낸 것으로 중앙에는 마르시 형제의 라톤, 아폴론, 디아나의 조각상이 설치되고 그 주변에는 농민들이 개구리 등의 수생 생물로 변해가는 모습의 조각상이 배치되어 있다. 어린 아폴론은 물론 루이 14세를 상징한다. 그런 이유로 라톤을 모후 안 도트리슈로 보고 프롱드로 반기를 든 자들이 처벌받는 장면을 암시한다는 설도 있었다. 하지만 증거가 전무한 탓에 현재는 부정되고 있는 설로 '라톤의 샘'의 의미는 밝혀지지 않은 상태이다.

계속해서 정원을 내려가면 '아폴론 전차의 샘'에 도착한다. 중앙에는 장 밥티스트 튀비의 아폴론 상이 설치되어 있다. 소라고둥을 불며 태양신의 등장을 알리는 트리톤의 뒤에서 아폴론이 사두마차를 타고 수면에서 떠오르고 있다. 이 군상은 태양신 아폴론이 '고생스럽지만 동시에 영광이 따르는 운행'을 시작하는 모습을 표현함으로써 매일 정무에 힘쓰는 루이 14세를 이미지한 것이다.

이 두 개의 샘이 만들어지기 전인 1665년 구 성관 북쪽에 '테티스의 그로토(종유굴)'가 건설되었다. 그로토는 종유굴을 모방한 공간으

✤ '라톤의 샘'
사진 오른쪽에 보이는 아이가 아폴론이다. 농민들이 변신해가는 모습을 볼 수 있다

✤ '아폴론 전차의 샘'
아폴론은 궁전 방향(동쪽)을 향해 부상하고 있다.

✤ (위)프랑스파 '테티스의 그로토(종유굴)'를 방문하는 루이 14세와 왕제 전하
백마를 탄 루이 14세와 그의 오른쪽에 왕제 필리프가 그려져 있다. 이곳은 북쪽 성관의 건설과 함께 철거되었다.

✤ (아래)'테티스의 그로토' 내부
중앙에 아폴론의 목욕탕 군상이 배치되어 있다. 조개껍데기로 만든 로카이유 문양으로 해저 동굴을 재현했으며 그것이 '테티스의 그로토'라는 명칭의 유래가 되었다.

Vue du fond de la Grotte de Versailles, orné de trois Groupes de marbre blanc, qui representent le Soleil au milieu des Nymphes de Thetis et ses chevaux pensés par des Tritons.

Prospectus Cryptæ interioris Versaliarum, culo sol inter Nymphas Thetidis, et ejus equi cum Tritonibus, statuis marmoreis exhibentur.

로 지하 세계를 표상하는 것으로 유럽의 여러 궁전에 건설되었다. 여기에는 아폴론의 목욕탕 군상(群像)이 설치되었다. 3개의 군상으로 구성된 이 조각은 중앙에 프랑수아 지라르동의 목욕하는 아폴론상이 배치되고 좌우에는 마르시 형제가 만든 아폴론의 전차를 끄는 네 마리 천마가 각각 두 마리씩 트리톤들에 의해 보살핌을 받고 있는 모습의 조각상이 설치되었다. 천공을 날아오를 준비를 하는 아폴론의 모습을 표현한 것이다.

아폴론의 전차가 동쪽을 향해 있다거나 '테티스의 그로토'가 중심축에서 벗어나 있는 등 명쾌하지 않은 부분이 있다. 하지만 중심축 좌우로 2개씩, 사계절을 상징하는 샘을 배치한 것을 고려하면 '라톤의 샘', '아폴론 전차의 샘', '테티스의 그로토'가 모두 태양신 = 태양왕의 활동을 나타내는 것은 분명하다.

궁전의 서쪽 파사드 바로 앞 공간에는 루이 13세 때부터 화단이 있었는데 르 노트르는 이곳의 중심에 파르나소스 산을 모방한 샘을 배치하고 다수의 조각상을 설치할 계획을 세웠다. 하지만 이 계획은 실행되지 못했다. 최종적으로는 분수가 딸린 두 개의 연못이

✤ 지라르동
'아폴론의 목욕'
이 조각은 현재 루이 16세 치세기에 조성된 '아폴론의 목욕탕 숲'에 설치되어 있다.

✤ '봄'

정원의 사계를 표
현한 샘의 하나.
플로라와 꽃으로
봄을 나타냈다.

✤ '물의 화단'

여성상으로 표현
된 손 강.

만들어졌으며 각각의 네 모서리 총 8곳에 켈러 형제에 의한 프랑스
의 4대 강(센 강, 루아르 강, 론 강, 가론 강)과 그 지류(마르느 강, 루아레 강, 손
강, 도르도뉴 강)를 나타내는 의인상이 설치되었다. 일찍이 서쪽의 신
화적 세계에 대해 '물의 화단'이라고 불린 이 부분은 현실 세계 즉,
프랑스를 나타냈다.

이 현실 세계와 신화 세계의 혼효(混淆)는 베르사유의 특징이다.
르 노트르는 정원을 방문한 사람이 그것을 잘 알 수 있게끔 배려했

1685년의 베르사유 궁전

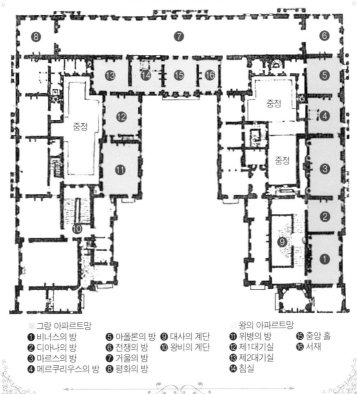

■ 그랑 아파르트망
❶ 비너스의 방　❺ 아폴론의 방　❾ 대사의 계단
❷ 디아나의 방　❻ 전쟁의 방　❿ 왕비의 계단
❸ 마르스의 방　❼ 거울의 방
❹ 메르쿠리우스의 방　❽ 평화의 방

■ 왕의 아파르트망
⓫ 위병의 방　⓯ 중앙 홀
⓬ 제1대기실　⓰ 서재
⓭ 제2대기실
⓮ 침실

다. 다시 말해 '물의 화단'에서 정원으로 내려가면 '라톤의 샘' 부근에서 경사로 인해 궁전이 시야에서 사라지고 자연의 세계가 펼쳐진다. 더 내려가 '아폴론 전차의 샘'까지 오면 신화적 세계 너머로 또 다시 궁전이 모습을 드러내는 것이다. 베르사유는 본래 도시 안에 있는 정무용 궁전과 사냥 등이 목적인 교외의 여가용 궁전이 합체된 것으로, 정원은 궁전의 이런 두 가지 성격을 잘 드러냈다.

왕의 두 신체론

1957년 독일 출신의 역사가 에른스트 칸토로비치가 발표한『왕의 두 신체(The King's Two Bodies)』를 통해 이 개념이 널리 소개되었다. 그는 유럽의 왕은 죽음으로 소멸하는 '자연적 신체(육체)'와 결코 소멸하지 않고 눈으로 볼 수도 없는 '정치적 신체' 즉 불가사(不可死), 불가시(不可視)의 초월적인 정치적 신체로 이루어진다고 말했다. 중세 말에는 정치적 신체가 정치 조직이나 정치 기구로 구성된 '국가'로 강조되고 그 '신체＝국가'의 수장이 왕의 자연적 신체라는 논의가 있었다.

이는 왕권을 둘러싼 언설이 '정치적 신체를 중심으로 한 왕권'으로 변화했다는 것을 의미하며 한편으로는 국가의 최상위자로서 왕권을 강화하는 사상(왕권신수설)을 가져왔다. 한편, 정치적 신체에 의한 자연적 신체의 구속(왕국 기본법의 엄수 등)을 주장하는 등 한 가지 정치사상만 가져온 것은 아니었듯 중세 말부터 근세의 정치사상의 기저 개념이 된 것은 분명하다.

이런 사고는 표상의 세계에서도 이루어졌다. 베르사유 궁전 '대사의 계단'에는 북쪽에 설치된 장 와린의 루이 14세상에 대칭하는 형태로 남쪽에 프랑스 왕국과 나바르 왕국의 문장이 그려져 있다. 이들 문장은 왕권의 영속성을 나타내며 북쪽 왕의 자연적 신체에 대응하고 있다. 또 1701년 완성된 왕의 침실에는 왕(자연적 신체)이 잠을 청하는 침대 위에, 이를 보호하는 의인화된 '프랑스(정치적 신체)'의 조각상이 배치되어 있다.

베르사유 궁전 왕의 침실의 '프랑스' 조각상

7. 왕비의 죽음과 아파르트망의 이동

　이렇게 건설된 베르사유 궁전은 1683년 왕비 마리 테레즈가 세상
을 떠나자 왕의 아파르트망의 위치가 바뀌었다. '왕의 아파르트망'
은 순수한 의식과 야회를 위한 공간으로 변화했다. 왕비의 죽음으
로 루이 13세가 건설한 구 성관 남쪽에 있던 '왕비의 소 아파르트망'
을 개축해 새로운 '왕의 아파르트망'을 정비했다. 이전의 '왕의 아파

✦ **왕의 침실**
좁은 공간을 개조했기 때문에 알코브의 깊이도 깊지 않다. 난간으로 침실의 사
적인 공간과 공적인 공간을 구분했다.

1716년의 베르사유 궁전

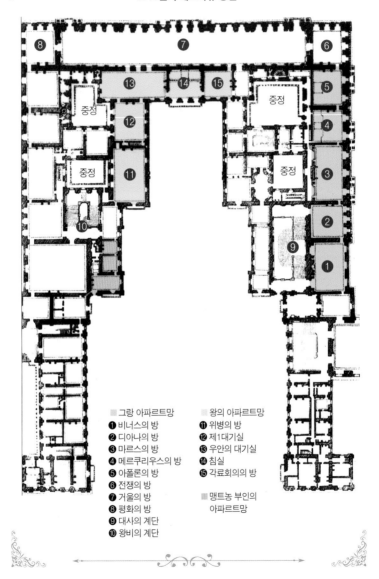

■ 그랑 아파르트망
❶ 비너스의 방
❷ 디아나의 방
❸ 마르스의 방
❹ 메르쿠리우스의 방
❺ 아폴론의 방
❻ 전쟁의 방
❼ 거울의 방
❽ 평화의 방
❾ 대사의 계단
❿ 왕비의 계단

■ 왕의 아파르트망
⓫ 위병의 방
⓬ 제1대기실
⓭ 우안의 대기실
⓮ 침실
⓯ 각료회의의 방

■ 맹트농 부인의
   아파르트망

르트망'은 '그랑 아파르트망'으로 불리며 상징적인 의미만 갖게 되었다.

새로운 '왕의 아파르트망'은 남쪽의 '왕비의 계단'을 통해 위로 올라가 왼쪽으로 들어가면 나오는 '위병의 방'에서부터 시작된다. 거기에서 '제1대기실'과 '제2대기실'을 지나면 '침실'이 나오고 그 앞에는 '중앙 홀'과 '서재'가 배치된 총 6개의 방으로 구성된다. 그 후, 1701년 최종적인 개장이 이루어졌다. 기상 의례 등의 의례를 위한 대기실이 너무 좁았기 때문에 '제2대기실'과 '침실'을 합쳐 '우안(牛眼)의 대기실'이라고 불리는 커다란 방으로 만들었다. '침실'은 '중앙 홀'이 있던 장소로 옮겨지고 '서재'는 '각료회의 방'으로 바뀌었다. 이전까지 '중앙 홀' 서쪽에는 '거울의 방'으로 가는 문이 설치되어 있었으나 1701년의 개장으로 이 문을 없애고 침대를 놓을 알코브(al-côve)를 설계했으며 난간을 이용해 방을 두 구역으로 나누었다.

이 개장으로 왕의 침실로 가는 세 가지 접근 경로가 마련되었다. 가장 공식적인 경로는 '대사의 계단'을 통해 2층으로 올라가 '그랑 아파르트망'을 지나 '전쟁의 방'과 '거울의 방'을 거쳐 '우안의 대기실'로 들어가 '침실'로 가는 경로이다. 보통 궁정인들은 '왕비의 계단'을 통해 새롭게 정비된 아파르트망을 거쳐 '침실'로 간다. 그리고 국왕과 매우 가까운 사적인 관계자는 구 성관 북쪽에 있는 사적인 거실을 지나 '각료회의 방'을 거쳐 '침실'로 가게 된다. '국가 궁전'의 왕의 아파르트망의 기능 중 하나가 군주에게 가는 복수의 접근 경로를 마련함으로써 면회자를 서열화하는 것인데, 이 개장을 통해 그 목적을 실현한 것이다.

이렇게 침실의 위치 변경으로 베르사유 궁전은 의례적인 의미에서나 상징적인 의미에서도 완성 단계에 이르렀다. 궁전의 중심에 있는 왕의 침대는 도시를 향해 있고 기상 의례와 취침 의례가 이루어지는 침실은 베르사유의 중심축 즉, 아폴론의 축 위에 위치하게 되었다.

국가의 중심이 된 침실은 '왕의 두 신체론'을 비유적으로 표현한다. 다시 말해, 정원에서는 왕의 정치적 신체를 표상하는 아폴론으로서의 왕이 자연계를 지배하기 위해 샘에서 부상하고, 성 내부에서는 그야말로 성의 중심에서 인간으로서의 왕이 사회를 향해 명령을 내린다. 베르사유는 세계를 축소한 소우주이자 왕의 침실(기상)에서 아폴론의 전차(취침)에 이르는 태양의 궤도를 나타낸다.

베르사유 궁전은 정원과 도시 사이에 위치하며, 국왕만이 역사('거울의 방'의 회화군)와 신화 그리고 자연(샘과 조각상이 배치된 정원)의 지배자로서 군림하는 장소인 것이다. 정원에서 궁전으로 다가갈수록 숲으로 표현된 자연은 프랑스식 정원과 기하학적 디자인의 '물의 화단' 등 인공적으로 정비된 것으로 모습을 바꾸어간다. 이는 우주와 지상의 성질이 국왕에 의해 서서히 통제되고 지배되어가는 모습을 상징한다. 베르사유 궁전의 중심에는 늘 왕이 존재하는 것이다.

8. 베르사유의 축제

루이 14세의 친정 개시 후, 베르사유는 축연의 무대가 되었다. 친정 후, 베르사유에 강하게 집착한 루이는 1663년 몰리에르를 베르사유로 불러 그의 연극과 코르네유의 연극을 상연했다. 이렇게 베르사유는 왕과 궁정인들의 기분 전환과 오락의 장이기도 했다. 루이 14세는 1660년대부터 70년대에 걸쳐 베르사유를 무대로 대규모 축연을 개최했다.

최초의 대규모 축연은 1664년 5월 7일부터 일주일간 개최된 '마법 섬의 환락'이었다. 이 축연은 공식적으로는 왕비와 모후를 위한 행사였지만 실제로는 당시 애인이었던 루이즈 드 라 발리에르를 위한 축제였다. 생 테낭 공작이 기획한 이 축연은 16세기 이탈리아의 시인 루도비코 아리오스토의 '광란의 오를란도'에 등장하는 마녀 알치나의 섬에 관한 일화를 바탕으로 구상된 것으로, 알치나의 마법에 의해 섬에 갇힌 기사 루지에로가 주인공이었다.

5월 7일, 먼저 루지에로로 분한 루이 14세가 선두를 장식한 기마 퍼레이드가 거행되고 이어서 기둥에 매단 고리를 창으로 찌르는 고리 경주와 발레 그리고 연회가 베풀어졌다. 8일에는 몰리에르 극단의 극중극 '엘리드 공주'가 상연되고 다음날에는 대운하 앞 공간에 만들어진 마녀 알치나의 궁전에서 루지에로의 환각이 깨지자

✦ '엘리드 공주'(「마법 섬의 환락」)

성대한 불꽃놀이와 함께 궁전이 폭발하며 붕괴하고 기사들이 해방
되는 장면이 상연되었다. 11일에는 동물원을 산책하고 다양한 수
단으로 모은 외국의 진귀한 새를 감상했으며 밤에는 성관 정면에
서 몰리에르의 '훼방꾼들'이 상연되었다. 다음날에는 칼로 인형을
베는 경기와 복권 추첨(왕이 1등이 되는 방식)이 이루어진 후, 몰리에르
의 '타르튀프'가 초연되었으며 다음날에도 몰리에르의 '강제 결혼'
이 상연되었다.

1668년 7월 18일에는 플랑드르 전쟁의 강화를 축하하는 축연이
개최되었다. '국왕 폐하의 큰 기쁨'으로 불린 이 축연은 단 하루 동
안 진행되었지만 성에서 정원으로 이어지는 퍼레이드와 정원에 마
련된 가설극장에서 발레와 향연 그리고 불꽃놀이가 펼쳐졌다. 가

✤ '알치나 섬의 대폭발'(「마법 섬의 환락」)

설극장에서는 몰리에르와 음악가 륄리의 '조르주 당댕 혹은 어리둥절한 남편'이 상연되었다. 이 공연은 희극과 발레의 요소가 공존하는 코메디 발레라는 새로운 장르로, 1,500명이 넘는 관객이 이 작품에 푹 빠졌다.

베르사유에서 열린 최대 규모의 축연은 1674년에 개최된 '베르사유의 기쁨'이었다. 프랑슈 콩테의 두 번째 정복을 기념해 열린 이 축연은 7월부터 8월까지 두 달에 걸쳐 엿새간 개최되었다. 그리고 마지막 날을 제외한 닷새간 각기 다른 연극 작품이 상연되었다. 첫날인 7월 4일에는 '대리석 정원'에서 필리프 키노의 대본에 륄리가

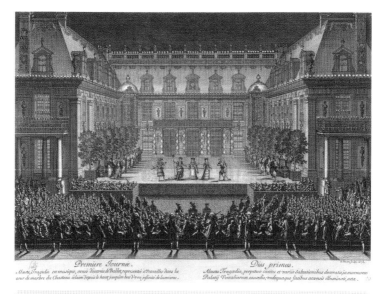

Premiere Journee.
Alceste, Tragedie, en musique, ornee d'entree de Ballet, representée à Versailles dans la cour de marbre du Chasteau, éclairée depuis le haut jusqu'en bas d'une infinité de lumieres.

Dies primus.
Alcestis Tragœdia, perpetuo cantu et variis Saltationibus decorata, in marmoreo Palatij Versaliarum caveadico, undequaque facibus accensis illuminato, acta.

✚ **'알체스테'**(「베르사유의 기쁨」)

음악을 붙인 륄리 최초의 오페라 '알체스테'가 상연되었다. 7월 11일에는 륄리의 '베르사유 목가'가 상연되고 7월 19일에는 대운하에서 곤돌라 놀이를 즐긴 후, 전 해 세상을 떠난 몰리에르의 코미디 '상상병 환자'가 상연되었다. 7월 28일에는 정원 북쪽에 마련된 가설무대에서 륄리의 오페라 '카드뮈와 에르미온'이 상연된 후 불꽃놀이가 펼쳐지고 음악과 식사가 제공되었다. 8월 18일에는 장 라신의 비극 '이피제니'가 초연되었다. 마지막 날인 8월 31일에는 연극작품은 상연되지 않고 장대한 일루미네이션이 장식된 대운하에서 초대객들이 야간 곤돌라 놀이를 즐겼다.

1674년의 축연 이후, 대규모 야외 축연은 열리지 않았다. 대신 새

✣ 대운하의 일루미네이션과 불꽃놀이(「베르사유의 기쁨」)

로 단장한 궁전에서 춤, 연회, 당구 등의 다양한 놀이를 동반한 향연이 일상적으로 펼쳐졌다.

또 외국 사절의 방문이나 왕가의 경사가 있을 때에도 '거울의 방'이나 '그랑 아파르트망'에서 의례가 거행되었다. 예컨대, 1685년에는 제노바 총독의 사절, 1686년에는 시암의 사절, 1715년에는 페르시아의 사절이 방문했는데 루이는 모든 사절을 '거울의 방'에서 알현했다. 또 1697년 12월 11일 루이 14세의 손자 부르고뉴 공작과 사보이아 공녀 마리 아델라이드가 결혼했을 때 최초의 무도회가 '거울의 방'에서 개최되었다.

일찍이 베르사유 궁전은 수많은 의례가 펼쳐지는 무대로서 궁정 사회를 형성했다.

베르사유_gettyimagesbank

제7장
치세의 절정기

⚜ 르네 앙투안 우아스 '루이 14세'

1678년경. 이 그림은 1709년 최초로 왕의 수집품 목록에 등장한 탓에 제작 연대를 알 수 없다. 다만, 지휘봉이 네덜란드 전쟁 당시 사용되었던 것이라는 점에서 대략 그 시기의 작품일 것으로 추정된다.

1. 통합 정책

　네덜란드 전쟁에 승리한 루이 14세는 유럽 대륙에서의 더 큰 패권을 노렸다. 그 배경에는 궁정 내 권력 구조의 변화가 있었다. 1670년대 이후, 육군 장관 루부아가 왕의 총애를 받게 되면서 콜베르가 신임을 잃기 시작한 것이다.

　네덜란드 전쟁을 수행하면서 루부아와 왕의 관계가 밀접해지고 루부아가 전쟁에서 맹활약하기도 했거니와 재무를 담당하는 콜베르가 지출 증대에 일관되게 반대를 표명하며 전쟁 실시나 베르사유 궁전 조영을 못마땅하게 생각했던 것도 루이가 콜베르를 껄끄럽게 여긴 이유였다.

　콜베르에게 경쟁심을 불태우던 루부아는 매번 그와 대립했으며 루이 14세에게도 그의 실각을 획책했다. 1682년에는 국왕 자문회의 중, 출석자들 앞에서 재정을 파탄 냈다며 콜베르를 매도했다. 그러나 콜베르는 재정에 관한 자신의 뜻을 굽히지 않았으며 1683년 6월에는 왕에게 재정 재건안을 제출했지만 루이는 귀를 기울이지 않았다. 같은 해 9월 6일, 콜베르는 실의에 빠진 채 64세를 일기로 생을 마감했다.

　왕의 총애가 옮겨가는 동안, 중상주의를 바탕으로 식민지 제국을 건설하려는 콜베르의 정책은 배제되고 군사력을 바탕으로 유럽 대륙에서의 패권을 획득하려는 루부아의 생각이 정책에 반영되었다. 네덜란드 전쟁 후, 이런 방침을 반영해 실시한 것이 통합 정책이었다.

프랑스는 베스트팔렌 조약으로 알자스 지방 대부분과 로렌 지방의 메스, 투르, 베르됭을 획득했다. 그 후, 피레네 조약으로 루송, 플랑드르, 뢱상부르를 획득하고 네덜란드 전쟁을 종결시킨 네이메헌 조약으로 프랑슈 콩테를 획득하는 등 동부 국경 지대에서도 많

✦ '1680년 국왕의 플랑드르 방문'
1680년 7월부터 8월에 걸쳐 루이는 마리 테레즈와 함께 플랑드르 지방을 방문했다. 말을 탄 루이가 릴의 대표로부터 환영받는 광경. 1681년의 연감.

은 영토를 획득했다.

　이들 조약에는 프랑스가 획득한 지역이 영역적으로 명시되지 않고 모호한 부분이 다수 존재했다. 이 점에 주목한 루이 14세는 동부 국경 지대를 관할하는 국왕 재판소 내에 '통합 법정'을 설치하고 관할 내의 영주를 소환해 프랑스 왕에 대한 복종을 요구했다. 소환에 응하지 않거나 복종을 거부한 경우에는 법정이 일방적으로 영유를 선언하고 영토를 확대해나갔다. 로렌 지방에서는 1679년 메스에

✤ '왕명의 계승과 대신의 선임'
콜 베 르 가 　 서 거 한 1683년의 사건으로, 왕의 우측에서 인사를 하고 있는 것이 새로운 재무 장관 르 펠레티에이다. 왼쪽의 루부아가 왕보다 앞쪽에 그려져 있어 그 존재가 강조되었다. 1684년의 연감.

✤ **클로드 기 알레 '루이 14세에 대한 제노바 총독의 사죄'**
1683년 시작된 스페인과의 전쟁 당시 제노바 공화국이 스페인에 선박을 제공
했다는 이유로 1684년 루이는 제노바에 함포 사격을 가했다. 해명과 사죄를
요구한 루이에 대해 1685년 3월 14일 베르사유 궁전 '거울의 방'에서 제노바
공화국 대표 마리니 후작이 사죄하고 있다.

통합 법정이 설치되고 루부아의 피후견인 롤랑 라보가 열정적으로
정책을 추진했다. 알자스에서도 같은 정책을 실시해 1680년에는
대부분의 지역이 통합되었다. 또 알자스 최대의 도시 스트라스부
르에 대해서는 3만 5,000명의 군대를 파견해 항복을 압박했다. 결
국 도시는 1681년 9월 30일 굴복하고 말았다.

　스트라스부르 공략과 같은 시기, 카티나 장군이 이끄는 프랑스
군이 북이탈리아의 몬페라토 지방의 중심 도시 카살레 몬페라토에
입성했다. 이 지역은 스페인령 밀라노 공국을 감시하기에 최적의

장소로, 1681년 7월 영주인 만토바 공작과 협정을 체결했다. 만토바 공작에 대한 보호와 자금 원조의 대가로 군대의 주둔권을 얻은 것이다. 이것은 통합 정책은 아니었지만 동시기에 군대가 외부 도시에 입성함으로써 루이의 대외 진출 욕망을 드러낸 것이었다.

이런 프랑스의 확장 정책은 근린 제국에 우려와 불안을 초래했다. 1680년 6월, 잉글랜드와 스페인이 상호 원조 조약에 조인했는데 루이는 잉글랜드 왕 찰스 2세를 상대로 1670년의 도버 밀약을 폭로하겠다고 협박하고 왕에 반대하는 의회를 지원하는 등의 압력을 가했다. 결국 루이는 자금 원조를 대가로 잉글랜드를 조약에서 탈퇴시켰다. 같은 해 7월에는 제국 의회가 통합 정책에 반대를 표명했다. 루이는 여기에 '짐은 뮌스터 조약과 네이메헌 조약의 조항에 포함된 행위를 향유하고 있을 뿐이다'라고 회답했다. 제국 의회는 더욱 거세게 반발하며 4만 명의 군대 동원을 결정했다.

유럽의 정세는 유동적으로 움직이며 프랑스에 대한 포위망이 형성되고 있었다. 1681년 가을에는 통합 정책으로 친족이 듀퐁 공령을 빼앗긴 스웨덴 왕 카를 11세가 네덜란드와 상호 원조 방위 조약을 체결했다. 이 새로운 동맹이 독일로 확대되는 것을 막기 위해 루이는 빈 대사에게 화평을 제안하고 프랑크푸르트에서 교섭을 시작했지만 황제를 납득시키지는 못했다. 11월 브란덴부르크 선제후 프리드리히 빌헬름과의 동맹을 강화하는 길을 택한 루이는 1682년 1월 22일 추가 자금 원조를 포함한 협정을 체결하고 그 후, 이 협정을 덴마크까지 확대했다.

하지만 사태는 격화되어 2월에는 황제 레오폴트 1세가 스웨덴-

✚ '뤽상부르 공략전과 라티스본의 화약'

월계관과 오른쪽 아래의 '뤽상부르 공국'의 상이 승리를 나타내며 오른쪽 상단 왼쪽의 신성 로마 황제 레오폴트 1세와 중앙의 잉글랜드 국왕 찰스 2세가 오른쪽 스페인 국왕 카를로스 2세에 휴전 조약에 서명하도록 재촉하고 있다. 1685년의 연감.

네덜란드 연합에 참가하고 5월에는 스페인까지 참가했다. 6월 10일에는 황제의 호소로 룩셈부르크 동맹이 결성되어 라인 강 연안에 대한 군대 배치가 결정되었다. 하지만 루이는 이런 협박에 굴하지 않고 헝가리의 반합스부르크 지도자 퇴쾨이 임레를 지원, 그가 오스만 제국과 결탁함으로써 오스만 제국은 오스트리아로 진격해 83년 7월 13일 빈을 완전히 포위했다. 결국 합스부르크 궁정이 망명하면서 소강상태에 들어갔다.

동쪽의 위협이 사라지자 루이는 8월 31일 스페인령 네덜란드 총독 그라나 후작에게 스페인 왕이 메스의 통합 법정의 판결에 따르지 않으니 영내에 군대를 파견하겠다고 통고했다. 이에 대해 스페인은 10월 26일 프랑스에 선전포고했다. 하지만 그라나 후작의 병력 8,000은 프랑스 군의 적수가 되지 못했다. 11월 초순, 뒤 블레 원수와 보방이 코르트리크와 딕스마위더를 점령하고 이듬해 84년 3월에는 오우데나르데가 함락되었으며 6월 4일에는 룩셈부르크가 프랑스의 손에 떨어졌다. 결국 스페인은 강화를 수락할 수밖에 없었다. 8월 15일 루이 14세와 스페인 왕 카를로스 2세 그리고 황제 레오폴트 1세는 라티스본(레겐스부르크) 화약을 체결했다. 이 조약으로 20년의 기한부 통합 정책으로 획득한 지역에 대한 프랑스의 지배권이 인정되었다. 이렇게 동부에서 대폭 영토를 확대한 프랑스와 루이 14세의 야망은 크게 성공한 듯 보였다.

2. 궁정 사회의 성립

　이렇게 대외 침략이 진행되던 중 1682년 궁정이 베르사유로 이전했다. 당시 '거울의 방'은 아직 건설 도중이었으며 왕족이 머물 남쪽 성관이 완성된 후였다. 1685년부터 89년에 걸쳐 궁정인들을 위한 방이 마련된 북쪽 성관이 건설되면서 마침내 완성에 이른 베르사유 궁전을 무대로 '궁정 사회'가 형성되었다.

　궁정을 무대로, 거기에 모인 사람들이 서로 관계를 맺고 의존하면서 만들어진 것이 궁정 사회였다. 고위 성직자와 귀족들은 국왕과 유력 귀족의 총애를 얻기 위해 베르사유 궁전을 찾았다. 오랜 대검 귀족들은 이 시기에 소령 경영에 의한 수입이 감소했지만 가문의 명예를 유지하기 위한 소비를 그만둘 수 없었기 때문에 궁정을 찾아와 궁정 내의 관직이나 왕의 연금 또는 유력 귀족의 비호를 청했다. 국왕이 그런 귀족들을 받아들이면서 왕을 중심으로 그 주변에 귀족들이 배치되는 궁정 사회가 성립했다.

　베르사유 궁전에서 전형적인 궁정 사회가 형성된 것은 다음과 같은 이유에서였다.

　피렌체, 토리노, 빈과 같이 근세기의 궁전 대다수는 도시의 중심에 있었지만 루이 14세는 그런 루브르 궁전을 방기하고 교외에 지은 여가용 성관인 베르사유를 궁전으로 개장했다. 그리고 그곳에

루이 14세의 일과(1684년의 어느 날)

7시	침실	기상 의례	근시(近侍) 기상, 불을 넣는 등
7시 반 (계절에 따라 8시, 8시 30분 등)		소 기상 의례	왕자·왕녀·왕족·특애하는 이들의 입실, 성무(聖務) 일과, 가발 선택
8시 반	침실	대 기상 의례	기상을 위해 직무상 입실을 허가받은 특권자와 100명에 이르는 귀족의 입실 그동안 왕은 작은 탁자와 벨벳을 씌운 변기가 부착된 의자에 앉는다.
9시	침실	조식	탕약 또는 스프
		환복	옷을 갈아입는 동안 왕이 벗은 실내복으로 가린다
		기도	
9시 반 →12시 반	회의의 방	정무	일 최고 자문회의
			월 최고 자문회의 또는 내무 자문회의 (한 주씩 번갈아 개최)
			화 재무 자문회의
			수 최고 자문회의
			목 없음(때때로 임시 소집)
			금 종무 회의
			토 재무 자문회의
12시 반	예배당	미사	왕족, 신하들이 앞 다투어 참석한다. 국왕의 눈 에 들 기회이다
몽테스팡 부인 방문			
13시	왕태자의 대기실	오찬	왕족과 함께 한다. 정찬은 새벽부터 준비. 15명 이상의 시종이 요리를 나른다(약식으로 국왕 혼자 식사를 하는 경우도 있다) 많은 귀족들을 알현한다.
14시 30분	옥외		환복 후, 사냥이나 산책
19시	그랑 아파르트망	화·목·토 요일 모임	당구, 무도회, 음악회, 연극 등의 연회(그랑 아파르 트망이 없는 날은 맹트농 부인의 방에서 정무를 본다)
22시	왕태자의 방	석식	
	침실	취침 의례	기상 의례와 반대의 순서로 진행된다. 잠이 드 는 것은 12시 반~1시경

출전: 니노미야 모토코『궁정 문화와 민중 문화』

전성기 때는 3,000명 이상의 궁정인이 모였듯 궁정에 관련된 모든 사람을 성과 성 근처의 저택에 거주하도록 했다. 광대한 정원과 그 주변에 펼쳐진 숲으로 여가와 사냥을 위한 성관의 역할을 겸했으며 앞서 이야기한 궁전과 정원 건축 당시 충분한 배려가 반영된 설계 등도 이유일 것이다. 궁전과 궁전을 둘러싼 귀족의 성관으로 구성된 베르사유는 고등 법원이나 민중과 같이 파리에 있었다면 그 영향에서 벗어나지 못했을 것들로부터 자유로운 하나의 소우주를 형성했다.

이런 궁정에서 가장 중요시된 것이 의례와 거기서 생겨난 예의범절이었다. 의례의 중심에는 당연히 국왕이 있었으며 그의 모든 행동이 의례화되었다. 그중에서도 특히 중요한 것이 '기상 의례'와 '취침 의례'였다.

아침 8시경, 루이는 측근의 '폐하, 시간이 되었습니다'라는 목소리에 눈을 떠 '기상 의례'를 시작한다. 기상한 국왕은 속옷과 가발을 착용하고 구두를 신은 뒤 의상을 걸친다. 그동안 6종류의 입실 특권을 가진 이들이 차례로 입실해 국왕에게 인사를 한다. 가장 먼저 '왕족 입실 특권'을 가진 적자·적손·왕족이 입실하고 동시에 시의들도 입실해 국왕의 건강을 확인한다. 다음은 '대 입실 특권'을 가진 궁내부 소속 고관과 시종장 그리고 이 특권을 받은 귀족이 입실하고 이어서 '제1입실 특권'을 가진 진강관과 유예 총감독 등이 입실한다. 여기서 '소 기상' 의례가 종료된다. 계속해서 '대 기상' 의례가 시작되며 '침실 입실 특권'을 가진 국무 장관, 국무 평정관, 원수, 근위대장 등의 군인, 궁중 사제장 등의 성직자 등이 입실한다. 마지막

루이 14세의 애인들 2
몽테스팡 부인

라 발리에르를 제치고 왕의 애첩이 된 몽테스팡 후작 부인 프랑수아즈 아테나이이다. 1640년 모르트마르 공작의 딸로 태어난 프랑수아즈는 1663년 몽테스팡 후작과 결혼해 두 자녀를 낳았다. 결혼 후, 파리의 여러 살롱에 출입하던 몽테스팡 부인은 왕비의 지우를 입어 궁정을 드나들게 되었다. 그녀는 루이 14세의 애첩이 되고 싶어 했지만 당시 루이는 라 발리에르에게 푹 빠져 그 바람은 이루어지지 못했다.

그 후, 온갖 수단을 동원해 결국 애첩의 지위를 얻었다. 절세의 미녀로 알려진 몽테스팡 부인의 강한 의지와 열정적인 성격 그리고 요염함은 청초하고 단아한 라 발리에르와는 대조적이었다. 그녀는 루이와의 사이에 7명의 자녀를 낳고 그중 4명이 성인이 되어 모두 왕족의 일원이 되었다. 2명의 아들이 맨느 공작과 툴루즈 백작이다.

어느 날, 궁정을 뒤흔든 커다란 사건이 일어났다. 1679년 여성 기도사 라 부아쟁이 체포된 것이다. 마녀로 불린 라 부아쟁은 흑마술을 사용하며 독살과 당시 금지되어 있었던 낙태를 청부받았다는 혐의로 화형에 처해졌다. 조사 과정에서 고객 명부를 압수해 400명 이상의 사람을 체포했는데 이 명부에 몽테스팡 부인을 포함한 많은 이들이 라 부아쟁의 고객이었다는 것이 밝혀지자 궁정은 사건의 은폐에 나섰다.

몽테스팡 부인이 처벌을 받은 것은 아니었지만 루이는 사건의 충격과 함께 점차 부인의 방약무인함에 질리게 되었다. 그런 상황에 맹트농 부인이 등장하면서 왕의 마음은 더욱 멀어졌다.

그녀는 1691년 베르사유를 떠나 생 조셉 수도원으로 들어갔다. 그곳에서 16년을 지내다 1707년 66세로 생애를 마쳤다.

**페르디낭 엘
'몽테스팡 부인의 초상'**
몽테스팡 부인의 초상화. 의인화된 '총애'들이 둘러싸고 있다.

이 '일반 입실 특권'을 가진 이들로, 필두 시종이 방 입구에서 대기
실에서 기다리는 사람들의 이름을 호명하면 입실이 허가된다. 이
와 별개로 6번째 특권을 가진 이들은 언제든 다른 입구를 통해 침
실에 입실할 수 있었다. 그리고 지금까지와 반대의 순서로 취침 의
례가 전개되고 왕이 잠자리에 든다.

　이런 의례가 전개되는 침실은 가장 중요한 공간이 되었다. 기상
의례가 시작된 16세기에는 취침용 외에도 의례용 침실이 마련되었
는데 의식이 발전한 17세기에 일체화되면서 하나의 커다란 공간으
로 변화했다. 보통 이 공간은 둘로 구분되어 있었으며 '사적'인 침실
과 '공적'인 침실로 나뉘었다.

　예컨대, 1701년 개장된 베르사유 궁전의 침실(현재 침대가 놓여 있는

공간)은 침대 앞에 설치된 난간으로 공간을 둘로 나누고 각각의 공간에 두 개의 문을 설치했다. 침실의 변화로 대표되듯, 국왕의 생활에는 공과 사가 복잡하게 얽혀 있었다. 기상 후 왕의 하루는 회의, 미사, 외출, 야회, 만찬 등으로 이어지는데 이는 모두 공개적인 의식으로, 왕이라고 해도 궁정 사회의 규범에서 벗어난 행동은 허락되지 않았다.

이런 의례가 이루어지는 과정에서 예의범절과 격식이 중요해졌다. 예컨대, 소 기상 의례 때는 의상부 시종이 왕이 밤에 입었던 가운의 오른쪽 소매를 잡고, 의상부 시종장은 왼쪽 소매를 잡고 벗기는 등 직책에 따른 업무와 격식이 명확히 정해져 있었으며 그것을 엄격히 지켜야 했다. 입실 특권과 같은 궁정에서 부여된 특권과 의

⚜ **프랑수아 마로 '성 루이 기사단의 창설'**

1693년 루이는 궁정인들에게 명예를 수여하기 위해 성 루이 기사단을 창설했다. 5월 10일에는 왕족 전원이 기사단원이 되었으며 왕은 다음날인 11일 '성 루이 왕의 이름으로, 짐이 그대를 기사로 명하노라'는 말과 함께 수장(授章)했다. 이것도 국왕의 총애를 표현하는 의식 중 하나였다.

레에서 맡은 역할로 인해 궁정에 모인 사람들의 계층화가 이루어진 것이다.

　의례의 실시로, 각자의 지위와 위신이 구별되고 가시화되었다. 더욱 중요한 것은 이런 지위와 위신이 국왕으로부터의 거리로 판단되었다는 것이다. 그렇기 때문에 국왕은 이 계층 질서를 자신의 의사에 따라 제어할 수 있었던 것이다. 기상 의례에서 누구를 먼저 만날 것인지, 누구와 회식을 할 것인지, 그 자리에서 누구를 상석에 앉힐 것인지, 사냥이나 오락 등은 누구와 함께할 것인지 등 왕의 판단 하나하나가 궁정인들의 서열을 형성했다.

　왕에 의한 계층 질서의 제어는 베르사유의 거실에서도 나타났다.

✤ **피에르 드니 마르탱 '휠체어를 타고 베르사유 궁전의 대운하 앞을 산책하는 루이 14세'** (부분)
안쪽에 보이는 것이 '아폴론 전차의 샘'이다. 1713년에 그려진 이 작품에서 루이는 이미 다리가 불편한 상황이었다. 그의 산책에 동반한 수많은 궁정인들이 궁정 사회에서의 사교를 잘 보여주고 있다.

✤ 피에르 드니
마르탱 '마를리 궁
전 전경도'
안쪽에 있는 것이
'왕의 성관'으로,
연못을 향해 좌우
6채씩 손님용 성
관이 늘어서 있다.

1689년 망사르가 설계한 북쪽 성관이 완성되면서 귀족들에게 방
이 배정되었다. 예컨대, 북쪽 성관 2층 정원에 면한 한 방은 처음에
는 콜베르의 아들 세뉴레이 후작의 두 번째 아내 카트린 테레즈에
게 배정되었으며 그 후, 엘리자베트 샤를로트 도를레앙(왕제 필리프와
그의 두 번째 아내 엘리자베트의 막내 딸), 마리 테레즈의 청죄 사제를 지낸
본지 추기경, 마르상 백작 샤를 드 로렌 알마냑으로 거주자가 바뀌
었다. 또 루이는 스페인 계승 전쟁 중인 1709년의 말플라크 전투에
서 부상당한 지휘관 빌라르 원수에게 일시적이었지만 왕족인 콩데
친왕의 아파르트망을 제공함으로써 전공을 칭송했다.

　물론, 궁정 사회는 베르사유 내부의 이야기만은 아니다. 베르사

✤ 지금의 마를리 궁전
건물은 허물어지고 연못만이 옛 시절을 회상하게 한다. 방대한 조각상은 대부분 루브르 미술관으로 옮겨졌다.

유 궁전의 개장이 진행되면서 수도 기능을 지닌 궁정 소재지로 변모해가던 중 루이 14세는 측근들의 만족과 전원생활에 대한 욕구를 충족하기 위해 사적인 성관을 찾기 시작했다. 1679년 왕은 망사르에게 베르사유의 북쪽 2리외(약 8킬로미터) 거리에 이궁을 건설할 것을 명령했다. 1683년에 완성된 이 마를리 궁전은 중심에 연못을 만들고 남쪽에는 '왕의 성관'을 건설했으며 그 북쪽에 연못을 둘러싸는 형태로 12개의 소 성관을 배치했다. 왕의 성관이 태양이라면 왕의 초대를 받은 이들이 숙박하는 소 성관은 태양의 운행에 의한

12개월로 표현한 것이다. 마를리 궁에 초대된 궁정인은 궁정 사회에서도 특권을 갖게 되었다.

의례화된 궁정 사회에서는, 모든 행위가 루이 14세의 칭송으로 수렴되어갔다.

3. 낭트 왕령의 폐지

루이 14세 통치의 절정을 보여주는 사건이 바로 낭트 왕령의 폐지였다. 낭트 왕령은 1598년 앙리 4세에 의해 반포되어 종교 전쟁을 끝낸 왕령으로 신앙의 자유와 신구 양 교도의 사회적, 정치적 평등을 보장하는 내용이 담겨 있었다. 하지만 리슐리외 하에서 청교도는 박해를 받게 되었다. 1628년에는 대서양 연안의 청교도 거점 도시 라 로셸의 봉기가 국왕군에 의해 진압되었다. 이듬해 6월 아라스의 화약으로 청교도 신앙은 종래와 같이 인정받게 되었지만 그 특권은 대폭 삭감되었다.

청교도의 존재가 눈엣가시가 된 이유는 무엇이었을까. 이를 이해하기 위해서는 당시의 정치와 종교의 관계 그리고 왕권의 교회 정책을 이해해야 한다. 왕권은 일찍이 14세기부터 로마 교회에 대해 '갈리카니슴(gallicanisme, 프랑스 교회의 독립)'이라고 불리는 정책을 추진해왔다. 교회에 대한 감독권 확보 즉, 로마 교황의 영향력 삭감

✤ '칼뱅과 마호메트에 대한 교회의 승리'
최상단 중앙에 의인화된 '로마 교회'와 그 주
위에 '신앙', '조언', '지혜(솔로몬의 지혜서)', '사랑'
이 그려져 있다. 아래쪽은 좌우로 분할되어
왼쪽에는 이슬람교, 오른쪽에는 칼뱅파에 대
한 공격을 표현했다. 1986년의 연감.

이 목적이었다. 이 정
책의 결실 중 하나가
1516년 프랑수아 1세
와 교황 레오 10세간
에 체결된 종교 협약
으로, 국왕의 고위성
직자 선정권을 확보
했다. 세속적인 사항
에 관해 갈리칸(프랑스)
교회는 교황으로부터
독립하고, 종교적 사
항에 관해서는 로마
교황의 권력을 '프랑
스 공회의의 규칙과
교회법'에 한정했다.

대처를 인정하지
않는 가톨릭 성직자
는 귀족이나 제3신분
에서 채용되고, 사회
적 지위가 높고 경제
적으로도 유복한 고
위 성직자는 귀족 지
위를 계승하지 않는

귀족 자제들의 취직처였다. 그렇기 때문에 국왕이 고위 성직자의 선정권을 갖는다는 것은 교황의 영향력을 배제하고 왕권에 의한 귀족의 통제가 진전한다는 의미였다.

또 갈리칸 교회의 독립성은 교회 조직을 왕권의 통치 기구 안에 두는 것이 가능하게 했다. 1539년 반포된 빌레 코트레 칙령은 교구 내 신자의 세례(출생)와 혼인 및 이장(사망)을 기록한 소교구 장부 작성을 의무화했는데 왕권은 이 기록을 불완전하지만 주민 등록제도로 활용했다. 또 식자율이 낮은 당시 국왕의 왕령이나 왕실의 사건은 미사 후 성직자를 통해 전달되었다.

청교도 신앙을 인정한다는 것은 이런 조직적인 체계에 빈틈이 생긴다는 의미였다. 청교도 귀족을 고위 성직자로 임명해 왕의 은사를 줄 수도 없고, 청교도 민중을 파악하는 것도 불가능하다. 1688년의 국왕 민병제는 가톨릭 교구가 소집 단위가 되었기 때문에 거기 소속되지 않은 청교도는 대상에서 제외될 수밖에 없었다.

당시 다른 나라에서는 자국 내 공인 종파를 하나로 한정하는 종파 체제화가 확립되었기 때문에 한 나라 안에 복수의 종파가 병존하는 것은 오히려 비정상적인 상태였다. 신구 양 파의 타협의 산물인 낭트 왕령은 국가 안에 또 다른 국가를 만든다는 의미였기 때문에 그 후의 왕권이 '하나의 군주, 하나의 법, 하나의 신앙'을 지향하는 것은 어느 정도 자연스러운 일이었다.

1645년부터 63년에 걸쳐 개최된 트리엔트 공회의 이후, 프랑스에서는 가톨릭 개혁의 영향 아래 '독신가(篤信家)'라고 불리는 사람들이 세력을 확대했다. 종교 개혁기의 가톨릭 동맹파가 기원인 그들은 고위 성직자, 고등법원 관료, 궁정 귀족 등으로 형성되었다. 성모 숭배와 기독교 중심주의가 특징인 그들의 사상과 그 일환으로서 '신앙의 통일'에 대한 요구는 사회 상층부와 궁정에 큰 영향을 미쳤다.

이런 상황에서 루이 14세의 청교도 탄압은 더욱 강력해졌다. 1679년까지는 낭트 왕령의 적용 제한, 교회당 파괴, 길드에서의 청교도 추방 등이 실시되었으나 1679년 이후부터는 폭력에 의한 박해가 시작되었다. 합법적 폭력으로는 법령으로 청교도의 관직, 자유직, 수공업 종사를 제한했다. 당시의 박해로 널리 알려진 것이 청교도들의 집에 용기병을 숙영시키는 조치인 '드라고나드(Dragonnade)'였다. 그들은 폭력을 통한 위협으로 개종을 압박했다.

이런 박해의 결과가 낭트 왕령을 폐지한 1685년의 퐁텐블로 왕령이었다. 이로써 프랑스에서 청교도가 금지되고 목사 추방, 망명 금지, 청교도 교회 파괴, 학교 폐쇄가 실시되었다.

망명을 금한 왕령은 청교도를 국내에 머물게 해 개종시키는 것이 목적이었으나 그 계획은 실패했다. 국경선과 항구의 엄중한 경계를 뚫고 다수의 청교도가 네덜란드, 독일, 스위스 등으로 망명한 것이다. 망명자 수는 20만 명에 달했으며 장인 계층이 많았기 때문에 프랑스 경제는 큰 타격을 받았다. 국내에서는 이른바 '청교도 문제'가 발생했다. 국내에 남은 청교도들은 표면적으로는 가톨릭에 귀의한 '개종자'가 되었지만 청교도 신앙을 버리지 않는 이들이 존재했으며 국왕이 그들을 탄압하자 각지에서 저항 운동이 일어났다. 1702년 랑그독 북쪽 세벤 지방에서 일어난 카미자르의 난이 그 전

✤ 기 루이 베르낭살 '낭트 왕령 폐지의 우의'

루이의 뒤에는 의인화된 '애덕'과 '정의'가 있고 왼손에 성체를 든 '교회'와 '가톨릭 신앙'이 그려져 있다. 왼쪽 하단에는 고통에 몸부림치는 이단이 표현되어 있는 등 전체적으로 낭트 왕령 폐지를 정당화하고 있다.

✤ 프랑수아 베르디에 '종교의 승리'

1683년 심사된 신학자 폴리냑의 학위 논문 서문에서 착상을 얻은 작품. 의인화된 '정의'와 '교회'가 루이 14세의 초상을 들고 있는 모습으로 그의 정책을 정당화했다. 사복음서 기자를 상징하는 동물이 루이 14세의 초상을 실은 전차를 끌고 있다.

형이다. 또 네덜란드에서 망명자들이 반루이 14세의 출판물을 간행하는 등 망명자들이 '전제 왕권' 비판의 선봉이 되었다는 측면도 있었다.

루이 14세가 범한 가장 어리석은 행동으로 후세에 큰 비판을 받은 낭트 왕령의 폐지는 어떻게 이루어진 것일까. 장기적인 시점으로 보면 앞서 설명한 종파 문제가 있다. 당시로서는 국가 안에 국가를 만드는 청교도의 존재를 용인할 수 없었을 것이다. 또 독신가들의 영향 특히, 루이 14세와 비밀 결혼을 한 맹트농 부인의 영향을 주장하는 사람도 있다. 루이가 독신가들의 영향으로 신심이 깊어진 것은 분명해보이지만 정책과 직결시키기에는 지나치게 직관적인 면이 있다. 다만, 독신가의 활동으로 대표되듯 17세기 후반 유럽에서 가톨릭 신앙의 재흥이라고 할 수 있을 현상이 일어났으며 그런 상황과 관련짓는 것은 타당할지 모른다. 오스만 제국의 위협이 감소하고 예수회가 적극적인 활동을 펼치는 상황에서 루이 14세도 청교도의 존재를 과소평가하게 된 것이다.

4. 아우크스부르크 동맹 전쟁

네덜란드 전쟁이 종료되었을 때, 루이 14세는 이미 많은 업적을 달성하고 유럽에서도 인정받는 군주가 되어 있었다. 충만한 자신

✤ 피에르 미냐르 '오를레앙 공작 필리프 드 프랑스'

1685년경. 첫 번째 아내 헨리에타 당굴레트는 1670년 26세의 나이로 세상을 떠났다. 두 번째 아내와 사이에서 태어난 필리프 2세 이후, 그의 가계에서 오를레앙 가문을 계승했다. 7월 왕정의 국왕 루이 필리프는 그의 5대손이다.

감에 일종의 전능감까지 갖게 되었다고 해도 이상하지 않다. 그 결과 추진된 것이 통합 정책과 낭트 왕령의 폐지로, 이런 정책은 그야말로 루이 14세 통치의 절정을 나타냈다. 하지만 절정은 쇠퇴의 시작이기도 하다. 1680년대 후반이 되면서 루이의 치세에 암운이 드리우기 시작했다. 그리고 이런 암운을 가져온 것은 통합 정책과 낭트 왕령의 폐지에 대한 루이의 오산이었다.

1684년 라티스본 화약으로 유럽 제국은 프랑스의 강대화에 위협을 느꼈다. 이듬해, 낭트 왕령의 폐지는 네덜란드, 독일 제방, 스웨덴 등의 청교도 제후들에게 적대심을 품게 했다. 1686년 네덜란드와 스웨덴이 방위 동맹을 갱신하자 5월에는 여기에 황제와 브란덴부르크(프로이센)가 참가했다. 7월 9일에는 아우크스부르크에서 이들 제국에 더해 스페인, 작센, 바이에른이 참가해 대프랑스 동맹이 결성되었으며 9월에는 팔츠(팔라 틴)와 슐레스비히-홀스타인- 고토르프가 참가했다. 이렇 게 결성된 아우크스부르크 동맹에 의해 프랑스는 포위 당하게 된다.

네덜란드 전쟁 후에도 군 비 확장에 힘쓰며 30만 명이 넘는 육군 병력을 거느린 루 이는 넘치는 자신감 때문이 었는지 선제공격을 결단했 다. 1685년 팔츠 선제후 카 를 2세가 서거하자 먼 친척 인 팔츠-노이부르크 공작 필 리프 빌헬름이 선제후 지위 를 계승했다. 루이 14세는 동생 오를레앙 공작 필리프

✤ 이아생트 리고 '필립스부르크 앞 의 왕태자'
왕태자는 사냥을 좋아하고 회화나 메달, 도자기, 보석 수집, 연극 감상 등의 다양한 취미를 가지고 있었다.

의 두 번째 아내 엘리자베트 샤를로트가 카를 2세의 여동생이었기 때문에 그녀의 계승권을 주장했다. 아우크스부르크 동맹의 결성은 이런 루이의 주장에 대한 대항이기도 했다. 그리고 1688년 6월 쾰 른 선제후의 후계자 문제로 루이 14세와 황제 레오폴트 1세가 옹립 한 후보가 대립하자 루이 14세는 무력행사를 결의하고 같은 해 9월 팔츠 선제후령과 라인란트를 침공했다.

✤ '제임스 2세의 환영'
잉글랜드에서 망명한 제임스 2세는 1689년 1월 7일 생 제르맹 앙 레 궁전에
도착해 루이 14세의 환영을 받았다. 아일랜드 공략에 실패한 후, 그는 계속 이
궁전에서 지냈다. 1690년의 연감의 상부.

　최초의 목표는 알자스 지방의 북쪽, 라인 강 우안에 위치한 필립
스부르크로 왕태자가 총사령관을 맡고 보방 장군이 그를 보좌했
다. 왕태자는 10월 30일 이 도시를 공략해 초진을 꾸렸다. 11월 11
일에는 단기간의 공성전 후, 북쪽의 만하임을 함락시키고 곧이어
마인츠 남쪽의 라인 강 유역까지 손에 넣었다. 부플레르 장군이 지

✤ **장 밥티스트 마르탱 '몽스의 공략'**
1691년 4월 9일의 광경. 장 밥티스트와 동생 피에르 드니 마르탱 형제는 반 데르 묄렌의 제자로, 1690년 그가 세상을 떠난 후 전쟁화 제작을 이어갔다.

휘하는 군대는 북쪽의 코블렌츠 공략을 계획했지만 실패했다.

독일 제후는 프랑스의 승리를 받아들이지 않았다. 얼마 후 브란덴부르크, 하노버, 작센, 바이에른 등의 제후가 루이에 대항해 레오폴트 1세의 진영에 참가했다. 알자스 지방의 완충지인 팔츠를 점령해 단기간에 전쟁을 종결하려 한 루이의 목표가 좌절되고 오히려 더 큰 전쟁을 초래하고 말았다.

이런 움직임에 대해 루이와 그의 장군들은 라인 강 좌안에 방위선을 구축하고 진격해온 적이 물자 등을 이용할 수 없도록 라인 강우안 팔츠 지방에서 초토화 작전을 실시했다. 그로 인해 수도 하이

✤ 이아생트 리고 '나뮈르 앞의 루이 14세'
위아래 모두 갑옷을 걸치고 오른손에는 백합꽃 문양의 지휘봉을 들고
있다. 뒤쪽에는 나뮈르를 공격하는 프랑스 군이 그려져 있다.

델베르크를 비롯해 만하임, 바덴, 뷔르템베르크 등이 파괴되고 노략 당했다. 이 악명 높은 작전으로 국제 사회에서의 반프랑스 감정이 더욱 높아졌다.

1688년 말에는 국제 관계가 크게 요동쳤다. 네덜란드의 빌렘 총독이 군세를 이끌고 잉글랜드에 상륙하고 12월 말에는 국왕 제임스 2세가 런던에서 퇴거, 이듬해 2월에는 빌렘이 그의 아내 메리 2세와 함께 윌리엄 3세로 즉위했다(명예혁명). 제임스 2세는 프랑스로 망명하고 일체화된 잉글랜드와 네덜란드는 프랑스에 완전히 등을 돌림으로써 잉글랜드와 프랑스의 관계는 완전히 역전되었다. 프랑스는 유럽의 거의 모든 세력을 적으로 돌리고 전쟁을 치르게 된 것이다.

루이는 우선 제임스 2세의 복위를 노렸다. 1689년 3월 프랑스 함대의 호위 속에서 약 6,000명의 프랑스 병사들의 지원을 받으며 제임스는 반잉글랜드 반란군과 합류하기 위해 아일랜드에 상륙, 더블린을 포함한 남부를 손에 넣으며 윌리엄 3세의 병력을 대륙과 아일랜드로 분단했다. 하지만 런던데리 공격에 실패하면서 아일랜드 전 영토를 손에 넣지는 못했다. 이듬해 90년 윌리엄 3세가 직접 아일랜드에 도착, 7월의 보인 강 전투에서 결정적인 승리를 거두자 제임스 2세는 또 다시 프랑스로 망명했다.

잉글랜드 공략에는 실패했지만 프랑스는 초기에는 전쟁을 유리하게 이끌었다. 잉글랜드와의 전투에서는 1690년 7월, 투르빌 백작이 지휘하는 프랑스 함대가 비치 헤드 해전에서 잉글랜드·네덜란드 연합 함대를 격파하고, 사략선장 장 바르가 다수의 잉글랜드 함선을 나포했다. 네덜란드에서는 1690년 7월, 뤽상부르 공작이 플뢰

⚜ 앙투안 디유 '부르고뉴 공작의 결혼'
루이 14세의 손자인 부르고뉴 공작은 1697년 12월 7일 사보이아 공녀 마리 아델라이드와 결혼했다. 이 그림은 타피스리 '루이 14세기' 제2시리즈의 원화다.

뤼스 전투에서 발데크 후작이 이끄는 네덜란드 군을 격파하고, 이탈리아 전선에서는 카티나 장군의 군대가 스타파르다 전투에서 새롭게 동맹에 참가한 사보이아 공작의 군대에 승리했다. 이듬해인 91년에는 대륙으로 건너간 윌리엄 3세가 프랑스 군이 포위한 몽스를 해방하려고 했지만 실패, 몽스는 프랑스의 손에 떨어졌다.

1692년에는 몽스를 출발한 프랑스 군이 6월 30일 나뮈르를 점령했다. 브뤼셀로 향한 뤽상부르 공작의 군대는 3월 3일 스텐케르케에서 윌리엄 3세의 군대와 격돌, 프랑스는 적의 격퇴에 성공했지만 손해가 막심했다. 이 해의 공세는 여기서 종료되었다. 이듬해인 93년 7월 29일에는 리에주로 향한 뤽상부르의 군대가 네르빈덴 전투에 승리하고 10월에는 나뮈르 서남쪽의 샤를루아를 공략했다. 이렇게 프랑스 군은 위이 이서의 뫼즈 강과 상브르 강 유역을 확보했다.

하지만 프랑스의 공세도 오래가지 못했다. 이탈리아에서 전황이 정체하고 1692년 5월 29일부터 시작된 라 우그 해전에서는 투르빌 백작이 지휘하는 프랑스 함대가 전열함 15척을 잃는 큰 패배를 겪었다. 프랑스는 잉글랜드 침공은커녕 제해권조차 획득하지 못하고 윌리엄 3세가 섬과 대륙을 자유롭게 오가는 것을 허락했다.

1695년에는 윌리엄 3세가 나뮈르를 탈환했으며 97년에는 방돔 공작이 지휘하는 프랑스 군이 스페인의 바르셀로나를 점령하는 등 다소의 움직임은 있었지만 전반적으로 전투는 고착 상태에 빠졌다. 그때 각국에서는 염전 사상이 확대되어 화평에 대한 염원이 높아져가고 있었다. 프랑스에서는 1692년의 대한파를 발단으로 93년부터 4년여에 걸쳐 대기근이 일어나 인구 약 2,000만 명 중 100만 명 이상이 사망했다. 여기에 전쟁으로 인한 지출까지 더해져 프랑스 경제는 파탄 직전의 상황이었다.

이런 상황에서 가장 먼저, 사보이아 공국이 전쟁에서 손을 뗐다. 전황이 불리해진 비토리오 아메데오 2세는 1696년 루이와 비밀 조약을 맺고 아우크스부르크 동맹에서 이탈했다. 이를 계기로 각국에서 평화 교섭이 진전되고 1697년 9월 20일 네덜란드 레이스베이

✛ '루이 대왕이 유럽에 가져온 평화'
레이스베이크 조약 체결을 나타낸
1698년의 연감으로 루이가 의인화된
'유럽'에 올리브 나뭇가지를 건네는 모
습으로 프랑스에 의해 평화가 찾아왔다
는 것을 강조했다. 왕의 오른쪽 아래에
는 부르고뉴 공작 부부가 그려져 있다.

크에서 강화 조약이 체결되면서 9년에 걸친 전쟁이 마침내 종결되었다.

이 조약은 프랑스의 패배를 가져왔다고 할 수 있다. 프랑스는 스트라스부르와 생 도맹그를 제외한, 네이메헌 조약 후에 얻은 영토를 모두 방기했다. 또 스페인령 네덜란드의 네덜란드군 주둔을 승인하고 윌리엄 3세를 잉글랜드 왕으로 승인할 것을 약속했다. 통합 정책으로 얻은 영토의 대부분을 잃게 되면서 프랑스의 확장 정책은 완전히 좌절되었다. 이 조약은 루이 14세로서는 엄청난 양보를 한 것인데 당시 프랑스가 얼마나 피폐했었는지를 보여주는 것이기도 했다.

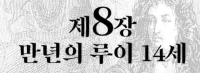

제8장
만년의 루이 14세

1. 맹트농 부인

　1680년대는 루이 14세의 신변에도 큰 변화가 일어났다. 1683년 7월 30일 왕비 마리 테레즈가 세상을 떠난 것이다. 갑작스런 그녀의 죽음은 왼쪽 옆구리의 농양으로 인한 패혈증 때문이었다고 한다. 루이가 왕비의 죽음을 어떻게 받아들였는지는 알 수 없지만 그로부터 약 2개월 후, 그는 한 여성과 비밀 결혼을 했다. 맹트농 부인이다.

　맹트농 부인의 본명은 프랑수아즈 도비네로 1635년 11월 27일 프랑스 서부 아키텐 지방의 니오르에서 태어났다. 루이 14세보다 3살 연상이다. 청교도였던 부친 콩스탕은 그녀가 태어났을 당시 반리슐리외 음모에 가담한 죄로 니오르의 감옥에 투옥되어 있었다. 모친 잔느 데 카르데약이 간수의 딸이었기 때문에 그녀가 감옥에서 태어났다는 설도 있다. 부친 콩스탕이 출소하면서 일가는 1639년 카리브 해의 마르티니크 섬으로 이주했다.

　타지에서의 생활은 녹록치 않았다. 1645년 부친 콩스탕이 프랑스로 귀국한 이후, 모친과 의붓오빠 둘과 함께 섬에서 살다 생활고로 47년 귀국했다. 귀국 후, 부친이 세상을 떠났다는 것을 알게 되고 얼마 안 가 모친도 세상을 떠났다. 오빠들과도 헤어진 프랑수아즈는 12세에 천애 고아가 되었다. 그런 프랑수아즈를 보살핀 것이

✦ 피에르 미냐르 '맹트농 부인'
1694년경의 초상. 중세 말 로마의 성인 성 프란체스카 로마
나를 모방해 그려졌다.

대모(代母) 수잔의 모친 뉴앙 부인이었다. 그녀는 프랑수아즈를 니
오르의 우르술라회 수도원 기숙사에 보내 가톨릭 교육을 시켰다.
그 후, 프랑수아즈는 파리의 우르술라회 수도원으로 옮기며 사교
계에 데뷔했다.

그녀는 1652년 사교계에서 만난 25세 연상의 작가 폴 스카롱과

✠ **피에르 미냐르 '멘 공작'**
루이 14세와 몽테스팡 부인 사이에 태어난 자녀.
맹트농 부인과 맺어지게 된 계기가 되기도 했다.
1675년경, 멘 공작 5세 당시의 초상.

결혼했다. 스카롱 부인이 된 프랑수아즈는 자택에서 개최한 살롱을 통해 당대 최고의 사교계 인물들과 교류하며 특유의 영리함으로 인맥을 넓혔다. 1660년 스카롱이 세상을 떠나면서 24세의 나이로 미망인이 되자 생활의 위기가 찾아왔다. 그때 왕의 애첩 몽테스팡 부인과 루이 14세 사이에 태어난 루이즈 프랑수아즈의 양육 의뢰가 들어와 루이 14세의 서자를 맡아 기르게 되었다.

종종 궁정을 방문해 몽테스팡 부인에게 아이들에 관해 보고하면서 루이 14세와도 알게 되었다. 1673년 3명의 서자가 생 제르맹 궁전으로 옮기면서 프랑수아즈도 함께 동행해 왕과 마주칠 기회가 늘어났다. 1674년 프랑수아즈는 맹트농의 소령과 성을 구입하고

✤ 맹트농 성

1678년에는 루이 14세로부터 맹트농 후작 부인의 칭호를 받았다.
이 무렵부터 루이 14세는 맹트농 부인을 의식했던 듯하다. 1679년
독살 사건이 일어나자 왕의 마음은 몽테스팡 부인을 떠나 세련된
교양을 갖춘 이지적인 성품의 맹트농 부인에게로 향했다.

그리고 왕비가 세상을 떠나자 두 사람은 결혼했다. 귀천 상혼의
결혼이었기 때문에 결혼은 비밀에 부쳐졌지만 궁정인들은 모두 그
사실을 알게 되었다. 루이가 베르사유 궁전의 '왕의 아파르트망'의
반대쪽 방을 맹트농 부인에게 주었던 것이다.

맹트농 부인과의 결혼은 루이의 여성 편력의 종료를 의미했다.
결혼 전의 마리 만치니, 동생의 아내로 재색을 겸비한 앙리에트, 온
화하고 조신한 성품의 라 발리에르, 요염한 몽테스팡 부인을 편력
하고 결국 안주한 것은 교양 있고 신심이 깊은 맹트농 부인이었다.

45세의 루이는 조용한 생활을 원했던 것이다. 맹트농 부인의 신앙심과 차분한 성품은 그 후 루이의 위엄과 신앙심에도 깊은 영향을 미쳤다.

2. 루이 14세와 종교

가톨릭 국가인 프랑스에서 루이 14세와 종교의 관계는 어땠을까. 친정 초기, 루이 14세는 자신의 영광과 연애에만 관심을 두었을 뿐 종교에는 거의 이해가 없었다고 해도 과언이 아니다. 루이의 신앙은 '지옥을 두려워하는' 정도의 단순한 인식에 그쳤으며 신앙심도 외면적인 것에 불과했다.

이 시기의 루이는 종교를 통치의 문제로 바라보았으며 오스만 제국과의 전쟁을 위해 헝가리에 군대를 파견했듯 기독교적 영광과 정치적 영광을 동일시했다. 종교 정책도 다르지 않았다. 종교 정책의 한 축이 갈리카니슴을 바탕으로 국내에서 로마 교황의 간섭을 배제하는 것이었다.

루이는 네포티즘(연고주의)에 의해 고위 성직자를 등용했으며 콜베르나 르 텔리에와 같은 측근의 일문이 갈리칸파로서 주교직에 올랐다. 하지만 주교좌 주교의 임명권에 관해서는 왕권과 교황청 사이의 오랜 분쟁이 있었다. 루이는 1673년 프랑스 전 영토에 이 임명권이 국왕에게 있다는 것을 선언했다. 교황청과의 대립은 국내의 주교구에 혼란을 초래했다. 하지만 1681년 개최된 성직 신분 임시회의에서 성직자들은 국왕을 지지했다. 또 이듬해인 82년 이 회의는 갈리카니슴 신봉자인 모 주교 보쉬에가 기초한 '4개조 선언'을 채택했다. 국왕은 세속적 사항에 관해서는 어떤 교회 권력에도 따르지 않는다는 것을 표명한 것으로, 프랑스 교회의 기본적인 입장이 되었다. 교황 인노켄티우스 2세는 이 선언의 수용을 거부해 프

⚜ 장 주브네 '나력 환자를 만지는 루이 14세'
촉수 의례는 평균 연 5회 정도 이루어졌다. 루이 14세는 평생 약 30만 명의 환자와 접촉한 것이다.

랑스와 교황청의 대립이 심화되었다.

종교 정책의 다른 한 축인 이단 박멸에도 정치 문제가 연관되어 있었다. 청교도에 관해서는 앞서 설명한 바 있다. 또 하나의 이단인 장세니슴에 대한 대응도 마찬가지였다. 장세니슴은 네덜란드의 신학자 얀선(프랑스명 장세니우스)이 주장한 은총에 관한 교의를 바탕으로, 신의 예정과 은총의 절대성과 인간의 무력함을 주장했다. 이 교의를 따라가다 보면 신의 절대 의사를 강조하게 되고 그것이 교회 무용론으로 이어질 수 있기 때문에 로마 교회는 장세니슴을 이단으로 간주했다.

프랑스에서는 생 시랑의 지도를 받은 포르 루아얄 수도원을 중심으로 보급되어 상류 계층에 전파되었다. 특히, 현실에 비관적인 그 숙명감은 좌절한 프롱드파의 마음을 사로잡아 콩티 친왕과 롱그빌 공작부인도 그 교리에 동조했다. 이런 상황이 또 다시 왕권의 정치적 경계심을 자극했다.

1653년에는 교황 인노켄티우스 10세가 회칙 『쿰 오카시오네』를 통해 장세니슴을 이단으로 규정하면서 프랑스에서도 탄압이 시작되었다. 루이 14세도 탄압을 계속했는데 그것은 신학적 견해가 아닌 정치적 견해에서였다. 왕권에 반항하는 고등 법원 관료들 사이에 장세니슴이 퍼지는 등의 사실이 있었기 때문이다. 1679년에는 약 40명의 장세니스트들이 포르 루아얄 수도원에서 추방되었다. 루이는 1709년 수도원의 폐쇄와 철거를 명했다.

이런 상황에서 루이 14세의 개심(改心)이라고까지 할 만한 사건이 일어났다. 루이 14세가 맹트농 부인과 보쉬에 등의 영향으로 신앙

✛ 필립 드 샹페뉴 '1662년의 봉납화'
난치병에 걸린 화가의 딸이자 포르 루아얄 수도원의 수도녀 카트린 드 생 수잔은 수도원장 카트린 아녜스 아르노의 기도로 쾌유했다. 화가는 감사의 뜻으로 이 작품을 봉납했다.

심에 눈을 뜬 것이다. 과연 루이는 1680년대 이후, 교황이나 예수회와 접촉한다. 1693년에는 갈리카니슴을 둘러싸고 대립했던 교황과도 화해했다. 이 화해는 장세니스트들에 대한 대응이라는 정치적 측면도 강하다. 하지만 노년에 이른 루이 14세가 맹트농 부인의 영향으로 자신의 구제에 대해 진지하게 생각하게 되었을 수 있다.

왕비가 세상을 떠난 후, 루이 14세는 베르사유의 아파르트망을 옮겼는데 이때는 호화로운 천장 장식도 하지 않았다. 이 시기에는 '왕의 영광'을 과시하는 것에 대한 흥미를 잃은 듯했다. 1701년 성

✠ 발랑탱 드 불로뉴 '성 마태오'
1701년 개축된 왕의 침실에 걸려 있던 1점.

의 중심부로 옮긴 침실도 마찬가지였다. 금박을 사용하긴 했지만 총체적으로 간소한 침실 애틱에는 왕이 직접 1620년대 발랑탱 드 불로뉴가 그린 마르코, 루카, 마태오, 요한의 사복음서 기자의 회화를 선택했다. '왕의 아파르트망'이나 '거울의 방'이 종교화와 무관했던 것을 생각하면 이것은 루이 14세의 심경에 변화가 일어났다는 것을 나타낸다고 할 수 있다.

3. 통치의 변화

1686년 1월, 루이 14세는 시의(侍醫) 앙투안 다캥에게 회음부에 생긴 종기에 대해 불편을 호소했다. 이때만 해도 통증이나 염증이 없어 일상적인 생활이 가능했지만 2월에는 일시적으로 용태가 악화되었다. 왕의 체면을 생각해 공식적으로는 '대퇴부 농양'이라고 했지만 아마도 치루였을 것이다. 용태는 일진일퇴를 반복했다. 4월 13일에는 약 1,300명의 나력 환자를 상대로 촉수 의례를 행했는데 그 후, 농양 부위에서 출혈이 발생하는 등 증상이 악화했다.

치료 방법을 두고 투약과 고약 등을 주장하는 내과의와 수술을 주장하는 외과의 사이에 대립이 있었지만 내과적 치료로 증상이 개선되지 않았기 때문에 결국 11월 8일 베르사유에서 외과의 샤를 프랑수아 펠릭스가 수술을 진행했다. 이듬해 1월에는 거의 쾌유해 전국에서 축하 행사가 열렸지만 병환과 노화로 인한 체력 감퇴는 부정할 수 없었다. 과거에는 전선을 자주 찾았던 루이도 1693년 봄 플랑드르 지방의 군대를 방문한 이후로는 전장을 방문하는 일도 없어졌다.

육체적인 쇠퇴와 맹트농 부인과의 생활에서 오는 심경의 변화는 루이 14세의 통치에도 영향을 미쳤다. 먼저, 이전의 화려한 연출과 자기 과시에 무심해진 것이다. 빅투아르 광장이 완성되었을 때 루

✤ '인민의 사랑과 기쁨의 대상, 루이 대왕'
병환에서 쾌유한 루이 14세는 1687년 1월 파리를 방문했다. 1월 30일 파리 시청사에서 개최된 만찬회의 모습이다. 1688년의 연감.

이 14세는 다음과 같이 말했다. '사람들은 이런 일로(빅투아르 광장 건설) 나를 기쁘게 할 수 있으리라 믿는다. 하지만 내가 이런 모든 일들을 얼마나 경멸하는지 안다면 그들은 큰 환멸을 느낄 것이다.'

빅투아르 광장 건설이나 기마상 프로젝트는 루이 자신이 적극적으로 추진한 것이 아니라 라 푀이야드 원수나 루부아 등의 측근들이 왕의 총애를 얻기 위해 실시한 측면이 강하다. 그들은 일찍이 화려한 것을 좋아한 왕의 성향을 상정한 것이지만 루이는 오히려 그런 촌탁에 진력이 났던 것이다. 4세 8개월의 나이로 국왕에 즉위한 이래, 줄곧 국왕의 역할을 연기해왔던 루이도 이 무렵에는 그 연기

콩피에뉴에서의 군사 훈련
아우크스부르크 동맹 전쟁 종결 후인 1698년 9월 루이는 콩피에뉴 근교에서 군사 훈련을 실시했다. 각국의 대사 등을 초청해 프랑스의 군사력이 건재하다는 것을 보여주고자 한 이 훈련에서는 각각의 군을 왕태자와 부르고뉴 공작이 지휘했다. 이 훈련은 15세의 부르고뉴 공작을 군사 지휘관으로 처음 선보이는 목적도 있었다. 1699년의 연감 상부.

에 지친 듯 보인다. 이렇게 궁정은 서서히 화려함을 잃어갔다.

친정 후, 루이 14세의 정치를 지지해온 사람들의 퇴장도 통치에 영향을 미쳤다. 콜베르 이후 정권의 실세가 된 루부아의 영화도 그리 오래 가지 못하고 1689년에 실각, 91년에 세상을 떠났다. 루이 14세는 대신들과 협의하지 않게 되고 발전하는 관료 기구에 직접 명령을 내려 통치하고자 했지만 잘 되지 않았다. 중신들의 후견-피

후견인 관계에 의한 인적 네트워크 없이 통치가 가능할 정도로 관료 기구가 강력하지 못했던 것이다.

거듭되는 전쟁은 국가 재정에 심각한 타격을 주었다. 그런 이유로 1695년 인두세(capitation)가 도입되었다. 이 제도는 위로는 왕태자부터 아래로는 일개 병사에 이르기까지 왕국 내 전 주민을 직업·지위별로 22개의 계층으로 분류해 그에 상응하는 과세액을 결정했다. 직접세가 면제되었던 귀족과 성직자에 대한 과세가 주안점이었다. 이 제도는 1697년 아우크스부르크 동맹 전쟁의 종결과 함께 일단 폐지되었으나 1701년 재개되었다. 하지만 특권층의 과세 회피책으로 근본적인 과세 목적은 달성되지 못했다.

루이 14세의 통치 말기에는 경제도 위기를 맞았다. 인구가 정체되고, 농촌에서는 지주나 부유 농민과 빈농의 양극화가 진전되었다. 콜베르의 중상주의 정책도 이 시기에는 아직 성과를 내지 못하고 규제에 기인한 이해 대립 등의 병폐가 오히려 심해졌다. 친정 개시 후, 제정한 여러 제도들이 피폐화된 것이었다.

✤ **이아생트 리고 '루이 14세'**
아마도 가장 유명한 루이 14세의 초상화일 것이다. 1701년에 그려진 이 초상화는 원래 스페인 왕이 된 손자 펠리페 5세에게 보내려던 것이었는데 1702년 1월 베르사유 궁전 '왕의 아파르트망'에 장식되었다. 이때 루이의 나이는 63세로, 이미 치아도 다 빠진 상태였다.

4. 왕정 비판

　이런 정치 및 경제 위기는 다양한 왕정 비판을 불러일으켰다. 그 중 하나가 경제 제도에 관한 비판이었다. 상공업자들은 1700년 상공업 국무회의를 부활시키는 데 성공했다. 그들은 대무역상을 투입해 특권 회사에 의한 무역 독점과 특권 매뉴팩처에 의한 규제 등의 경제 통제를 비판했다.

　그 이론적 배경이 1695년 출간된 『프랑스 상론』이었다. 저자인 부아길베르는 부의 원천을 화폐의 축적이 아닌 상품의 유통이라고 논하며, 18세기 경제 자유주의 사상의 선구자가 되었다. 부아길베르는 유통 활동의 방해물로 조세 제도를 비판했으며, 군인이자 축성가로 유명한 보방은 『국왕 10분의 1세 초안』(1707년)을 통해 조세 제도 자체를 비판했다. 보방은 조세 특권을 부정하고, 공평한 세 부담을 목표로 조세 개혁안을 제시했다. 하지만 왕권은 이 2권의 책을 발매 금지 처분했다. 절대 왕정의 근원을 부정하는 견해였기 때문이다.

　다른 하나가 전제 왕권에 대한 비판이었다. 프랑스 국내에서는 검열 때문에 전제 비판에 관한 인쇄물 출간이 어려웠지만 외국에서는 다양한 비판과 풍자를 담은 매체가 등장해 다시 프랑스로 들어왔다. 특히, 망명한 청교도들이 다수 거주했던 네덜란드는 루이

✦ 니콜라 드 라르질리에르 '보방의 초상'
군인이자 축성가로 유명한 보방은 인구 계산 및 세제론 등
경제학 분야에서도 큰 공적을 남겼다.

14세를 비판하는 매체의 중심지였다. 회화, 메달, 판화, 시, 산문 등
의 다양한 매체를 통해 왕의 야심과 도덕심, 종교심의 결여, 폭군
정치, 허영심 등을 대상으로 각종 비판이 이루어졌다.

프랑스 국내, 심지어 체제 내에서도 전제 왕권에 대한 비판의 목

소리가 높아졌다. 루이 14세의 손자 부르고뉴 공작의 교육을 담당
했던 페늘롱은 1669년 출간한 『텔레마코스의 모험』에서 아버지를
찾아 여행을 떠난 텔레마코스가 이데메네오스 왕의 궁전에 체재
한 대목에서 바람직한 군주상을 설파했다. 전쟁광인 이도메네오스
의 정치적 과실을 이야기한 그는 루이 14세의 정치를 이도메네오
스에 투영함으로써 왕을 간접적으로 비판한 것이 분명했다. 페늘
롱은 지인인 슈브르즈 공작과 함께 1711년 『숄느의 일람표(Tables de

Chaulnes)』라는 정치 개혁안을 출간했다. 거기에는 제한 군주제에 대한 발상이 담겨 있었다. 즉, 대검 귀족이나 중간 단체의 권한을 회복시켜 전제에 대항한다는 생각으로, 귀족정 원리를 왕정에 도입할 것을 주장했다.

이런 사상을 배경으로 현실 정치의 개혁을 주장하는 그룹이 형성되었다. 루이 14세의 아들인 왕태자 주위에는 독신파의 중진으로 왕권신수설을 주장한 보쉬에가 있었다. 그에 대해 손자인 부르고뉴 공작 주위에는 국정 개혁 그룹이 형성되었다. 공작의 교육을 맡은 보빌리에 공작이나 앞서 이야기한 페늘롱, 슈브르즈 공작이 그 중심이었다. 맹트농 부인의 신뢰를 등에 업은 그들은 부아길베르, 보방 등과 함께 왕권의 제한과 귀족정 원리의 부활을 도모했다. 1711년 왕태자가 세상을 떠나고 부르고뉴 공작이 새 왕태자가 되자 그들의 정책이 실현될 가능성은 더욱 높아졌다. 하지만 이듬해 부르고뉴 공작도 세상을 떠나면서 개혁은 흐지부지되고 말았다.

5. 스페인 계승 전쟁

이처럼 안팎의 비판이 높아지던 상황에 루이 14세 치세기 최후의 전쟁인 스페인 계승 전쟁이 발발했다. 스페인 왕 카를로스 2세는 자녀가 없었으며 1673년 황제 레오폴트 1세와 결혼한 마가렛 테레사, 1683년 루이 14세의 왕비 마리 테레즈가 세상을 떠나자 스페인·합스부르크 왕가에는 왕위 계승자가 존재하지 않게 되었다.

그러다 보니 카롤로스 2세 사후의 스페인 왕위 계승 문제는 유럽 각국의 관심사가 되었다. 카롤로스 2세의 누이와 결혼한 프랑스 왕 루이 14세와 신성 로마 황제 레오폴트 1세를 중심으로 영국과 네덜란드까지 끼어들어 이미 1660년대부터 기회가 있을 때마다 스페인 분할 교섭이 이루어졌다. 요절 등의 이유로 다른 후보가 탈락하는 상황에서 17세기 말에는 루이 14세의 손자인 앙주 공작 필리프와 레오폴트 1세의 막내아들 오스트리아 대공 카를이 유력한 후보가 되었다. 1700년 3월에는 프랑스와 영국 및 네덜란드 간에 분할 조약이 체결되었으나 배제당한 신성 로마 황제의 반대로 실현되지 못하고 자국의 분할을 바라지 않는 카를로스 2세의 분노를 샀다. 그로부터 약 반년 후인 11월 1일 카를로스 2세가 돌연 세상을 떠났다. 끝까지 스페인 분할에 반대했던 카를로스 2세는 10월에 이미 프랑스 국왕 루이 14세의 손자 앙주 공작 필리프에게 스페인의 왕위를 계승한다는 유언장에 서명했다.

이 유언은 3월에 체결된 분할 조약에 반하는 것이었지만 11월 12일 루이 14세가 이를 수락하면서 스페인 왕 펠리페 5세가 탄생했다. 그는 이듬해인 1701년 2월 앙주 공작의 프랑스 왕위 계승이 가능하다는 포고를 반포하고, 스페인령 네덜란드의 주요 도시에 군대를 진주시켜 펠리페 5세를 승인하지 않은 네덜란드에 압력을 가했다. 루이 14세의 이런 패권주의적 행동으로 화해 가능성이 옅어지자 9월에는 영국과 네덜란드 그리고 신성 로마 황제의 대동맹(헤이그 동맹)이 결성되었으며 이후 다른 독일 제후들도 이 동맹에 참가해 오스트리아 대공을 스페인 왕 '카를로스 3세'로 옹립했다.

프랑스는 같은 해 3월 바이에른, 4월에는 사보이아와 동맹해 이런 움직임에 대항하는 동시에 병력 증강을 개시했다. 1702년 시점에 프랑스의 육군 병력은 약 22만에 달했다. 그리고 1702년 5월 헤이그 동맹이 프랑스에 선전포고를 하면서 전쟁이 발발했다.

전쟁은 이탈리아 및 스페인령 네덜란드를 중심으로 전개되었으며 이후에는 스페인이 내전 상태가 되었다. 이탈리아에서는 1701

✤ 후안 카레뇨 데 미란다 '스페인 왕 카를로스 2세'
1682년경의 초상. 20세 정도의 나이였지만 병약했던 탓에 나이보다 노성해 보인다. 금양모 기사단의 복장을 걸치고 있다.

년 프린츠 외젠 공작이 이끄는 오스트리아 군이 스페인령 밀라노 공국을 공격했다. 외젠 공작은 1702년 2월 크레모나 전투에서 프랑스 군 지휘관 빌루아 공작을 체포하는 공적을 세우지만 오스트리아의 지원이 충분치 못해 밀라노 공국 점령에는 성공하지 못했다. 1704년 라인 강 방면으로 전장을 옮긴 외젠 공작은 8월에는 영국의 사령관 말버러 공작과 함께 블렌하임 전투에서 프랑스·바이에른 연합군에 크게 승리했다. 전황은 동맹군에게 유리하게 기울었다. 그 후, 이탈리아에서는 1705년 방돔 공작이 지휘하는 프랑스 군이

✤ **이아생트 리고 '펠리페 5세'**
즉위 직후의 초상. 검은색 의상에 뻣뻣한 흰색 칼라, 금양모 기사단의 훈장을 단 전통적인 스페인 궁정의 의복을 갖춘 모습이다. 하지만 동시에 푸른색 성령 기사단의 기장도 걸치고 있다.

공세에 나서 황제 측에 가담한 사보이아 공국의 대부분을 점령하고 토리노를 포위했다. 하지만 이듬해에 외젠 공작이 이 부대를 격파하고 1707년에는 밀라노까지 항복시켜 이탈리아에서 프랑스·스페인 군을 몰아냈다. 같은 해 나폴리가 공략당해 이탈리아가 오스트리아의 수중에 떨어졌다.

이베리아 반도에서는 카를로스 3세가 포르투갈에 상륙해 영국의 지원을 바탕으로 펠리페 5세에 대항하면서 스페인 내에서 전쟁이 펼쳐졌다. 1704년에는 영국군이 지브롤터를 점령했다. 루이 14세는 탈환을 목표로 툴롱에서 함대를 출격시켰지만 8월 24일의 말라가 전투에서 영국·네덜란드 함대에 의해 상륙을 저지당했다. 이때 동맹군 측이 옹립한 국왕 카를로스 3세를 지지하는 아라곤, 발렌시아, 카탈루냐가 펠리페 5세에 반기를 들면서 내란 상태에 빠졌다.

프랑스의 동맹국인 스페인이 영유하는 네덜란드에서는 부플레르 원수가 지휘하는 프랑스 군이 개전 초기부터 고전했다. 스페인령 네덜란드에 전개되었던 플랑드르 방면군은 앤트워프를 경유해 뫼즈 강에 이르는 지역에 방위선(브라반트 선)을 구축했다. 병력은 약 6만에 이르렀으나 그럼에도 충분한 방어 전력은 아니었다. 그에 비해 동맹국 측 사령관인 말버러 공작은 프랑스 측과 거의 같은 수의 병력을 거느렸다. 플랑드르 전선에서는 프랑스 측 지휘관이 빌루아로 바뀌고 말버러는 남독일로 원정하는 등 유동적인 상황이 이어졌으며 1705년까지 브라반트 선을 사이에 두고 일진일퇴의 상황이 계속되었다.

하지만 이런 균형도 이듬해인 1706년에 무너졌다. 5월 23일 말버러 공작이 이끄는 동맹군과 빌루아 공작 휘하의 프랑스·바이에른 연합군이 딜 강과 뫼즈 강 중간에 위치한 라미이에서 격돌해, 프랑스 측이 1만 5,000명의 군사를 잃고 패배했다. 그러자 전황은 동맹군에 유리하게 전개되기 시작했다. 그 후, 2주에 걸쳐 많은 도시가 동맹군의 손에 떨어졌다. 8월에는 이탈리아 전선에서 지휘를 맡은 방돔 공작으로 지휘관이 교체되었지만 프랑스는 계속해서 도시를 점령 당하며 뫼즈 강 서안과 상부르 강 북안에 위치한 부분을 잃었다.

1707년에는 소강상태가 이어졌지만 이듬해에는 또 다시 격렬한 전쟁이 전개된다. 7월에는 프랑스 군이 겐트와 브뤼헤 점령에 성공하고 오우데나르데 방면으로 남하했다. 다만 7월 11일 외젠 공작의 오스트리아 군이 가세한 동맹군과 조우해 패배하면서 겐트로 퇴각 했다(오우데나르데 전투). 그 후 동맹군은 플랑드르의 중심 도시 릴을 공략했다. 부플레르 원수가 지휘하는 수비대에 1만 4,000명이 증원 되어 방비를 굳혔지만 동맹군의 군세는 외젠이 지휘하는 3만 5,000 명과 말버러 휘하의 7만 5,000명으로 압도적이었다. 8월 14일 공격이 시작되고 프랑스는 방돔 공작의 군대를 구원군으로 보냈지만 말버러 공작에 의해 저지당했다. 고립된 릴은 10월 22일 도시부가 함락되고 12월 8일에는 요새도 함락되었다. 12월에는 겐트와 그 주변 지역이 동맹군의 수중에 떨어지면서 프랑스는 스페인령 네덜란드의 거의 전역을 잃고 말았다.

이런 상황에 1709년에는 대한파가 프랑스를 덮치면서 심각한 식량 부족이 발생했다. 프랑스 군은 부대에 제대로 된 보급조차 힘들었다. 플랑드르 전선에서는 전년의 패배로 총애를 잃은 방돔 공작이 교체되고 라인 방면에서 빌라르 원수가 지휘관으로 착임했다. 동맹군의 공세는 가열했다. 9월 3일 투르네이를 함락한 후, 9월 6일에는 몽스를 포위했다. 빌라르는 이를 저지하기 위해 군을 움직여 9월 11일 몽스 남쪽 말플라크에서 양군이 격돌했다. 이 전투에서 프랑스 군은 몽스 탈환에는 실패했지만 동맹군에 큰 피해를 주고 일단 진격을 막았다.

이듬해 말버러는 두에, 베튄, 생 브낭을 공략해 서서히 파리를 압박했다. 하지만 1711년 영국 국내의 정변으로 말버러가 파면되면서 영국군이 전선에서 이탈, 프랑스는 결정적인 패배를 피할 수 있었다.

이 시기, 각지에서 전투가 고착했는데 그것은 각국이 화평을 원한 결과이기도 했다. 신성 로마 제국의 상황은 화평을 더욱 가속시켰다. 1705년 레오폴트 1세가 붕어하고 그 뒤를 이은 장남 요제프 1세가 33세에 세상을 떠났다. 결국 후계를 이은 것은 동생 카를 대공 즉, 동맹군이 옹립한 '카를로스 3세'였다. 그가 스페인의 왕위까지 손에 넣으면 이번에는 마드리드부터 빈에 이르는 대제국이 출현할 가능성이 생겼다. 영국을 비롯한 각국이 대륙의 세력 균형을 원했기 때문에 화평 교섭이 가속화되면서 1713년의 위트레흐트 조약으로 스페인 계승 전쟁이 종결되었다.

이 조약에서는 프랑스의 왕위 계승권을 방기함으로써 펠리페 5세의 스페인 왕위가 인정되었다. 프랑스는 리스윅 조약 당시의 유럽 내 영토를 유지했지만 아메리카 대륙에서는 뉴펀들랜드와 허드슨 만 등을 영국에 할양해 얻은 것이 거의 없었다. 또 펠리페 5세의

⚜ '군주들의 연합'

스페인 계승 전쟁의 종료를 기념해 실제로는 없었던 여섯 군주들의 회합을 상상해 그린 작품. 영국 왕 조지 3세, 포르투갈 왕 주앙 5세, 신성 로마 황제 카를 6세, 루이 14세, 스페인 왕 펠리페 5세, 시칠리아 왕 비토리오 아메데오 2세. 모두 손에 올리브 나뭇가지를 들고 있다. 1715년의 연감 상부.

스페인은 이탈리아의 영토(밀라노 공국, 나폴리 왕국, 시칠리아 왕국)를 잃고, 네덜란드도 오스트리아에 할양했기 때문에 프랑스의 안전 보장에 있어서는 손해가 컸다. 지브롤터를 획득한 영국의 대두와 함께 대륙의 맹주로서 프랑스는 점차 우위를 잃어갔다.

6. 후계자들의 죽음과 루이 14세의 붕어

 스페인 계승 전쟁 중인 1710년 당시, 루이 14세의 후계자로는 먼저 1661년에 태어난 왕태자가 있었다. 그리고 왕태자의 세 명의 아들 즉, 장남 부르고뉴 공작 루이, 차남 스페인 왕 펠리페 5세, 삼남 베리 공작 샤를이 있었다.

 부르고뉴 공작에게는 두 아들, 브르타뉴 공작 루이와 앙주 공작 루이가 있었다. 다시 말해, 루이 14세는 3세대에 걸쳐 6명의 직계 후손 즉, 왕위를 계승할 가능성이 있는 후계자가 충분했기 때문에 부르봉 왕조는 안녕한 듯 보였다. 그러나 이듬해부터 불운이 왕가를 덮쳤다. 1711년 4월 왕태자 루이가 병환으로 세상을 떠났다. 1712년 2월에는 새롭게 왕태자가 된 부르고뉴 공작의 왕비 마리 아델라이드가 천연두로 추정되는 병으로 목숨을 잃었다. 불운은 거기서 멈추지 않았다. 그녀의 사망 엿새 후인 2월 18일 이번에는 같은 병으로 쓰러진 남편 부르고뉴 공작이 세상을 떠났다.

 왕위 계승 서열에 따라 부르고뉴 공작의 장남 브르타뉴 공작이 왕태자가 되었지만 그도 3월 8일 불과 5세의 나이로 병으로 쓰러져 왕위 계승권자는 순식간에 절반으로 줄고 말았다. 1713년의 '위트레흐트 조약'으로 펠리페 5세의 프랑스 왕위 계승은 불가능해지고 이듬해인 5월에는 막내 손자 베리 공작 샤를이 사냥 중 사고로 목

숨을 잃었다. 프랑스 왕위 계승자는 1710년에 태어난 앙주 공작 루이 단 한 명만 남고 말았다.

앙주 공작 루이가 병약했던 탓에 루이 14세는 갑작스런 후계자 문제에 고심하게 되었다. 1714년 7월 루이는 몽테스팡 부인과의 사이에서 얻은 두 아들, 멘 공작과 툴루즈 백작에게 왕위 계승권을 부여한다는 왕명을 내리고 고등 법원도 이를 등기했다. 또 왕태자인 앙주 공작이 아직 어렸기 때문에 루이 14세가 붕어했을 때 누구에게 섭정을 맡길 것인지도 문제였다. 동생 필리프도 1701년 이미 타계했기 때문에 가능성이 있는 것은 그의 아들 오를레앙 공작 필리프 2세였다. 하지만 유명한 '방탕아'였던 그에게 국정을 맡길 수는 없었다. 1714년 루이는 자신의 사후를 대비해 새로운 섭정 회의를 만

들고 오를레앙 공작을 섭정이 아닌 섭정 회의의 좌장으로 삼는다는 유언을 작성했다. 또 섭정 회의의 일원으로 대법관과 재무 총감 그리고 4명의 국무 장관 및 5명의 원수를 지명하고 멘 공작과 툴루즈 백작도 회의에 참가하도록 했다. 무슨 일이든 혼자 결정하려고 했던 루이 14세가 정작 자신의 사후에는 집단 지도체제를 원한 것이다.

✤ **이아생트 리고 '부르고뉴 공작'**
22세 무렵의 초상. 총명함으로 궁정의 기대를 한 몸에 받던 부르고뉴 공작은 아쉽게도 병으로 세상을 떠나고 말았다. 뒤쪽의 전투 광경은 전쟁 화가 조제프 파로셀이 그렸다.

1715년 2월 19일, 루이는 베르사유에서 페르시아 대사의 알현을 받았다. 6월 8일에는 베르사유 궁전 예배당에서 로앙 추기경에 의해 성체 배령을 받은 후 1,700명이라고 전해지는 나력 환자에게 촉수 의례를 베풀었다. 그 후, 왕의 체력은 급격히 쇠했다. 8월 10일 마를리 궁에서 베르사유로 돌아온 왕은 다리의 고통을 호소했다. 그럼에도 13일에는 지팡이도 짚지 않고 '그

✤ '페르시아 대사의 알현을 받는 루이 14세'
이것이 '거울의 방'에서 이루어진 마지막 공식 행사가 되었다. (작자 미상)

랑 아파르트망'에서 페르시아 대사를 알현했다. 그 때문인지 오후
에는 왼쪽 다리에 극심한 통증이 있었다고 한다. 그 후로도 계속 증
상이 악화되어 식사도 하지 못할 정도였다. 그런데도 루이는 옷을
입고 붕대를 감은 다리를 의자에 올린 채 알현 등의 정무를 계속했
다. 죽을 때까지 왕을 연기하기로 한 것이었을까.

다리의 증상은 더욱 악화되어 거무스름한 빛깔로 변하더니 급기

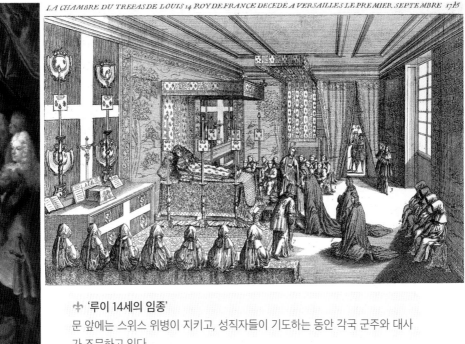

✙ '루이 14세의 임종'
문 앞에는 스위스 위병이 지키고, 성직자들이 기도하는 동안 각국 군주와 대사
가 조문하고 있다.

야 괴사까지 진행되었다. 루이는 24일 고해를 하고 다음날에는 종
유의 비적을 받았다. 26일에는 왕태자에게 신의 가호를 기원하는
의식을 행한 후 다음과 같이 말했다.

"세상에서 가장 위대한 왕이 될 나의 아들아, 너는 신에 대
한 의무를 결코 잊어서는 안 된다. 전쟁에 관해서는 나를 따
르지 말고, 늘 이웃나라와의 평화를 유지하도록 힘쓰며, 신
민을 풍요롭게 하는 일에 최선을 다해라. 이런 것은 불행히
도 내가 행하지 못한 일이다."

✥ 피에르 드니 마르탱 '루이 14세의 장의 행렬'
베르사유에서 생 드니로 가는 장의 행렬. 루이의 관은 8마리의 흑마가 끄는 장
송마차에 실려 있었다. 1,000명이 넘는 행렬 중 800명이 말을 타고 따랐다.
저마다 흰색 등불을 들고 있다.

　이후 증상은 약간 호전되었지만 결국 9월 1일 오전 8시 루이 14
세는 76년간의 생애를 마쳤다.

　바로 루이 15세가 즉위하면서 새로운 시대가 시작되었다. 왕의
유해는 9월 4일 베르사유를 출발해 9일 왕가의 묘소인 생 드니 교
회에 도착, 그의 심장은 예수회의 생 루이 교회에 안치되었다. 『라
가제트』 등의 정부계 출판물과 판화 등의 공식 매체가 루이 14세의
생애와 업적을 기렸지만 장례를 지켜보는 민중의 반응은 냉담했다
고 한다.

맺음말

역사 속의 루이 14세

1. 프랑스의 정치 구조와 루이 14세

72년여에 걸친 루이 14세의 치세를 어떻게 평가할 수 있을까. 그가 이룬 것은 무엇이었을까. 이것은 '절대 왕정'의 의미와 밀접히 관련되어 있다. 관료제와 상비군에 의해 지지된 강력한 주권이라는 '절대 왕정'의 고전적 이미지는 이미 부정되고 있다. 프롱드 당시 고등 법원에 나타난 루이 14세가 왕권의 절대성 = 주권을 주장하며 했다는 '짐이 곧 국가다'라는 발언도 지금은 후세의 각색이라고 여겨진다. 루이의 국가를 근대 국가의 원형으로 보는 이해는 더는 성립하지 않는다.

16세기부터 관료제의 진전과 함께 왕권의 힘이 커진 것은 분명하지만 이런 생각에는 몇 가지 유보할 점이 있다. 첫 번째는 왕권의 강제력이 약했다는 것이다. 혁명에 이르기까지 왕권은 신민을 직접 파악하지 못했다. 관료 수는 확실히 증가했지만 근대의 기준에는 훨씬 미치지 못했다. 왕권은 국내에서 다양한 형태로 존재하며, 오래 전부터 자연 발생적으로 형성되어온 단체와 관계를 맺고 그 관계를 매개로 통치를 한 것이다. 이런 특권이 부여된 단체를 사단

✤ **앙투안 브느아 '루이 14세의 초상'**
1705년경에 제작된 이 작품은 납을 이용
해 얼굴 부분을 만든 후 머리카락과 옷감
을 붙여서 완성했다. 노년의 루이 14세를
가장 잘 표현한 작품이다.

이라고 칭하는데 당시 프랑스에는 귀족, 관직 보유자, 길드, 촌락 공동체 등 다양한 사단이 존재했으며 왕권은 이들과 특권을 매개로 한 관계를 맺음으로써 각 사단을 왕권의 통치 범위 안에 편입시켰다.

루이 14세가 콜베르 나 르 텔리에 내각을 이용해 통치를 한 것도 문벌의 수장과 관계를 맺음으로써 후견-피후견인 관계로 이루어진 네트워크를 지배한다는 점에서 동일한 수법에 의한 통치였다. 왕권은 각 사단의 특권을 인정함으로써 사단을 지배할 수 있었다. 특권이란 말하자면 오래 전부터 존재했던 관습이다. 그런 점에서 왕권은 오랜 관습 즉 '오래된 법'에 의해 제한을 받았다. 17세기의 국가를 생각하면, 발전 일로의 영역 국가를 지배하는 국왕 권력의 신장이 있었다. 그 사상적 배경에는 국왕의 절대적 권력으로서의 주권을 제시한 장 보댕의 『국가론』(1576년)부터 카르댕 르 브레의 『국왕 주권론』(1632년)을 거쳐 보쉬에의 『성서에서 인용한 정치학』(1709년)에 이르는 계보가 있다.

왕권은 자신에 대한 제한이 존재한다는 것도 인식했다. 국왕은 신분제 사회의 제2신분 즉, 귀족의 제1인자라는 중세 이래의 의식을 바탕으로 귀족의 특권을 보호하고 '왕국 기본법'을 준수함으로써 비로소 스스로의 정통성을 주장할 수 있었다. 마찬가지로 신과의 관계에서는 귀족층에 대해서는 '독실한 기독교도로서의 왕', '성별(聖別)된 왕'으로, 평민에 대해서는 치유 의례로 대표되듯 '질병을 치유하는 왕'으로 스스로를 표상할 필요가 있었다. 다시 말해, 17세기의 '절대 왕정'은 신장하는 왕권, 존속하는 신분제 사회, 기독교라는 상호 모순의 가능성이 있는 삼자에 의한 타협과 협조 위에 성립한 체제였다.

모순을 내재한 이 삼자의 미묘한 균형을 무리하게 설명한 것이 보쉬에였다. 그는 내란 등의 혼란에 대한 강한 위구에서 국왕 권력(주권)의 절대성을 주권 신수설로 설명했으며 왕권은 교황이나 중간 단체와 같은 현세의 어떤 세력에도 종속되지 않는다고 말했다. 다만, 그것이 자의적 통치(전제)로 변질되지 않으려면 왕은 신의 법과 기존 공동체의 법(왕국 기본법)을 따라야 한다는 것이다.

이런 관점에서 루이 14세의 사적을 생각하면, 루이가 왕권 강화의 방향으로 선회한 것을 알 수 있다. 신분제 사회와 관련해서 왕은 전통적으로 삼부회의 자문을 얻어 정책적 합의를 이루었는데 1614년 루이 13세가 블루아에서 연 전국 삼부회 이후, 모든 신분의 자문을 얻는 정치 방식은 방기되었다. 프롱드 당시에는 전국 삼부회가 일곱 차례 소집되었다. 대표 선출과 진정서 작성도 이루어졌지만 결국 개최되지 못했다. 귀족에 대해서는 1664년의 귀족 조사와 법복 귀족의 창출 및 등용으로 본래는 자연 발생적인 이 사회 집단을 왕권이 직접 통제하고자 했다. 또 기회가 있을 때마다 건백권으로 대표되는 고등 법원을 제한했다. 루이 14세는 1691년 루부아가 세상을 떠난 이후로는 중신을 등용하지 않고 자신과 관료 기구만으로 통치를 실시하려고 했다.

기독교에 대해서는 낭트 왕령의 폐지와 장세니슴에 대한 대응 등으로 가톨릭을 배려한 면도 있었다. 만년에 개심한 것은 분명하지만 그럼에도 루이는 자신의 권력을 공고히 하기 위한 기독교에 대한 대응을 결코 잊지 않았다. 1690년대 교황과의 관계 개선과 예수회에 대한 접근은 장세니슴 대책의 측면도 강했다. 프랑스 왕권은 늘 갈리카니슴의 입장을 견지했다.

하지만 이런 개혁은 왕정 비판이라는 형태로 루이에게 되돌아왔다. 『숄느의 일람표』는 왕권의 억압에 대해 귀족정 원리를 부활시키려는 시도였다. 페늘롱으로서는 군사적 승리라는 가짜 영광을 쫓는 루이는 진짜 군주 즉, 신민의 행복을 실현하기 위해 신의 선택을 받은 군주가 아니라 신의 의사에 반하는 존재였다.

루이의 사후, 최종적으로는 이런 비판이 승리했다. '왕국 기본법'은 왕의 유언이라는 형태로 후세의 정치에 영향을 주는 것이 금지되어 있다는 이유로, 루이 14세의 유언을 무효화했다. 멘 공작과 툴루즈 백작의 왕위 계승권이 박탈되고 섭정 회의에서도 배제되었다. 루이 15세 치세 하에서는 단명에 그치기는 했지만 '다원합의제

✤ **루이 14세의 묘소**
생 드니 성당 지하에는 역대 왕가의 묘소가 있다. 혁명 당시
파괴되어 유골은 모두 버려졌지만 묘소는 재건되었다.

(Polysynodie)'라고 불리는 정치 체제가 성립했다. 이 체제 하에서는
국무 장관을 대신해 재정·외무·군사 등의 7개 평의회가 설치되고
이를 총괄하는 '섭정 회의'가 정치와 행정을 담당했다. 이 체제의 중
심이 된 것은 루이 14세 치하에서 정치의 중심에서 밀려난 대귀족
층으로, 법복 귀족의 세력을 약화시켜 명문 귀족의 복권을 도모하

려는 시도였다.

후세의 역사가가 루이의 국가를 근대 국가의 원형으로 간주한 것은 그의 의사였다는 점에서는 틀리지 않았다. 하지만 그 의사가 관철되는 일은 결코 없었다.

왜 그랬을까. 아마도 시대가 그것을 원하지 않았기 때문일 것이다. 사람들은 모두 왕권과 신분제 사회와 기독교의 균형을 바랐으며 왕권만 돌출되는 것을 꺼려했다. 신분제 사회가 가져온 자신의 특권이 유지되기를 바란 것이다. 18세기가 되면 부아길베르가 효시가 된 경제 자유주의 사상이 진전하고, 특권을 부정하는 사람들이 늘어났다. 그렇다면 모든 특권을 제한하고 자신의 권력을 증대시킴으로써 신민의 행복을 실현하는 계몽 전제 군주 모델이 성립하지만 17세기에는 불가능한 일이었다. 루이는 너무 이른 개혁가였던 것이다.

2. 왕의 영광

국왕 권력의 미숙함을 보완한 것이 베르사유 궁전 조영으로 대표되는 예술 정책이었다. 다양한 예술 작품으로 '왕의 영광'을 표상하고 판화와 메달로 그 이미지를 확산함으로써 사람들의 이미지 세계에 국왕의 위대함을 주입하려고 한 것이다. 전후의 시대와 비교하면, 루이 14세 치세기에는 특히 이런 이미지 전략이 중시되었다. 통치의 현실을 아는 동시대인들이 '왕의 영광'을 어느 정도나 받아들였는지는 알 수 없다. 페늘롱처럼 가짜 영광으로 받아들이지 않는 지식인도 있었다.

하지만 이렇게 형성된 루이 14세의 이미지가 후세 사람들의 마음을 사로잡은 것도 분명하다. 볼테르는 1751년 『루이 14세의 세기』를 발표했다. 그는 위인이란 전쟁에 승리한 사람이 아니라 인류의 진보와 행복에 공헌한 인물이라는 역사관을 가지고 있었으며 세계 역사상 특히 주목해야 할 시대는 '예술이 완성을 이루고, 뛰어난 인지(人智)를 유감없이 표현한 성대로 후세의 귀감이 되기에 충분한 시대'라고 말했다. 그리고 알렉산드로스 대왕, 로마, 르네상스의 세 시대 다음이 '루이 14세의 세기'로, 가장 완전에 가까운 시대로서 당대를 칭찬했다. 볼테르의 칭찬의 배경에는 루이 14세의 치세기에 궁정 문화가 꽃피고 재능 넘치는 예술가들이 기라성처럼 나타나 프랑스 문화를 한층 진보시켰다는 인식이 있다. 이런 인식은 분명 루이 14세의 예술 정책에 의해 만들어진 것이었다.

이처럼 사람들은 루이 14세의 치세를 '위대한 세기(Grand Siècle)'로 인식했다. 7월 왕정 당시 박물관으로 공개된 베르사유를 필두로 왕의 성관과 건축물 그리고 회화와 조각 등 지금도 우리가 볼 수 있는 작품을 통해 '왕의 영광'은 그것을 보는 이들 안에서 계속 살아 숨쉬고 있다.

스페인 왕위 계승을 둘러싼 계도

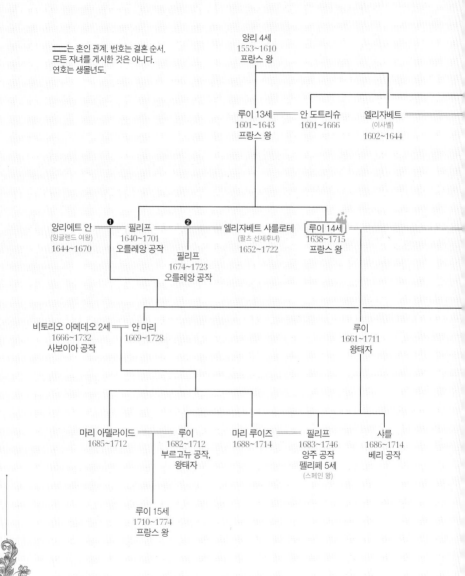

═는 혼인 관계. 번호는 결혼 순서.
모든 자녀를 게시한 것은 아니다.
연호는 생몰년도.

앙리 4세
1553~1610
프랑스 왕

루이 13세 ═══ 안 도트리슈
1601~1643   1601~1666
프랑스 왕

엘리자베트
(이사벨)
1602~1644

앙리에트 안 ❶ 필리프 ❷ 엘리자베트 샤를로테   루이 14세
(잉글랜드 여왕) 1640~1701   (팔츠 선제후녀)   1638~1715
1644~1670   오를레앙 공작   1652~1722   프랑스 왕

필리프
1674~1723
오를레앙 공작

비토리오 아메데오 2세 ═══ 안 마리   루이
1666~1732   1669~1728   1661~1711
사보이아 공작   왕태자

마리 아델라이드 ═══ 루이   마리 루이즈 ═══ 필리프   샤를
1685~1712   1682~1712   1688~1714   1683~1746   1686~1714
              부르고뉴 공작,   앙주 공작,   베리 공작
              왕태자   펠리페 5세
                                      (스페인 왕)

루이 15세
1710~1774
프랑스 왕

324

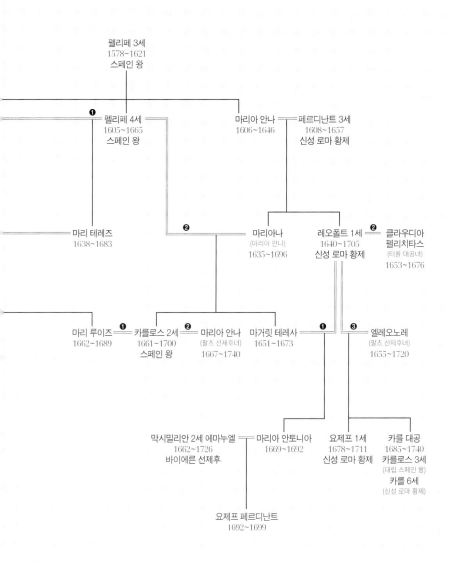

펠리페 3세
1578~1621
스페인 왕

❶ 펠리페 4세
1605~1665
스페인 왕

마리아 안나 ══ 페르디난트 3세
1606~1646   1608~1657
              신성 로마 황제

마리 테레즈
1638~1683

❷ 마리아나 ══ 레오폴트 1세 ❷ 클라우디아
(마리아 안나)   1640~1705   펠리치타스
1635~1696   신성 로마 황제   (티롤 대공녀)
                            1653~1676

마리 루이즈 ❶ 카를로스 2세 ❷ 마리아 안나   마거릿 테레사   ❶   ❸ 엘레오노레
1662~1689   1661~1700   (팔츠 선제후녀) 1651~1673   (팔츠 선제후녀)
             스페인 왕   1667~1740   1655~1720

막시밀리안 2세 에마누엘 ══ 마리아 안토니아   요제프 1세   카를 대공
1662~1726   1669~1692   1678~1711   1685~1740
바이에른 선제후   신성 로마 황제   카를로스 3세
                                                  (대립 스페인 왕)
                                                  카를 6세
                                                  (신성 로마 황제)

요제프 페르디난트
1692~1699

부르봉 가계도

루이 9세(생 루이) 1214.4.25~1270.8.25
프랑스 왕(카페 왕조)
아내: 마르그리트 드 프로방스(1234~1270)

필리프 3세 1245.4.30~1285.10.5
프랑스 왕(카페 왕조)
배우자(1): 이자벨 다라곤(1262~1271)
배우자(2): 마리 드 브라방(1274~1285)

로베르 1256~1317
클레르몽 백작
배우자: 베아트리스 드 부르고뉴(1272~1310)

루이 1세 1279~1341
부르봉 공작
배우자: 마리 드 에노(1310~1341)

샤를 1489~1536
방돔 백작, 방돔 공작
배우자: 프랑수아즈
(알랑송 공녀 1513~1536)

앙투안 1518~1562
방돔 공작, 나바르 왕
배우자: 잔 달브레(나바르 여왕 1548~1562)

프랑수아 1519~1546
앙기엥 백작

앙리 4세 1553.12.13~1610.5.14
방돔 공작, 나바르 왕, 프랑스 왕(부르봉 왕조)
배우자(1): 마르그리트 드 발루아(프랑스 여왕 1572~1599)
배우자(2): 마리 드 메디시스(토스카나 대공녀 1600~1610)

카트린 1559~1604
배우자: 앙리 2세(로렌 공작 1599~1604)

루이 13세 1601.9.27~1643.5.14
왕태자, 프랑스·나바르 왕
배우자: 안 도트리슈
(스페인 왕녀 1615~1643)

엘리자베트 1602~1644
배우자: 펠리페 4세
(스페인 왕 1615~1644)

크리스틴 1606~1663
배우자: 비토리오 아메데오 1세
(사보이아 공작 1619~1637)

루이 14세 1638.9.5~1715.9.1
왕태자, 프랑스·나바르 왕
배우자: 마리 테레즈
(스페인 왕녀 1660~1683)

필리프 1640.9.21~1701.6.9
앙주 공작, 오를레앙 공작
배우자(1): 앙리에트 안(잉글랜드 왕녀 1661~1670)
배우자(2): 엘리자베트 샤를로트
(팔츠 선제후녀 1671~1701)

안 마리 루이즈 마르그리트 루이즈
(라 그랑 마드무아젤) 1645~1721
1627~1693 배우자: 코시모 3세
(토스카나 대공 1661~1721)

루이
1661.11.1~1711.4.14
왕태자
배우자: 마리 안느
(바이에른 선제후녀 1680~1690)

안 엘리자베트
1662.11.18~
1662.12.30

마리 안느
1664.11.16~
1664.12.26

마리 테레즈
1667.1.2~
1672.3.1

필리프 샤를
1668.8.5~
1671.7.10
앙주 공작

루이 프랑수아
1672.6.14~
1672.11.4
앙주 공작

루이 1662.8.6~1712.2.19
부르고뉴 공작, 왕태자
배우자: 마리 아델라이드
(사보이아 공녀 1697~1712)

필리프 1683.12.19~1746.7.9
앙주 공작, 스페인 왕
배우자(1): 마리 루이즈(사보이아 공녀 1701~1714)
배우자(2): 엘리자베트 파르네제(마르마 공녀 1714~1746)

사를 1686.8.31~1714.5.4
베리 공작
배우자: 마리 루이즈 엘리자베트
(오를레앙 공녀 1710~1714)

루이 1704.6.25~1705.4.13
브르타뉴 공작

루이 1707.1.8~1712.3.8
브르타뉴 공작, 왕태자

루이 15세 1710.2.15~1774.5.10
왕태자, 프랑스·나바르 왕
배우자: 마리 레슈친스카
(폴란드 왕녀 1725~1768)

◆ 국왕의 자녀를 제외하고, 성년에 이르지 못한 자녀는 생략했다.
◆ 각국 왕의 즉위 연월일은 전 왕의 사망 연월일과 동일하다
  (루이 9세의 즉위는 1226년 11월 8일, 앙리 4세의 즉위는 1589년 8월 2일).
◆ 인명 아래의 연호는 생몰연도로, 배우자 란의 ( ) 안의 연호는 결
  혼 계속 기간을 나타낸다.

샤를 1523~1590
추기경

장 1528~1557
수아송 백작
배우자: 마리 드 부르봉(1557)

루이 1세1530~1569
콩데 친왕
배우자(1): 엘레오노르 드 로에(루시 백작 1551~1564)
배우자(2): 프랑수아즈 도를레앙(1565~1569)

앙리 1세1552~1588
콩데 친왕
배우자(1): 마리 드 클레브(느베르 공녀 1572~1574)
배우자(2): 샤를로트 드 라 트레무알(투아르 공녀 1586~1588)

가스통 1608.4.24~1660.2.2
앙주 공작, 오를레앙 공작
배우자(1): 마리(몽팡시에 여공작 1626~1627)
배우자(2): 마르그리트(로렌 공녀 1632~1660)

앙리에트 마리
1609~1669
배우자: 찰스 1세
(잉글랜드 왕 1625~1649)

앙리 2세1588.9.1~1646.12.26
콩데 친왕
배우자: 샤를로트 마르그리트
(몽팡시에 공녀 1609~1646)

엘리자베트 마르그리트
1646~1696
배우자: 루이 조세프
(주와외즈 공작, 기즈 공작 1667~1670)

프랑수아즈 마들렌
1648~1664
배우자: 카를로 에마누엘레 2세
(사보이아 공작 1663~1664)

루이 2세(대 콩데)
1621.9.8~1686.12.11
앙기엥 공작, 콩데 친왕
배우자: 클레르 클레망스 드 마이에
(리슐리외 조카 1641~1686)

아르망
1629.10.11~1666.2.20
콩티 공작
배우자: 안느 마리
마르티노지
(마자랭 조카 1654~1666)

마리 루이즈
1662~1689
배우자: 카를로스 2세
(스페인 왕 1679~1700)

안느 마리
1669~1728
배우자: 비토리오
아메데오 2세
(사보이아 공작, 시칠리아 왕
1684~1728)

필리프
1674.8.2~1723.12.2
오를레앙 공작, 섭정
배우자: 브랑수아
마리 드 부르봉
(루이 14세 서자
1692~1723)

엘리자베트 샤를로트
1676~1744
배우자: 레오폴 1세
(로렌 공작 1698~1729)

앙리 쥘
1643.7.29~1709.4.1
콩데 친왕
배우자: 안느
(팔츠 선제후녀 1663~1709)

부르봉 가계도 327

루이 14세 간략 연보

1638년	9월 5일	왕태자 루이 탄생
1642년	12월 4일	리슐리에 사망
1643년	5월 14일	루이 13세 붕어, 루이 14세 즉위
	5월 15일	루이 14세 파리로
	5월 18일	마자랭, 재상으로 취임
	5월 19일	로크루아 전투(앙기엥 공작 승리)
1644년	1월	가옥세 부가, 파리 시민의 반발
1645년	8월 2일	뇌르틀링겐 전투(튀렌 승리)
1648년	1월 20일	회화·조각 아카데미 창설
1648년	5월 13일	파리 최고 법원, 연합 재정을 결의(고등 법원의 프롱드 ~1649)
	8월 26일~28일	바리케이드의 날
	10월 22일	지방 장관제 폐지
	10월 24일	베스트팔렌 조약(알자스 획득)
1649년	1월 5일	국왕 일가 파리 탈출
	3월 11일	뤼에유 화약
	8월 18일	국왕 일가 파리로 귀환
1650년	1월 18일	콩데 친왕 등 체포(귀족의 프롱드 ~1652)
1651년	2월 6일	고등 법원과 콩데파의 동맹, 마자랭, 파리 탈출
1652년	7월 2일	생 앙투안 문의 전투, 콩데 친왕 파리 입성
	10월 13일	콩데 친왕, 파리 방기
	10월 21일	국왕 일가, 파리 귀환
1653년	2월 3일	마자랭, 파리 귀환
1654년	6월 7일	루이 14세, 랭스에서 대관식
1657년	3월 23일	파리 조약(크롬웰과 동맹)
1658년	6월 14일	된 전투
	7월 1일	루이 14세, 칼레에서 병환
1659년	11월 7일	피레네 조약
1660년	6월 9일	루이 14세, 마리 테레즈와 결혼
	8월 26일	파리 입시식
1661년	3월 9일	마자랭 사망, 친정 개시
	8월 18일	재무 장관 푸케, 자신의 성 보 르 비콩트에 루이 14세 초대
	9월 5일	공금 횡령을 이유로 재무 장관 푸케 체포
	11월 1일	왕태자 루이 탄생

1662년	3월 24일	루브르 궁전에서의 스페인 대사 사죄
	3월 30일	댄스 아카데미(후의 음악 아카데미) 창설
	10월 27일	됭케르크 구입 조약(12월 2일 루이의 입성)
1663년	2월 3일	소 아카데미 창설
	11월 18일	스위스와 동맹 갱신
1664년	1월 2일	콜베르, 건축 장관 취임
	5월 7일~13일	'마법 섬의 환락'(베르사유에서의 축연)
	7월 1일	샤를 르 브룅, 왕의 수석 화가 취임
	7월 29일	교황 특사 치기 추기경과 회견
	8월 1일	센트고르하르드의 전투(황제군, 오스만 제국군에 승리)
	9월	신관세율 설정, 보호 관세 정책 추진
	12월 20일	니콜라 푸케 종신 금고형 판결
1665년	6월~10월	베르니니, 파리 체재
	9월 17일	스페인 국왕 펠리페 4세 붕어
	11월 18일	브란덴부르크 선제후 프리드리히 빌헬름, 라인 동맹 참가
	12월 12일	콜베르, 재무 총감 취임
1666년	1월 20일	모후 안 도트리슈 사망
	12월 22일	과학 아카데미 창설
1667년	3월 15일	파리에 치안 총대관직 설치
	4월 3일	'민사 왕령' 반포
	4월 18일	관세율 인상
	5월	프랑스 군, 스페인령 네덜란드 침공(플랑드르 전쟁 ~1668)
	11월	고블랭 제작소 정식 발족
1668년	1월 23일	3국 동맹 성립
	5월 2일	엑스 라 샤펠(아헨) 조약 체결
	7월 18일	〈국왕 폐하의 큰 기쁨〉(베르사유에서의 축연)
1669년	8월	'하천·삼림 왕령' 반포
	6월 28일	음악 아카데미 창설
	8월 13일	산업 일반 규칙 반포
1670년	2월 26일	보훈 병원 창설 왕령(1674년 발족)
	3월 31일	멘 공작(루이 14세와 몽테스팡 부인의 아들) 탄생
	6월 1일	도버 밀약(찰스 2세와 동맹)
	6월 29일	앙리에트 당굴레트(왕제 부인) 사망
	8월 26일	'형사 왕령' 반포
	12월 30일	건축 아카데미 창설
1672년	2월 4일	루부아, 대신에 취임, 최고 자문회의 참가
	4월 6일	네덜란드에 선전포고(네덜란드 전쟁 ~1678)
	6월 12일	라인 강의 도하
	6월 20일	네덜란드, 수문을 개방, 프랑스 군의 진격을 저지

1673년	3월	'상사 왕령' 반포
	3월 13일	수공업 길드에 관한 왕령, 선서 길드의 편성
	8월 30일	신성 로마 황제, 스페인, 네덜란드와 동맹
1674년	2월	웨스트민스터 조약(잉글랜드와 네덜란드의 강화)
	8월 11일	스네프 전투(콩데 친왕군의 승리)
1675년	7월 27일	잘츠바흐 전투, 튀렌 사망
1676년	5월 22일	메시나 해협 해전(네덜란드 함대에 승리)
1677년	4월 11일	카셀 전투(왕제 오를레앙 공작의 승리)
1678년	1월 10일	잉글랜드와 네덜란드, 방위협정 체결
	3월	겐트 공략
	6월 6일	툴루즈 백작(루이 14세와 몽테스팡 부인의 아들) 탄생
	7월 4일	〈베르사유의 기쁨〉(베르사유에서의 축연) 개시
	8월 13일	네덜란드와 네이메헌 조약 체결
	9월 17일	스페인과 네이메헌 조약 체결
	9월 26일?	최고 자문회의에서 '거울의 방' 디자인 변경 결정
1679년	2월 5일	황제와 네이메헌 조약 체결
1680년	3월 7일	왕태자, 바이에른 선제후녀 마리 안느와 결혼
	11월	가톨릭과 청교도의 혼인을 금지
1681년	5월	미디 운하 완성
	8월	'해사 왕령' 반포
	9월 30일	스트라스부르 병합
	11월 14일	몽테스팡 부인과 사이의 자녀들을 인지
1682년	3월 17일	성직자 회의, '4개조 선언' 채택
	5월 6일	궁정, 베르사유로 이전
	7월 11일	부랑자에 대한 왕령 반포(감금 정책의 개시)
	8월 6일	부르고뉴 공작(왕손) 탄생
	8월 30일	청교도의 예배를 금지
1683년	7월 30일	왕비 마리 테레즈 사망
	9월 6일	콜베르 사망
	10월 9일?	루이 14세, 맹트농 부인과 비밀 결혼
1684년	5월 17일~22일	제노바 포격
	8월 15일	라티스본 화약
1685년	3월	'흑인 법전' 반포
	5월	'거울의 방'에서 제노바 총독 알현
	10월 18일	퐁텐블로 왕령, 낭트 왕령 폐지
1686년	3월 25일	빅투아르 광장의 국왕상 제막식
	7월 9일	아우크스부르크 동맹 결성
	9월 1일	'거울의 방'에서 시암 대사 알현
	11월 18일	루이 14세, 종양 적출 수술을 받음

	12월 11일	콩데 친왕 루이 2세(대 콩데) 사망
1687년	1월 30일	루이 14세, 파리 시청사 방문
1688년	9월 24일	아우크스부르크 동맹 전쟁 개시(~1697)
	9월 25일	프랑스 군, 팔츠 선제후령 침입
	11월 29일	국왕 민병제 창설 왕령
1689년	1월 22일	루이 14세, 생 제르맹 앙 레 궁전에서 망명한 영국 왕 제임스 2세를 맞이한다.
	4월 15일	프랑스, 스페인에 선전포고
	5월 17일	영국 왕 윌리엄 3세, 아우크스부르크 동맹에 참가해 프랑스에 선전
1690년	2월 12일	샤를 르 브룅 사망
	4월 20일	왕제 오를레앙 공비 사망
	7월 1일	플뢰리스 전투(황제군을 격파)
	7월 10일	비치 헤드 해전(영국·네덜란드 함대에 승리)
	7월 12일	보인 강 전투(아일랜드에서 제임스 2세의 패배)
	8월 18일	스타파르다 전투(카티나 장군의 승리)
1691년	4월 9일	루이 14세. 몽스 공략을 지휘
	7월 16일	루부아 사망
1692년	5월 29일	라 우그 해전(영국·네덜란드 함대에 대패, 제해권 상실)
	6월 30일	프랑스 군, 나뮈르 점령
1693년	4월	생 루이 기사단 창설
	5월~6월	루이 14세 전선으로(마지막 전투 지휘)
	9월 14일	루이 14세 '4개조 선언' 철회
	10월 11일	프랑스 군, 샤를루아 점령
1695년	1월 18일	인두세 창설
	7월 27일	프랑스 군, 딕스마이데 점령
	9월 5일	윌리엄 3세군, 나뮈르 점령
1696년	8월 29일	사보이아 공국과 단독 강화
1697년	2월 12일	각 지방장관에 질문장 송부(부르고뉴 공작의 교육을 위해 국정을 보고하도록 함)
	9월 20일~10월 30일	리스윅 조약 체결
	12월 7일	왕손 부르고뉴 공작, 사보이아 공녀 마리 아델라이드와 결혼
	12월 17일	인두세의 동결
1698년	8월~9월	콩피에뉴에서 군사 훈련
	10월 11일	헤이그 조약(잉글랜드와의 스페인 분할 협정)
1699년	2월 19일	루이 14세, 모로코 대사를 알현
	8월 13일	빅투아르 광장(파리)의 국왕 기마상 제막식
1700년	11월 1일	스페인 왕 카를로스 2세 붕어, 스페인·합스부르크 왕가의 단절
	11월 16일	앙주 공작, 스페인 왕 펠리페 5세로 즉위
1701년	2월 6일	프랑스 군, 스페인령 네덜란드에 진주
	2월 18일	펠리페 5세, 마드리드에 도착

	6월 9일	왕제 오를레앙 공작 사망
	9월 7일	헤이그 동맹 성립
1702년	5월 15일	헤이그 동맹 제국, 프랑스와 스페인에 선전, 스페인 계승 전쟁 개시(~1713)
	7월 24일	남프랑스 세벤의 청교도 농민 봉기, 카미자르의 난(~1704)
1703년	10월	사보이아와 포르투갈이 동맹에서 이탈
1704년	8월 13일	블렌하임 전투(동맹군에 대패)
1705년	5월 5일	신성 로마 황제 레오폴트 1세 붕어
1706년	5월 23일	라미이 전투(말버러 군에 대패)
1708년	1월 17일	군사 병원의 창설 왕령
	2월 20일	데 마레, 재무 총감에 취임
	8월 12일	릴 공략전 개시(12월 8일 함락)
	12월 30일	외젠 공작군, 겐트 점령
1709년	9월 11일	말플라크 전투(몽스 구원에 실패)
	10월 26일	포르 루아얄 수도원 파괴 명령
1710년	2월 15일	앙주 공작 루이(후의 루이 15세) 탄생
	6월 25일	두에 함락
	8월 28일	베튄 함락
	9월 28일	카를 대공, 마드리드에서 '카를로스 3세'로 즉위 선언
	10월 14일	10분의 1세 창설
	12월	펠리페 5세, 마드리드에서 귀환
1711년	4월 14일	왕태자 루이 사망
	4월 17일	신성 로마 황제 요제프 1세 붕어, 카를 대공, 카를 6세로 즉위
	8월 26일	런던에서 영국·프랑스 비밀 교섭 개시
	10월 8일	영국·프랑스, 런던에서 임시 강화 조약을 체결
	11월 21일	네덜란드 의회, 화평 교섭 개시를 결의
1712년	1월 29일	위트레흐트에서 강화 회의 개시
	2월 18일	왕태자 부르고뉴 공작 사망
	11월 5일	펠리페 5세, 프랑스 국왕의 권리를 방기
1713년	4월 11일	위트레흐트 조약 체결, 스페인 계승 전쟁 종결
	9월 8일	교황, 장세니슴을 탄핵하는 대칙서(Unigenitus) 반포
	11월 26일	라슈타트에서 황제와 강화 조약 교섭 개시
1714년	3월 6일	황제와 라슈타트 조약 체결
	5월 4일	베리 공작 샤를 사망
	8월 2일	루이 14세, 왕위 계승을 지시한 유언장 작성
1715년	2월 19일	'거울의 방'에서 페르시아 대사 알현
	8월 10일	루이 14세, 다리의 고통을 호소
	8월 25일	루이 14세 종유의 비적
	9월 1일	루이 14세 붕어, 루이 15세 즉위
	9월 9일	루이 14세 유해, 생 드니에 안치

문헌 안내

루이 14세에 관련한 다수의 문헌이 출간되어 있다. 주제 별로 주요 문헌을 소개한다. 관심이 있는 독자라면 일독을 권한다.

《통사》

프랑스 역사 속에서 루이 14세의 위상을 알고 싶다면 다음의 통사를 참고하면 좋다.

- 『증보신판 도설 프랑스의 역사(增補新版 図説 フランスの歴史)』사사키 마코토 저, 가와데쇼보신샤, 2016
- 『프랑스사 10강(フランス史 10講)』시바타 미치오 저, 이와나미신서, 2006
- 『세계역사대계 프랑스사 제2권(世界歴史大系 フランス史　第 2 巻)』시바타 미치오, 가바야마 고이치, 후쿠이 노리히코 편저, 야마카와출판사, 1995~96
- 『근대 프랑스 역사—국민국가 형성의 저편(近代フランスの歴史—国民国家形成の彼方に)』다니가와 미노루 저, 미네르바쇼보, 2006
- 『프랑스사(フランス史)』후쿠이 노리히코 편저, 야마카와출판사, 2001

《루이 14세》

- 『기계 왕(機械としての王)』장 마리 아포스톨리데스 저, 미즈바야시 아키라 역, 미스즈쇼보, 1996
- 『희생된 군주—루이 14세 치하의 연극과 정치(犠牲に供された君主—ルイ十四世治下の演劇と政治)』장 마리 아포스톨리데스 저, 야바세 도오루 역, 헤이본샤, 1997
- 『왕권의 수사학—프랑스 왕의 연출 장치를 읽다(王権の修辞学—フランス王の演出装置を読む)』이마무라 신스케 저, 고단샤선서 메치에, 2004
- 『태양왕 루이 14세—베르사유의 발명자(太陽王ルイ14世—ヴェルサイユの発明者)』가시마 시게루 저, KADOKAWA, 2017
- 『왕의 두 신체—중세정치신학연구(王の二つの身体—中世政治神学研究)』에른스트 H. 칸토로비치 저, 고바야시 이사오 역, 헤이본샤, 1992
- 『루이 14세—프랑스 절대 왕정의 허실(ルイ14世—フランス絶対王政の虚実)』지바 하루

오 저, 기요미즈쇼인, 1984
- 『루이 14세―만들어진 왕(ルイ14世―作られる太陽王)』피터 버크 저, 이시이 미쓰키 역, 나고야대학출판회, 2004
- 『루이 14세와 리슐리외―절대왕정을 만든 군주와 제상(ルイ14世とリシュリュー―絶対王政をつくった君主と宰相)』하야시다 신이치 저, 야마카와출판사, 2016
- 『왕의 기적―왕권의 초자연적 성격에 관한 연구, 특히 프랑스와 영국의 경우(王の奇跡―王権の超自然的性格に関する研究, 特にフランスとイギリスの場合)』마르크 블로크 저, 이노우에 야스오, 와나타베 미사미 역, 도스이쇼보, 1998
- 『진실의 루이 14세―신화에서 역사로(真実のルイ14世―神話から歴史へ)』이브 마리 베르세 저, 아가 유지로, 마나카 히로아키, 다키자와 사토코 역, 쇼와도, 2008
- 『왕의 초상―권력과 표상의 역사적·철학적 고찰(王の肖像―権力と表象の歴史的·哲学的考察)』루이 마랭 저, 와타나베 가네오 역, 호세이대학출판국, 2002

《베르사유 궁전과 궁정사회》
- 『프랑스 왕비 열전―안느 드 브르타뉴부터 마리 앙투아네트까지(フランス王妃列伝―アンヌ·ド·ブルターニュからマリー=アントワネットまで)』아가 유지로, 시마나카 히로아키 편저, 쇼와도, 2017
- 『궁정사회(宮廷社会)』노베르트 엘리아스 저, 하타 세쓰오, 나카노 요시유키, 요시다 마사카쓰 역, 호세이대학출판국, 1981
- 『그랜드 마드무아젤의 생애―루이 14세의 사촌누이, 몽팡시에 여공작, 안느 마리 루이즈 도를레앙(グランド·マドモアゼルの生涯―ルイ14世の従姉, モンパンシエ女公爵アンヌ=マリ=ルイーズ·ドルレアン)』오구라 준코, 사쿠라이 미요코, 누마쿠라 히로코 저, 모리기획, 2003
- 『베르사유 궁전(ヴェルサイユ宮殿)』크리스토프 푸인, 토마 가르니에, 크리스티앙 밀레, 디디에 솔니에 저, 나가타 지나 역, 지쿠마쇼보, 2017
- 『라 로슈푸코―루이 14세의 눈길에 저항한 시대의 반항아(ラ·ロシュフーコー ルイ14世のまなざしに抗った時代の反逆児)』시바타 에미 저, 스루가다이출판사, 2010
- 『왕의 길―맹트농 부인의 회상(王の小径―マントノン夫人の回想)』프랑수아즈 샹데르나고르 저, 니노미야 후사 역, 가와데쇼보신샤, 1984
- 『빈과 베르사유―유럽의 라이벌 궁정 1550~1780(ウィーンとヴェルサイユ―ヨーロッパにおけるライバル宮廷1550~1780)』J. 두인담 저, 오쓰루 아쓰시, 고야마 케이코, 이시이 다이스케 역, 도스이쇼보, 2017
- 『도설 베르사유 궁전―태양왕 루이 14세와 부르봉 왕조의 건축 유산(図説 ヴェルサイユ宮殿―太陽王ルイ14世とブルボン王朝の建築遺産)』나카지마 토모아키 저, 가와데쇼보신

샤, 2008
- 『궁정문화와 민중문화(宮廷文化と民衆文化)』 니노미야 모토코 저, 야마카와출판사, 1999
- 『베르사유 궁전에 살다―우아하고 비참한 궁정 생활(ヴェルサイユ宮殿に暮らす―優雅で悲惨な宮廷生活)』 윌리엄 리치 뉴튼 저, 기타우라 하루카 역, 하쿠스이샤, 2010
- 『신성한 왕권 부르봉가(聖なる王権ブルボン家)』 하세가와 테루오 저, 고단샤, 2002
- 『도설 부르봉 왕조(図説ブルボン王朝)』 하세가와 테루오 저, 가와데쇼보신샤, 2014
- 『베르사유의 여인들―사랑과 욕망의 역사(ヴェルサイユの女たち―愛と欲望の歴史)』 알랭 바라통 저, 소노야마 치아키, 도이 가요코, 무라타 세이코 역, 하라쇼보, 2013
- 『베르사유의 역사(ヴェルサイユの歴史)』 뤽 브누아 저, 다키가와 요시노부, 구라타 기요시 저, 하쿠스이샤, 1999
- 『루이 14세 궁정독살사건(ルイ十四世宮廷毒殺事件)』 장 크리스티앙 프티피스 저, 아사쿠라 가타시, 기타야마 겐지 역, 산세이도, 1985
- 『파리의 독살극―루이14세 치하의 세상(パリの毒殺劇―ルイ十四世治下の世相)』 프란츠 펑크 브렌타노 저, 기타자와 마키 역, 론소샤, 2016
- 『베르사유의 시학―바로크란 무엇인가(ヴェルサイユの詩学―バロックとは何か)』 필리프 보상트 저, 후지이 야스오 역, 헤이본샤, 1986
- 『낙원의 도시 베르사유(楽園の都ヴェルサイユ)』 미요시 가즈요시 저, 쇼가쿠칸, 2006
- 『베르사유의 봄가을(ヴェルサイユの春秋)』 자크 레브론 저, 가나자와 마코토 편역, 하쿠스이샤, 1987

《제도·사회·문화》
- 『루이 14세의 세기(ルイ十四世の世紀)』 볼테르 저, 마루야마 구마오 저, 이와나미쇼텐, 1958
- 『예술가의 탄생―프랑스 고전주의 시대의 회화와 사회(芸術家の誕生―フランス古典主義時代の画家と社会)』 나탈리 하이니히 저, 사노 야스오 역, 이와나미쇼텐, 2010
- 『서양 미술의 역사6 17~18세기 바로크부터 로코코까지, 화려한 전개(西洋美術の歴史6 17~18世紀 バロックからロココへ、華麗なる展開)』 오노 요시키, 나카무라 도시하루, 미야시키 기쿠로, 모치즈키 노리코 저, 주오코론신샤, 2016
- 『과학 아카데미와 '유용한 과학'―퐁트넬의 꿈부터 콩도르세의 유토피아까지(科学アカデミーと「有用な科学」―フォントネルの夢からコンドルセのユートピアへ)』 오키 사야카 저, 나고야대학출판회, 2011
- 『귀족의 덕, 상업의 정신―몽테스키외와 전제 비판의 계보(貴族の徳、商業の精神―モンテスキューと専制批判の系譜)』 가와데 요시에 저, 도쿄대학출판회, 1996

- 『군대(軍隊)』 사카구치 슈헤이, 마루하타 히로토 편저, 미네르바쇼보, 2009
- 『주권·저항권·관용―장 보댕의 국가철학(主権·抵抗権·寛容 ジャン·ボダンの国家哲学)』 사사키 다케시 저, 이와나미쇼텐, 1972
- 『루이 14세기의 전쟁과 예술―만들어진 왕권의 이미지(ルイ14世期の戦争と芸術―生みだされる王権のイメージ)』 사사키 마코토 저, 사쿠힌샤, 2016
- 『다르타냥의 생애―사실의 《삼총사》(ダルタニャンの生涯―史実の《三銃士》)』 사토 겐이치 저, 이와나미쇼텐, 2002
- 『태양왕 시대의 회상록 작가들―정치·문학·역사 기술(太陽王時代のメモワール作者たち―政治·文学·歴史記述)』 시마나카 히로사키 저, 요시다쇼텐, 2014
- 『루이 14세의 군대―근대 군제로의 길(ルイ14世の軍隊―近代軍制への道)』 르네 샤르트랑 저, 이나바 요시아키 역, 신키겐샤, 2000
- 『마자리나드(マザリナード)』 크리스티앙 주오 저, 시마나카 히로아키, 노로 야스시 역, 스이세이샤, 2012
- 『르네상스의 축제―왕권과 예술(ルネサンスの祝祭―王権と芸術)』 로이 콜린 스트롱 저, 호시 가즈히코 역, 헤이본샤, 1987
- 『주권국가체제의 성립(主権国家体制の成立)』 다카자와 노리에 저, 야마카와출판사, 1997
- 『근세 파리에 살다―사교성과 질서(近世パリに生きる―ソシアビリテと秩序)』 다카자와 노리에 저, 이와나미쇼텐, 2008
- 『바로크의 빛과 어둠(バロックの光と闇)』 다카시나 슈지 저, 고단샤, 2017
- 『'사물'의 시학―루이 14세부터 히틀러까지(「もの」の詩学―ルイ十四世からヒトラーまで)』 다키 고지 저, 이와나미쇼텐, 1984
- 『의적 망드랭―전설과 근세 프랑스 사회(義賊マンドラン―伝説と近世フランス社会)』 지바 하루오 저, 헤이본샤, 1987
- 『앙시앵 레짐(アンシャン·レジーム)』 윌리엄 도일 저, 후쿠이 노리히코 역, 이와나미쇼텐, 2004
- 『도설 파리의 유명 건축물 여행(図説 パリ 名建築でめぐる旅)』 나카지마 도모아키 저, 가와데쇼보신샤, 2008
- 『도설 바로크―화려한 건축·음악·미술의 세계(図説バロック―華麗なる建築·音楽·美術の世界)』 나카지마 도모아키 저, 가와데쇼보신샤, 2010
- 『앙시앵 레짐기 프랑스의 권력 질서―봉기를 둘러싼 지역사회와 왕권(アンシアン·レジーム期フランスの権力秩序―蜂起をめぐる地域社会と王権)』 나카마쓰 유코 저, 유시샤, 2017
- 『프랑스 앙시앵 레짐론―사회적 결합·권력 질서·반란(フランスアンシアン·レジーム論―社会的結合·権力秩序·叛乱)』 니노미야 히로유키 저, 이와나미쇼텐, 2007

- 『앙시앵 레짐의 국가와 사회—권력의 사회사(アンシアン・レジームの国家と社会—権力の社会史へ)』니노미야 히로유키 저, 아가 유지로 편저, 야마카와출판사, 2003
- 『나가시노 전투의 세계사—유럽 군사혁명의 충격 1500~1800년(長篠合戦の世界史—ヨーロッパ軍事革命の衝撃1500~1800年)』제프리 파커 저, 오쿠보 게이코 역, 도분칸출판, 1995
- 『프랑스 근대 무역의 생성과 전개(フランス近代貿易の生成と展開)』핫토리 하루히코 저, 미네르바쇼보, 1992
- 『파리—건축과 도시(パリ—建築と都市)』후쿠이 노리히코, 이나바 코지 저, 야마카와출판사, 2003
- 『루브르 미술관의 역사(ルーヴル美術館の歴史)』주느비에브 브레스크 저, 다카시나 슈지 감수, 엔도 유카리 역, 소겐샤, 2004
- 『파리 역사의 뒷골목(パリ史の裏通り)』호리이 도시오 저, 하쿠스이샤, 1999
- 『민중서의 세계—17・18세기 프랑스의 민중 문화(民衆本の世界—17・18世紀フランスの民衆文化)』로버트 망드루 저, 니노미야 히로유키, 하세가와 테루오 역, 진분쇼인, 1988
- 『돈 주앙의 매장—몰리에르《돈 주앙》의 역사와 사회(ドン・ジュアンの埋葬—モリエール《ドン・ジュアン》における歴史と社会)』미즈바야시 아키라 저, 야마카와출판사, 1996
- 『파리의 그랜드 디자인—루이 14가 만든 세계 도시(パリのグランド・デザイン—ルイ十四世が創った世界都市)』미야케 리이치 저, 주오코론신샤, 2010
- 『프랑스의 법복 귀족—18세기 툴루즈의 사회사(フランスの法服貴族—18世紀トゥルーズの社会史)』미야자키 아키히로 저, 도분칸, 1994
- 『재해도시 툴루즈—17세기 프랑스의 지방 명망가 정치(災害都市、トゥルーズ—17世紀フランスの地方名望家政治)』미야자키 아키히로 저, 이와나미쇼텐, 2009
- 『책의 도시 리옹(本の都市リヨン)』미야시타 시로 저, 쇼분샤, 1989
- 『앙시앵 레짐—프랑스 절대주의의 정치와 사회(アンシアン・レジーム—フランス絶対主義の政治と社会)위베르 메티비에 저, 이노우에 다카히로 역, 하쿠스이샤, 1965
- 『프랑스 절대 왕정과 엘리트 관료(フランス絶対王政とエリート官僚)』야스나리 히데키 저, 일본에디터스쿨출판부, 1998

태양왕 루이 14세

초판 1쇄 인쇄 2023년 8월 10일
초판 1쇄 발행 2023년 8월 15일

저자 : 사사키 마코토
번역 : 김효진

펴낸이 : 이동섭
편집 : 이민규
디자인 : 조세연
영업·마케팅 : 송정환, 조정훈
e-BOOK : 홍인표, 최정수, 서찬웅, 김은혜, 정희철
관리 : 이윤미

㈜에이케이커뮤니케이션즈
등록 1996년 7월 9일(제302-1996-00026호)
주소 : 04002 서울 마포구 동교로 17안길 28, 2층
TEL : 02-702-7963~5 FAX : 02-702-7988
http://www.amusementkorea.co.kr

ISBN 979-11-274-6450-9 03920

ZUSETSU ROUIS 14SEI
© MAKOTO SASAKI 2018
Originally published in Japan in 2018 by KAWADE SHOBO SHINSHA Ltd. Publishers, TOKYO.
Korean translation rights arranged with KAWADE SHOBO SHINSHA Ltd. Publishers, TOKYO,
through TOHAN CORPORATION, TOKYO.

이 책의 한국어판 저작권은 일본 KAWADE SHOBO SHINSHA와의 독점계약으로
㈜에이케이커뮤니케이션즈에 있습니다.
저작권법에 의해 한국 내에서 보호를 받는 저작물이므로 무단전재와 무단복제를 금합니다.

*잘못된 책은 구입한 곳에서 무료로 바꿔드립니다.

창작을 위한 아이디어 자료

AK 트리비아 시리즈

환상 네이밍 사전
의미 있는 네이밍을 위한 1만3,000개 이상의 단어

중2병 대사전
중2병의 의미와 기원 등, 102개의 항목 해설

크툴루 신화 대사전
대중 문화 속에 자리 잡은 크툴루 신화의 다양한 요소

문양박물관
세계 각지의 아름다운 문양과 장식의 정수

고대 로마군 무기·방어구·전술 대전
위대한 정복자, 고대 로마군의 모든 것

도감 무기 갑옷 투구
무기의 기원과 발전을 파헤친 궁극의 군장도감

중세 유럽의 무술, 속 중세 유럽의 무술
중세 유럽~르네상스 시대에 활약했던 검술과 격투술

최신 군용 총기 사전
세계 각국의 현용 군용 총기를 총망라

초패미컴, 초초패미컴
100여 개의 작품에 대한 리뷰를 담은 영구 소장판

초쿠소게 1,2
망작 게임들의 숨겨진 매력을 재조명

초에로게, 초에로게 하드코어
엄격한 심사(?!)를 통해 선정된 '명작 에로게'

세계의 전투식량을 먹어보다
전투식량에 관련된 궁금증을 한 권으로 해결

세계장식도 1, 2
공예 미술계 불후의 명작을 농축한 한 권

서양 건축의 역사
서양 건축의 다양한 양식들을 알기 쉽게 해설

세계의 건축
세밀한 선화로 표현한 고품격 건축 일러스트 자료집

지중해가 낳은 천재 건축가 -안토니오 가우디
천재 건축가 가우디의 인생, 그리고 작품

민족의상 1,2
시대가 흘렀음에도 화려하고 기품 있는 색감

중세 유럽의 복장
특색과 문화가 담긴 고품격 유럽 민족의상 자료집

그림과 사진으로 풀어보는 이상한 나라의 앨리스
매혹적인 원더랜드의 논리를 완전 해설

그림과 사진으로 풀어보는 알프스 소녀 하이디
하이디를 통해 살펴보는 19세기 유럽사

영국 귀족의 생활
화려함과 고상함의 이면에 자리 잡은 책임과 무게

요리 도감
부모가 자식에게 조곤조곤 알려주는 요리 조언집

사육 재배 도감
동물과 식물을 스스로 키워보기 위한 알찬 조언

식물은 대단하다
우리 주변의 식물들이 지닌 놀라운 힘

그림과 사진으로 풀어보는 마녀의 약초상자
「약초」라는 키워드로 마녀의 비밀을 추적

초콜릿 세계사
신비의 약이 연인 사이의 선물로 자리 잡기까지

초콜릿어 사전
사랑스러운 일러스트로 보는 초콜릿의 매력

판타지세계 용어사전
세계 각국의 신화, 전설, 역사 속의 용어들을 해설